·博物君导读版·

名人名言
俗语谚语
歇后语大全

FAMOUS SAYINGS AND COMMON SAYINGS

主编/邢 卓

天地出版社 | TIANDI PRESS

《名人名言 俗语谚语 歇后语大全》

博物君导读小报

- ______月______日 开始阅读 **阅读难度：** ☆☆☆☆☆
- ______月______日 结束阅读 **喜爱程度：** ☆☆☆☆☆

阅读目标

- □ **积累常用的名人名言素材**
- □ **掌握基本的俗语谚语**
- □ **感受歇后语的民间口语色彩**
- □ **增加语文知识的储备**

阅读建议

时间安排

建议用四周时间完成本书的阅读。

第一周

通读第一章的上半部分。在笔记本上，抄录重要的名人名言。注意，对中国名人的名言，一字也不能错。

第二周

通读第一章的下半部分。读法同第一周。

第三周

通读第二章。可按照每小节的主旨，在笔记本上整理出将来有可能用于作文中的俗语谚语。

第四周

通读第三章。谐音类歇后语，较易理解和掌握。而喻事类、喻物类、故事类的歇后语，往往涉及名人、史实、神话传说、文学典故等，较难理解，因此，对不熟悉的知识点要随读随查，及时解决。

阅读策略

1.假如让你写一篇《读书之我见》的作文，你会想到哪些名人名言？请列出大纲。

2.挑选一则故事类歇后语（如“姜太公钓鱼——愿者上钩”），写一篇小故事。

本书知识路线图

阅读与思考

1 关于时间的名言有哪些？关于读书的名言有哪些？

2 关于爱国的名言有哪些？关于仁爱的名言有哪些？

3 关于诚实的名言有哪些？关于感恩的名言有哪些？

4 你知道哪些气象谚语？“项庄舞剑”，下半句是什么？

前言

《名人名言俗语谚语歇后语大全》是按照国家教育部颁布的《义务教育语文课程标准》的要求，精心编写的一本集实用性、知识性为一体的优秀读物。本书以“培养学生的语言文字运用能力”为宗旨，收录了小学生常用名人名言、俗语谚语、歇后语这几个方面的内容，以帮助小学生在阅读使用过程中吸收古今中外优秀文化，提高思想文化修养，促进自身精神成长。

一、海量精选，内容严谨。名人名言、俗语谚语、歇后语是社会文明的产物，也是前人留给子孙后代的宝贵文化遗产，熟记这些内容，对小学生的阅读、写作、思维发展及语感的培养多有裨益，因此，编者从庞大繁杂的内容中严格精选，提炼出适合小学生阅读使用的数千条名言格言等，科学分类、精心编排，确保内容的全面性、系统性。

二、紧跟时代，实用性强。本书以开阔的视野、开放的思维，紧跟时代步伐，在收录各种常用知识点的同时，兼顾创新性，包含与时俱进的经典词句，便于小学生消化理解，具有较强的实用性。

三、鲜活生动，图文并茂。本书收录的知识点来源于人类的生产生活，读来朗朗上口，或引人深思、或生动鲜活，易于理解，便于诵读；此外，本书还配备大量生动活泼的插图，能够增添趣味性，引发小学生的阅读兴趣，助其更认真地学习和阅读。

希望本书能在传递知识的同时，帮助小学生提高语言和文化素养，成为他们学习的好帮手。

目录

第一章　名人名言

☆ **品格**

☆ **事业**

第二章　俗语谚语

第三章　歇后语

第一章

名人名言

…人生·童年 青春…

- 儿童是进入天堂的钥匙。

——［美国］理查德·斯托达德

- 儿童游戏中常寓有深刻的思想。

——［德国］席勒

- 呵，幸福的年代，谁会拒绝再体验一次童年生活。

——［英国］拜伦

- 即使世界变得糟糕透了，生活也难以忍受，但仍然有一件东西是永远美好的，那就是青春。

——［波兰］显克微支

- 举杯祝贺那个无忧无虑的黄金般的孩提时代，它就像冬夜里的星星，五月的晨露。

——［美国］奥·霍姆斯

- 没有人会感觉到，青春正在消逝，但任何人都会感觉到青春已经消逝。

——［古罗马］小塞涅卡

- 青春，就像受赞美的春天。

——［英国］勃特勒

- 青春不是人生的一段时期，而是心灵的一种状况。

——［古罗马］塞涅卡

- 青春的美丽与珍贵，就在于它的无邪和无瑕，在于它的可遇而不可求，在于它的永不重回。

——［中国台湾］席慕蓉

- 青春活泼的心，决不作悲哀的留滞。

——［中国］冰心

- 青春留不住，白发自然生。

——［唐］杜牧

- 青春时代是一个短暂的美梦，当你醒来时，它早已消失得无影无踪了。

——［英国］莎士比亚

- 青春似一日之晨，它冰清玉洁，充满着遐想与和谐。

——［法国］夏多布里昂

- 青春是美妙的，挥霍青春就是犯罪。

——［爱尔兰］萧伯纳

- 青春是有限的，不能在犹豫和观望中度过。

——［中国］辛夷坞

- 青春是有限的，智慧是无穷的，趁短暂的青春，去学习无穷的智慧。

——［苏联］高尔基

- 青春之所以幸福，是因为它有前途。

——［俄国］果戈理

- 青年是多么美丽！发光发热，充满了彩色与梦幻，青春是书的第一章，是永无终结的故事。

——［美国］朗费罗

- 青年是一个美好而又一去不可再得的时期，是将来一切光明和幸福的开端。

——［俄国］加里宁

- 人的一生只有一次青春。

——［美国］朗费罗

- 童年的一天一天，温暖而迟慢，正像老棉鞋里面，粉红绒里子上晒着的阳光。

——［中国］张爱玲

- 童年乃是人生的重要阶段。人的品性在童年开始形成。我们长大后成为什么样的人，取决于童年时的所学与所为。

——［坦桑尼亚］夏巴尼

- 童年是理智的睡眠期。

——［法国］卢梭

- 童年原是一生最美妙的阶段，那时的孩子是一朵花，也是一颗果子，是一片懵懵懂懂的聪明，一种永远不息的活动，一股强烈的欲望。

——［法国］巴尔扎克

- 在儿童时期没有养成思考的习惯，将使他从此以后一生都没有思考的能力。

——［法国］卢梭

- 赞美童年吧，它为我们尘世的艰难带来了天堂的美妙。

——［瑞士］阿米尔

- 智慧属于成人，单纯属于儿童。

——［英国］蒲柏

··· 人生 价值 ···

- 爱是阳光，恨是阴影，人生是光阴的交错。

——［美国］费迪拉

- 把活着的每一天看作生命的最后一天。

——［美国］海伦·凯勒

- 不同的人，即使站在同一个地方，透过各自的人生，看到的风景也有所不同。

——［日本］星野道夫

- 不要为过去的时间叹息！我们在人生的道路上，最好的办法是向前看，不要回头。

——［法国］罗曼·罗兰

- 从生命之中创造新的生命，就靠生动的血液鼓足干劲。那里一切在活动，有所成功，弱者倒下，有为者奋勇前冲。

——［德国］歌德

- 对于我来说，生命的意义在于设身处地替别人着想，忧他人之忧，乐他人之乐。

——［美国］爱因斯坦

- 感到自己是人们所需要的和亲近的人——这是人生中最大的享受，最高的喜悦。

——［苏联］高尔基

- 孩子害怕黑暗，情有可原；人生真正的悲剧，是成人害怕光明！

——［古希腊］柏拉图

- 衡量人生的标准是看其是否有意义，而不是看其有多长。

——［古希腊］普鲁塔克

- 衡量生命尺度的是思想和行为，而不是时间。

——［英国］卢伯克

- 活着，要有自己的价值，要作为一个强者存在于这个世界。

——［中国］夏宁

- 即使断了一根弦，其余的三根弦还是要继续演奏，这就是人生。

——［美国］爱默生

- 竭力履行你的义务，你应该就会知道，你到底有多大价值。

——［俄国］列夫·托尔斯泰

- 苦难是人生的老师。

——［法国］巴尔扎克

- 理想的人生必须有爱，必须有自由，必须有美。

——［中国］胡适

- 路是脚踏出来的，历史是人写出来的。人的每一步行动都在书写自己的历史。

——［中国］吉鸿昌

- 命运常在给你带来幸福的同时给你带来不幸。

——［英国］托·富勒

- 你能看到多远过去，就能看到多远未来。

——［英国］丘吉尔

- 你人生的起点并不是那么重要，重要的是你最后抵达了哪里。

——［美国］巴菲特

- 你若喜爱自己的价值，你就得给世界创造价值。

——［德国］歌德

- 捧着一颗心来，不带半根草去。

——［中国］陶行知

- 平庸的生活使人感到一生不幸，波澜万丈的人生才能使人感到生存的意义。

——［日本］池田大作

- 让我们像大自然那样从容不迫地度过每一天，不让任何一片落在铁轨上的坚果或蚊子翅膀把我们抛出轨道。下决心好好度过每一天吧，不让自己的人生有所遗憾。

——［美国］梭罗

- 人，都是航海途中的探索者。

——［美国］爱默生

- 人，就像钉子一样，一旦失去了方向，开始向阻力屈身，那么就失去了他存在的价值。

——［德国］兰道

- 人的价值就像果子一样有它的季节。

——［法国］拉罗什富科

- 人的价值蕴藏在人的才能之中。

——［德国］马克思

- 人的生命是有限的，可是，为人民服务是无限的。我要把有限的生命，投入到无限的为人民服务之中去。

——［中国］雷锋

- 人的一生，贡献所作所为的意义和价值，比人们的预料更多地取决于心灵的生活。

——［法国］马丁·杜加尔

- 人的一生好比挑着重担走远路，不能急。

——［日本］德川家康

- 人的一生就是进行尝试，尝试得越多，生活就越美好。

——［美国］爱默生

- 人的一生可能燃烧，也可能腐朽，我不能腐朽，我愿意燃烧起来。

——［苏联］奥斯特洛夫斯基

- 人的一生是短的，但如果卑劣地过这一生，就太长了。

——［英国］莎士比亚

- 人固有一死，或重于泰山，或轻于鸿毛，用之所趋异也。

——［西汉］司马迁

- 人类经常把一个生涯发生的事，撰写成历史，再从那里看人生；其实，那不过是衣服，人生是内在的。

——［法国］罗曼·罗兰

- 人生不能设计，你只能面对。

——［中国］冯仑

- 人生的价值，即以其人对于当代所做的工作为尺度。

——［中国］徐玮

- 人生价值，应该看他贡献什么，而不是取得什么。

——［美国］爱因斯坦

- 人生就像一本书，傻瓜们走马观花似的随手翻阅它，聪明的人用心阅读它，因为他知道这本书只能读一次。

——［德国］尚·保罗

- 人生没有彩排，每一天都是现场直播。

——［中国］易中天

- 人生是由患难与欢乐所组成。

——［中国］陶行知

- 人生有两次诞生，一次是来到世界的诞生，另一次是深入生活的诞生。

——［法国］卢梭

- 人生自古谁无死，留取丹心照汗青。

——［宋］文天祥

- 人生最有趣味的事情就是送旧迎新，因为人类最高的追求，是在时时刻刻创造新生活。

——［中国］李大钊

- 人生最终的价值在于觉悟和思考的能力，而不只在于生存。

——［古希腊］亚里士多德

- 人是人的作品，是文化、历史的产物。

——［德国］费尔巴哈

- 上人生的旅途罢。前途很远，也很暗。然而不要怕。不怕的人的面前才有路。

——［中国］鲁迅

- 生命的多少用时间计算，生命的价值用贡献计算。

——［匈牙利］裴多菲

- 一个人的价值不是单靠争论可以获得的。

——［印度］泰戈尔

- 一个人的真正价值首先决定于他在什么程度上和什么意义上从自我解放出来。

——［美国］爱因斯坦

- 一个人对社会的价值，首先取决于他的感情、思想和行动对于增进人类的利益究竟有多大作用。

——［美国］爱因斯坦

- 一个人愈知道时间的价值，愈感觉失时的痛苦呀！

——［意大利］但丁

- 有了人生的价值，就不觉得黄金昂贵。

——［中国］倪志兵

- 只要能培一朵花，就不妨做做会朽的腐草。

——［中国］鲁迅

- 只有经历过人生的辛劳，才知道人生的价值。

——［德国］歌德

··· 生活 幸福 ···

- 爱和善就是真实和幸福，而且是世界上真实存在和唯一可能的幸福。

——［俄国］列夫·托尔斯泰

- 把脸一直向着阳光，这样就不会见到阴影。

——［美国］海伦·凯勒

- 别虚掷你的一寸光阴吧，别去听无聊的话，别试图补救无望的过失。生活吧！过属于你的奇妙的生活！点滴都别浪费。

——［爱尔兰］王尔德

- 不要害怕你的生活将要结束，应该担心你的生活永远不曾真正开始。

——［英国］J.H.纽曼

- 不要慨叹生活的痛苦！慨叹是弱者。

——［苏联］高尔基

- 除非你是斗牛士，否则没有谁的生活只进不退。

——［美国］海明威

- 从现在起，我开始谨慎地选择我的生活，我不再轻易让自己迷失在各种诱惑里。

——［法国］米兰·昆德拉

- 对大多数人来说，他们认定自己有多幸福，就有多幸福。

——［美国］林肯

- 对平凡的人来说，平凡就是幸福。

——［德国］尼采

- 对任何事情，抱希望总比绝望好。

——［德国］歌德

- 乐观的人永葆青春。

——［英国］拜伦

- 没有经过仔细考虑安排的生活，不值得一活。

——［古希腊］柏拉图

- 每个人生下来都要从事某项事业，每一个活在地球上的人都有自己生活中的义务。

——［美国］海明威

- 其实我们每个人的生活都是一个世界，即使最平凡的人也要为他生活的那个世界而努力奋斗。

——［中国］路遥

- 人类的一切努力的目的在于获得幸福。

——［英国］欧文

- 人生有三层楼：第一层是物质生活，第二层是精神生活，第三层是灵魂生活。

——［中国］丰子恺

- 人是自身幸福的设计师。

——［英国］培根

- 任何人都是自己幸福的工匠。

——［美国］梭罗

- 如果你欢快地迎来了白天和黑夜，生活像鲜花和香草一样芳香，而且更有弹性，更加繁荣，更加不朽，那就是你的成功。

——［美国］梭罗

- 如果你因失去了太阳而流泪，那么你也将失去群星。

——［印度］泰戈尔

- 生活，就是知道自己的价值，知道自己所能做到的与自己应该做到的生活。

——［法国］雨果

- 生活，只有当你知道如何使用它时，才是长久的。

——［古罗马］塞涅卡

- 生活本身既不是祸，也不是福；它是祸福的容器，就看你自己把它变成什么。

——［法国］蒙田

- 生活本身就是幸福。

——［德国］费尔巴哈

- 生活本身就是一个最美丽的童话。

——［丹麦］安徒生

- 生活不可能像你想象的那么好，但也不会像你想象的那么糟。我觉得人的脆弱和坚强都超乎自己的想象。有时，我可能脆弱得一句话就泪流满面；有时，也发现自己咬着牙走了很长的路。

——［法国］莫泊桑

- 生活充实就是幸福。

——［美国］爱默生

- 生活得最有意义的人，并不是年纪最大的人，而是对生活最有感受的人。

——［法国］卢梭

- 生活的花朵只有付出劳动才会开放。

——［法国］巴尔扎克

- 生活的理想，就是为了理想的生活。

——［中国］张闻天

- 生活的妙趣就寓于生活本身。

——［英国］华兹华斯

- 生活里是没有观众的。

——［捷克］伏契克

- 生活只有在平淡无味的人看来才是空虚和平淡无味的。

——［俄国］车尔尼雪夫斯基

- 生活中既有阳光，又有阴影。

——［美国］朗费罗

- 生如夏花之绚烂，死如秋叶之静美。

——［印度］泰戈尔

- 唯有适度才使生活富有魅力。

——［美国］里克特

- 幸福就像夕阳——人人都可以看得见，但大多数人的眼睛却望向别的地方，因而错过了机会。

——［美国］马克·吐温

- 幸福没有明天，也没有昨天，它不怀念过去，也不向往未来，它只有现在。

——［俄国］屠格涅夫

- 幸福是一种心灵的震颤，它像会倾听音乐的耳朵一样，需要不断地训练。

——［中国］毕淑敏

- 幸福越与人共享，它的价值越增加。

——［日本］森村诚一

- 一个人成为他自己了，那就是达到了幸福的顶点。

——［荷兰］伊拉斯谟

- 一个人若不经历艰难险阻，没有体验紧张情感，就不会理解幸福。

——［苏联］苏霍姆林斯基

- 一个人知道自己为什么而活，就可以忍受任何一种生活。

——［德国］尼采

- 意志力是幸福的源泉，幸福来源于自我约束。

——［美国］乔治·桑塔耶那

- 应该相信，自己是生活的战胜者。

——［法国］雨果

- 有所作为是生活的最高境界。

——［德国］恩格斯

- 与其咒骂黑暗，不如燃起一支明烛。

——［美国］安娜·路易斯·斯特朗

- 怎样思想，就有怎样的生活。

——［美国］爱默生

- 真正的幸福来自于全身心地投入到对我们目标的追求之中。

——［英国］威廉·考伯

- 真正的幸福只有当你真实地认识到人生的价值时，才能体会到。

——［科威特］穆尼尔·纳素夫

- 只要你有一件合理的事去做，你的生活就会显得特别美好。

——［美国］爱因斯坦

- 只有当一个人的生活在辉煌中结束时，我们才敢说他是幸福的。

——［古希腊］埃斯库罗斯

- 知足就是人生最大的幸福。

——［美国］爱迪生

- 重要的是生活的深度，而不是虚有其表的广度。

——［美国］爱默生

- 追寻快乐的人们，若能稍稍停下短短的一分钟，并想一想，便会察觉，他们所真正体验到的快乐，像自己脚边的小草，或是早晨花朵上的露珠，数也数不清。

——［美国］海伦·凯勒

··· 自由 真理 ···

- 不要过分地醉心于放任自由，一点也不加以限制的自由，它的害处与危险实在不少。

——［俄国］莱蒙托夫

- 错误经不起失败，但是真理却不怕失败。

——［印度］泰戈尔

- 对真理的追求比对真理的占有更为可贵。

——［德国］莱辛

- 凡事不给别人自由的人，他们自己就不应该得到自由，而且在公正的上帝的统治下，他们也是不能够长远地保持住自由的。

——［美国］林肯

- 放弃基本的自由以换取苟安的人，终归失去自由，也得不到安全。

——［美国］富兰克林

- 放弃自己的自由，就是放弃自己做人的资格，就是放弃人类的权利，甚至就是放弃自己的义务。

——［法国］卢梭

- 坚持真理的人是伟大的。

——［法国］雨果

- 人的天职在于勇于探索真理。

——［波兰］哥白尼

- 人们会为了人类的至善而死，为了这种至善，人们乐意牺牲他们的一切自由。

——［英国］萧伯纳

- 胜利就在真理之中。

——［美国］爱默生

- 世界上的强盗，再没有比劫夺我们思想自由的罪恶更大的了。

——［中国］林语堂

- 谁接受纯粹的经验并且按照它去行动，谁就有足够的真理。

——［德国］歌德

- 要坚持真理——不论在哪里也不要动摇。

——［俄国］赫尔岑

- 一个人的绝对自由是疯狂，一个国家的绝对自由是混乱。

——［法国］罗曼·罗兰

- 一个由于忧愁和孤独而感到痛苦的人是不会自由的。

——［俄国］安德列耶夫

- 越是接近真理，便愈加发现真理的迷人。

——［法国］拉美特利

- 在真理和认识方面，任何以权威者自居的人，必将在上帝的戏笑中垮台！

——［美国］爱因斯坦

- 真理，哪怕只见到一线，我们也不能让它的光辉变得暗淡。

——［中国］李四光

- 真理不存在于丑化了的现实里。

——［法国］乔治·桑

- 真理的小小钻石是多么罕见难得，但一经开采琢磨，便能经久坚硬而晶亮。

——［英国］贝弗里奇

- 真理是时间的孩子，不是权威的孩子。

——［德国］布莱希特

- 真理只可能对那些目光短浅的个别的人才显得狰狞可怖，真理本身是永恒的美和永恒的幸福。

——［俄国］别林斯基

- 真正酷爱自由的人并不奔向已有自由的地方，他们要在没有自由或失去自由的地方创造自由，夺回自由。

——［中国］巴金

- 掷我们的头颅，奠筑自由的金字塔；洒我们的鲜血，染成红旗，万载飘扬。

——［中国］林基路

- 自由就是人权在所有地方高于一切。

——［美国］罗斯福

- 自由意味着责任，正因为如此，多数人都惧怕自由。

——［英国］萧伯纳

- 自由只有通过友爱才得以保全。

——［法国］雨果

··· 时间 生死 ···

- 放弃时间的人，时间也放弃他。

——［英国］莎士比亚

- 敢于浪费哪怕一个钟头时间的人，说明他还不懂得珍惜生命的全部价值。

——［英国］达尔文

- 寒冷寂寞的生，却不如轰轰烈烈的死。

——［中国］巴金

- 合理安排时间，就等于节约时间。

——［英国］培根

- 见善明，则重名节如泰山；用心刚，则轻生死如鸿毛。

——［北宋］林逋

- 节省时间，也就是使一个人的有限生命更加有效，而也即等于延长了人的生命。

——［中国］鲁迅

- 今天所做之事勿候明天，自己所做之事勿候他人。

——［德国］歌德

- 没有一种不幸可与失掉时间相比了。

——［俄国］屠格涅夫

- 明日复明日，明日何其多！日日待明日，万事成蹉跎。

——［明］钱福

- 你若是爱千古，你应该爱现在；昨日不能唤回来，明日还是不实在；你能确有把握的，只有今日的现在。

——［美国］爱默生

- 普通人只想到如何度过时间，有才能的人设法利用时间。

——［德国］叔本华

- 人生一世不就是为了化短暂的事物为永久吗？要做到这一步，就须懂得如何珍视这短暂和永久。

——［德国］歌德

- 善于利用时间的人，永远找得到充裕的时间。

——［德国］歌德

- 生，亦我所欲也；义，亦我所欲也。二者不可得兼，舍生而取义者也。

——［东周］孟子

- 生当为人杰，死亦为鬼雄。

——［宋］李清照

- 生死本是一条线上的东西。生是奋斗，死是休息。生是活跃，死是睡眠。

——［中国］郭沫若

- 时间的步伐有三种：未来姗姗来迟，现在像箭一样飞逝，过去永远静立不动。

——［德国］席勒

- 时间和潮流永远不待人。

——［英国］司各特

- 时间就是生命，时间就是速度，时间就是力量。

——［中国］郭沫若

- 时间就像海绵里的水，只要愿挤，总还是有的。

——［中国］鲁迅

- 时间能使人生色，也能使人毁灭。

——［德国］歌德

- 时间是最大的革新家。

——［英国］培根

- 死并非生的对立面，而作为生的一部分永存。

——［日本］村上春树

- 死者倘不埋在活人的心中，那就真正死掉了。

——［中国］鲁迅

- 我们应该力求把我们所有的时间用去做最有益的事情。

——［英国］斯宾塞

- 我自横刀向天笑，去留肝胆两昆仑。

——［清］谭嗣同

- 相信时间的力量，可以冲淡很多东西。

——［中国］李开复

- 在所有的批评家中，最伟大、最正确、最天才的是时间。

——［俄国］别林斯基

··· 生命 永恒 ···

- 除了永恒，没有什么东西是永恒的。

——［法国］保尔·福尔

- 懂得生命真谛的人，可以使短促的生命延长。

——［古罗马］西塞罗

- 浪费生命是做人的最大悲剧。

——［法国］曼杰

- 莫扎特从不为永恒作曲，但是正因为这个理由，所以他的许多作品均是永恒的。

——［美国］爱因斯坦

- 内容充实的生命就是长久的生命，我们要以行为而不是时间来衡量生命。

——［古罗马］小塞涅卡

- 亲爱的朋友，所有的理论都是灰色的，而宝贵的生命之树常青。

——［德国］歌德

- 求知欲，好奇心——这是人的永恒的不可改变的特性。哪里没有求知欲，哪里便没有学校。

——［苏联］苏霍姆林斯基

- 什么是生命？它并不是像冷酷的理智和我们的肉眼所见到的那个模样，而是我们幻想中的那个模样。生命的节奏是爱。

——［法国］罗曼·罗兰

- 生命，只要你充分利用，它便是长久的。

——［古罗马］塞涅卡

- 生命不等于是呼吸，生命是活动。

——［法国］卢梭

- 生命不可能有两次，但许多人连一次也不善于度过。

——［法国］吕凯特

- 生命的用途不在长短而在我们怎样利用它。许多人活的日子并不多，却活了很长久。

——［法国］蒙田

- 生命如流水，只有在他的急流与奔向前去的时候，才美丽，才有意义。

——［中国］张闻天

- 生命是一条艰险的峡谷，只有勇敢的人才能通过。

——［法国］米歇潘

- 生命是真实的，生命是诚挚的，坟墓并不是他的终结点。

——［美国］朗费罗

- 生命在闪耀中现出绚烂，在平凡中现出真实。

——［爱尔兰］伯克

- 世界上只有一种英雄主义，那就是了解生命而且热爱生命的人。

——［法国］罗曼·罗兰

- 现在就是永恒，我就在永恒之中。

——［英国］理·杰弗里斯

- 一个生命比地球还重。

——［日本］上田耕一郎

- 一个伟大的灵魂，会强化思想和生命。

——［美国］爱默生

- 永恒的东西不是金钱和权力，而是正义、多才和时间。

——［中国］张安华

- 永恒的献身是生命的真理。它的完美就是我们生命的完美。

——［印度］泰戈尔

- 永恒是很长的时间，尤其对尽头而言。

——［英国］霍金

- 永恒是写在苍穹之上的。

——［印度］爱·杨格

- 有生命，那里便有希望。

——［古罗马］泰伦提乌斯

- 有一些人追求永恒的美，他们把无限放到他们短暂的生命里。而另外一些人则胸无大志地活着。

——［法国］罗曼·罗兰

- 在坎坷的生命里，我们要有超越自我的勇气。

——［西班牙］贝纳文特

- 在我们了解什么是生命之前，我们已将它消磨了一半。

——［威尔士］赫伯特

··· 成长 · 独立 习惯 ···

- 把自己的命运交给别人，而自己不动一点脑筋，只是相信别人，那太危险了。

——［中国］巴金

- 并不是由于决心才正确，应该由于习惯而正确。不仅能做正确的事，而且要养成不是正确的事就做不了的习惯。

——［英国］华兹华斯

- 播种一个行动，你会收获一个习惯；播种一个习惯，你会收获一个个性；播种一个个性，你会收获一个命运。

——［英国］普德曼

- 不管我们踩什么样的高跷，没有自己的脚是不行的。

——［德国］布莱希特

- 不经过本身的努力，就永远都达不到自己的目的，任何外来的帮助也不能代替本身的努力。

——［中国］巴金

- 不能被人牵着鼻子走。

——［英国］刘易斯

- 才华总是通过独立的精神上的活动才成长起来的。

——［俄国］车尔尼雪夫斯基

- 滴自己的汗，吃自己的饭，自己的事情自己干。靠人靠天靠祖上，不算是好汉。

——［中国］陶行知

- 独立性是天才的基本特征。

——［德国］歌德

- 对很多人来说，生命中最长的历程是从依赖他人走向独立。

——［美国］琼斯

- 对我们的坏习惯不加以节制，在我们年轻、精力旺盛的时候，不会立即显出它的影响。但是它会逐渐消耗我们的精力，到衰老时期我们便不得不结算账目，并且偿还导致我们破产的债务。

——［印度］泰戈尔

- 改变好习惯比改掉坏习惯容易得多，这是人生的一大悲哀。

——［英国］毛姆

- 好的习惯比法律还正确。

——［古希腊］欧里庇得斯

- 好的习惯是一笔财富，一旦拥有它，你就会受益终生。养成“立即行动”的习惯，你的人生将变得更有意义。

——［美国］比尔·盖茨

- 好的习惯愈多，则生活愈容易，抵抗引诱的力量也愈强。

——［俄国］詹姆斯

- 好习惯是一个人在社交场中所能穿着的最佳服饰。

——［古希腊］苏格拉底

- 很多人喜欢拖延，他们对手头的事情不是做不好，而是不去做，这是最大的恶习。

——［美国］比尔·盖茨

- 坏的习惯必须打破，好的习惯必须加以培养，然后我们才能希望我们的举止能够坚定不移、始终如一地保持正确。

——［美国］富兰克林

- 坏习惯是一剂最无情的毒药，因为它会慢慢地、不声不响地潜入到我们的机体，并在不知不觉中滋长起来。当我们发现它时，机体的每个细胞都已与它相适应，每一个动作都受它的制约，已经没有任何药物能够治愈。

——［意大利］奥里亚娜·法拉奇

- 既靠天，也靠地，还靠自己。

——［中国］俞敏洪

- 良好的习惯乃是人在其神经系统中存放的道德资本，这个资本不断地增值，而人在其整个一生中就享受着它的利息。

——［俄国］乌申斯基

- 路要靠自己走，才能越走越宽。

——［法国］居里夫人

- 没有自立性的态度和意志，只靠别人的力量或金钱买来的，都只是力量微弱的东西。

——［日本］松下幸之助

- 宁可靠自己的力气吃饭，不要拿别人什么。

——［俄国］卡拉姆辛

- 起先是我们造成习惯，后来是习惯造成我们。

——［爱尔兰］王尔德

- 人啊，还是靠自己的力量吧。

——［德国］贝多芬

- 人不自立，则唯有无耻而已。

——［清］康有为

- 人多不足以依赖，要生存只有靠自己。

——［法国］拿破仑

- 人类一生的工作，精巧还是粗劣，都是受他每个习惯所影响的。

——［美国］富兰克林

- 人生的价值，决定于他自己。

——［苏联］高尔基

- 人支配习惯，而不是习惯支配人。

——［苏联］奥斯特洛夫斯基

- 任何事物都不如习惯那样强有力。

——［古罗马］奥维德

- 如果良好的习惯是一本道德资本，那么，在同样的程度上，坏习惯就是道德上的无法偿清的债务了。

——［俄国］乌申斯基

- 谁要是游戏人生，他就一事无成；谁不能主宰自己，就永远是一个奴隶。

——［德国］歌德

- 所有的习惯以不可见的程度积聚起来，如百溪汇于川，百川流于海。

——［英国］德莱敦

- 为了成功地生活，青少年必须学会自立，铲除埋伏在各处的障碍，家庭要教养他，使他具有为人所认可的独立人格。

——［美国］卡耐基

- 我就是我自身的主宰。

——［古罗马］普劳图斯

- 我宁愿靠自己的力量，打开我的前途，而不愿求有力者垂青。

——［法国］雨果

- 我只有一个忠告给你——做你自己的主人。

——［法国］拿破仑

- 习惯没有法律那样明智，可它们往往更盛行。

——［英国］狄斯累利

- 习惯是人的第二本性。它使我们不能认识一个人的主要本性，就这一点而言，习惯既非残忍也不迷人。

——［法国］普鲁斯特

- 习惯是一个人思想与行为的领导者。

——［美国］爱默生

- 习惯形成性格，性格决定命运。

——［美国］约·凯恩斯

- 习惯一旦培养成功之后，便用不着借助记忆，很容易地自然地就能发生作用了。

——［英国］洛克

- 习惯真是一种顽强而巨大的力量，它可以主宰人的一生。

——［英国］培根

- 习惯之链的力量很弱，因而往往感觉不到，但一旦感觉到了，它已是牢不可摧的了。

——［英国］塞缪尔·约翰逊

- 习惯之于灵魂犹如血管与脉络之于血液，是它流动的道路。

——［美国］布什纳尔

- 一个人应养成信赖自己的习惯，即使在最危急的时候，也要相信自己的勇敢与毅力。

——［法国］拿破仑

- 有勇气做真正的自己，单独屹立，不要想做别人。

——［中国］林语堂

- 在所有古老的习惯里，都有一种深刻的含义。

——［德国］席勒

- 只有长期养成的习惯才能多少改变人的天生气质和性格。

——［英国］培根

- 自己能做的事情，不要去麻烦别人。

——［俄国］列夫·托尔斯泰

··· 专注 细节 ···

- 把每一件简单的事做好就是不简单；把每一件平凡的事做好就是不平凡。

——［中国］张瑞敏

- 把所有的精力都集中在实现一定的目标上，除此之外，再没有什么能让你的人生充满力量了。

——［美国］尼杜·库比恩

- 把注意力集中在你要达成的目标上，而非你所恐惧的事情上。

——［美国］安东尼·罗宾

- 不放过任何细节。

——［日本］松下幸之助

- 成大事不在于力量的大小，而在于能坚持多久。

——［英国］约翰生

- 成功的关键在于要把意识集中在我们所渴望的事情上，而非我们的担忧上。

——［美国］博恩·崔西

- 聪明人会把凡是会分散精力的要求置之度外，只专心致志地去学一门，学一门就要把它学好。

——［德国］歌德

- 对微小事物的仔细观察，就是事业、艺术、科学及生命各方面的成功秘诀。

——［英国］塞缪尔·斯迈斯

- 夫祸患常积于忽微，而智勇多困于所溺。

——［北宋］欧阳修

- 力量的秘密在于专注。

——［美国］爱默生

- 目标实现，第一要专注，第二要重复。

——［中国］陈安之

- 人一生中最重要的是专注。

——［美国］巴菲特

- 如果你比对手更专注，你就能将他们抛在身后。

——［美国］马克·桑布恩

- 什么叫细节，细节就是你的“珠子”。你要穿一串项链，这串项链要与别人的不同，你起码得有几颗是你自己的“珠子”，一颗珍贵的珠子能使一串项链熠熠生辉。

——［中国］黄宗英

- 泰山不让土壤，故能成其大；河海不择细流，故能就其深。

——［秦］李斯

- 天下难事，必做于易；天下大事，必做于细。

——［春秋］老子

- 我们必须改变心浮气躁、浅尝辄止、眼高手低的毛病，提倡注重细节、把小事做细。

——［中国］卢瑞华

- 勿以善小而不为，勿以恶小而为之。

——［三国］刘备

- 细节的不等式意味着百分之一的错误会导致百分之百的错误。

——［中国］汪中求

- 细节决定成败。

——［中国］汪中求

- 小事成就大事，细节成就完美。

——［美国］戴维·帕卡德

- 要从容地着手去做一件事，一旦开始，就要坚持到底。

——［古希腊］比阿斯

- 要想比别人更优秀，只有在每一件小事上比功夫。

——［中国］汪中求

- 与其花许多时间和精力去凿许多浅井，不如花同样的时间和精力去凿一口深井。

——［法国］罗曼·罗兰

- 在艺术的境界里，细节就是上帝。

——［意大利］米开朗琪罗

- 只要专注于某一项事业，就一定能做出使自己感到吃惊的成绩来。

——［美国］马克·吐温

- 专注、热爱、全心贯注于你所期望的事物上，必有收获。

——［美国］爱默生

- 专注于你的潜力，而非缺陷。

——［西班牙］艾伦·麦金尼斯

…思考 成长…

- 傲慢的人不会成长，因为他不会喜欢严正的忠告。

——［美国］卡耐基

- 把时间用在思考上是最能节省时间的事情。

——［英国］卡曾斯

- 不下决心培养思考习惯的人，便失去了生活中最大的乐趣。

——［美国］爱迪生

- 成长的岁月，经历破茧而出的阵痛，坚强不颓废，在忧伤和希望中日渐成熟。

——［中国］许子聪

- 成长是一种美丽的疼痛。

——［中国］刘墉

- 成长总是那么神秘而惊人，都是由于不注意，我们才不感觉到惊讶。

——［法国］纪德

- 独立思考能力是科学研究和创造发明的一项必备才能。在历史上任何一个较重要的科学上的创造和发明，都是和创造发明者的独立地深入地看问题的方法分不开的。

——［中国］华罗庚

- 凡善于考虑的人，一定是能根据其思考而追求可以通过行动取得最有益于人类的东西的人。

——［古希腊］亚里士多德

- 和自己的心进行斗争是很难堪的，但这种胜利则标志着这是一个深思熟虑的人。

——［古希腊］德谟克利特

- 看书也一样，仍要自己思索，自己观察。

——［中国］鲁迅

- 宁可受苦而保持清醒，宁可忍受痛苦而思维，也不要无法进行思考。

——［奥地利］茨威格

- 缺少知识就无法思考，缺少思考就不会有知识。

——［德国］歌德

- 人类被赋予了一种工作，那就是精神的成长。

——［俄国］列夫·托尔斯泰

- 人是一个初生的孩子，他的力量，就是生长的力量。

——［印度］泰戈尔

- 人应当相信，不了解的东西总是可以了解的，否则他就不会再去思考。

——［德国］歌德

- 思考是人类最大的乐趣。

——［德国］布莱希特

- 思维是灵魂的自我谈话。

——［古希腊］柏拉图

- 思维本是无形的，但是为了创造出有形的具有时代气息的东西，就有必要将思想表达出来。

——［美国］哈伯德

- 为学之道，必本于思。思则得之，不思则不得也。

——［北宋］程颐

- 伟人不只在事业上惊天动地，他时常不声不响地深思熟虑。

——［俄国］克雷洛夫

- 我们的青年是一种正在不断成长、不断上升的力量，他们的使命是根据历史的逻辑来创造新的生活方式和生活条件。

——［苏联］高尔基

- 学而不思则罔，思而不学则殆。

——［春秋］孔子

- 要独立思考问题，不要人云亦云。

——［美国］爱默生

- 幼稚是会成长、会成熟的。只要不衰老、不腐败就好。

——［中国］鲁迅

- 在艺术创作中，第一个意念最佳；在其他的事情上，反复思考的结果最好。

——［英国］布莱克

- 这个世界不缺少发现，而是缺少发现后的思考。

——［中国］牛根生

··· 乐观 快乐 ···

- 把苦难装在心里，把乐观写在脸上。

——［中国］朱新礼

- 不应该追求一切种类的快乐，应该只追求高尚的快乐。

——［古希腊］德谟克利特

- 多笑笑，会慢慢让自己真的快乐起来。

——［中国］李开复

- 欢乐就是健康，反之忧郁就是病魔。

——［美国］哈利伯顿

- 假如生活欺骗了你，不要悲伤，不要心急！忧郁的日子需要镇静：相信吧，快乐的日子将会来临。

——［俄国］普希金

- 开朗的性格不仅可以使自己经常保持心情的愉快，而且可以感染你周围的人们，使他们也觉得人生充满了和谐与光明。

——［法国］罗曼·罗兰

- 快乐，是人生中最伟大的事！

——［苏联］高尔基

- 快乐不是件奇怪的东西，绝不因为你分给了别人而减少。有时你分给别人的越多，自己得到的也越多。

——［中国］古龙

- 快乐是一种香水，无法倒在别人身上，而自己却不沾上一些。

——［美国］爱默生

- 乐观就像一首激昂优美的进行曲，时刻鼓舞着你向事业的大路勇猛前进。

——［法国］大仲马

- 乐观是希望的明灯，它指引着你从危险峡谷中步向坦途，使你得到新的生命、新的希望，支持着你的理想永不泯灭。

——［英国］达尔文

- 明智的人绝不会坐下来为失败而哀号，他们一定会乐观地寻找办法来加以挽救。

——［英国］莎士比亚

- 人间没有永恒的夜晚，世界没有永恒的冬天。

——［中国］艾青

- 人生最大的快乐不在于占有什么，而在于追求什么的过程。

——［加拿大］班廷

- 人是从苦难之中滋长起来的，唯有乐观奋斗，才能不断茁壮。反之则容易被埋没，默默终生。

——［法国］拿破仑

- 如果人是乐观的，一切都有抵抗，一切都能抵抗，一切都会增强抵抗力。

——［中国］瞿秋白

- 世界上没有比快乐更能使人美丽的化妆品。

——［英国］布雷顿

- 虽然我们的人生道路上会有坎坷和不平，但无论是荣誉还是困苦，一切都会成为过去。

——［中国］于丹

- 乌云后面依然是灿烂的晴天。

——［美国］朗费罗

- 笑，就是阳光，它能消除人们脸上的冬色。

——［法国］雨果

- 一个人对昨天的日子要感到快乐，而对明天要充满信心。

——［英国］华兹华斯

- 一切的和谐与平衡，健康与健美，成功与幸福，都是由乐观与希望的向上心理产生与造成的。

——［美国］华盛顿

- 一种美好的心情，比十服良药更能解除生理上的疲惫和痛楚。

——［德国］马克思

- 有的人觉得能够舍身，能够用牺牲来对人类表示深切而毫无私心的同情，是一种快乐。

——［法国］罗曼·罗兰

- 有一个方法可以让自己好看，就是尽量保持快乐的心境。

——［中国台湾］席慕蓉

- 真正的快乐是内在的，它只有在人类的心灵里才能发现。

——［德国］布雷默

- 只有含辛茹苦，才能获得真正的欢乐。

——［印度］泰戈尔

··· 求知 · 知识 学问 ···

- 不要把学问看作是用来装饰的王冠，也不要把学问看作是用来挤奶的奶牛。

——［俄国］列夫·托尔斯泰

- 钉子有两个长处：一个是“挤”劲，一个是“钻”劲。我们在学习上，也要提倡这种“钉子”精神，善于挤和钻。

——［中国］雷锋

- 古今中外有学问的人，有成就的人，总是十分注意积累的。知识就是积累起来的，经验也是积累起来的。我们对什么事情都不应该像“过眼云烟”。

——［中国］邓拓

- 古人学问并称，明均重也，不能问者学必不进。

——［清］陈宏谋

- 好问的人，只做了五分钟的愚人。耻于发问的人，终身为愚人。

——［德国］利希顿堡

- 没有任何力量比知识更强大，用知识武装起来的人是不可战胜的。

——［苏联］高尔基

- 人有多少知识，就有多少力量，他的知识和他的能力是相等的。

——［英国］培根

- 任何一种容器都装得满，唯有知识的容器大无边。

——［中国］徐特立

- 我们把别人的学问和见解保存下来，便算完事了吗？我们必须把它们变为自己的。

——［法国］蒙田

- 我认为知识是一切能力中最强的力量。

——［古希腊］柏拉图

- 无论掌握哪一种知识，对智力都是有用的，它会把无用的东西抛开而把好的东西留住。

——［意大利］达·芬奇

- 炫耀广博见识或渊博学问的人，是既没有见识也没有学问的人。

——［美国］海明威

- 学问必须合乎自己的兴趣，才可能从中收获益处。

——［英国］莎士比亚

- 学问和思考都只是知识的最初几步，只有出神入化的境界才能得到永恒的真理。

——［法国］法朗士

- 学问是光明，无知是黑暗。

——［俄国］屠格涅夫

- 学问足以改变人格。

——［古罗马］奥维德

- 学习是劳动，是充满思想的劳动。

——［俄国］乌申斯基

- 一个人的知识越多，就越有价值。

——［英国］罗伯特

- 有教养的头脑的第一个标志就是善于提问。

——［俄国］普列汉诺夫

- 有学问的人是一块真金，在任何地方都会受人尊敬。

——［波斯］萨迪

- 有学问的应当注意经验，以经验擅长的应当注重学问所教的方法。

——［英国］培根

- 在知识的山峰上登得越高，眼前展现的景色就越壮阔。

——［俄国］拉吉舍夫

- 知识是解除恐惧的良药。

——［美国］爱默生

- 知识是取之不尽的源泉，是用之不竭的财富。

——［波斯］萨迪

- 知识是引导人生到光明与真实境界的灯烛。

——［中国］李大钊

- 知识像烛光，能照亮一个人，也能照亮无数的人。

——［英国］培根

- 智能也和其他东西一样会消耗。学问是它的营养，边滋养边消耗。

——［法国］拉布吕耶尔

- 做人要知足，做事要知不足，做学问要不知足。

——［中国］裘法祖

… 求知 读书 …

- 别人的知识可能使你学到某种东西，但是只有运用自己的智慧，才能成为智者。

——［法国］蒙田

- 不读书的人，思想就会停止。

——［法国］狄德罗

- 读书百遍，其义自见。

——［西晋］陈寿

- 读书不要贪多，而要多加思索，这样的读书使我获益不少。

——［法国］卢梭

- 读书而不能运用，则所读的书等于废纸。

——［美国］华盛顿

- 读书和学习是在别人的思想和知识的帮助下，建立起自己的思想和知识。

——［俄国］普希金

- 读书忌死读，死读钻牛角。

——［中国］叶圣陶

- 读书譬如饮食，从容咀嚼，其味必长；大嚼大咀，终不知味也。

——［南宋］朱熹

- 读书时，我愿在每一个美好思想的面前停留，就像在每一条真理面前停留一样。

——［美国］爱默生

- 读书使人心明眼亮。

——［法国］伏尔泰

- 读书是易事，思索是难事，但两者缺一，便全无用处。

——［美国］本杰明·富兰克林

- 读书越多，精神就越健壮而勇敢。

——［苏联］高尔基

- 对我来说，知识就是幸福。

——［美国］海伦·凯勒

- 书籍，引领我散步在别人的灵魂中。

——［法国］雨果

- 喜爱读书，就等于把生活中寂寞无聊的时光换成巨大享受的时刻。

——［法国］孟德斯鸠

- 有两件事我最憎恶：没有信仰的博才多学和充满信仰的愚昧无知。

——［美国］爱默生

- 与其用华丽的外衣装饰自己，不如用知识武装自己。

——［德国］马克思

- 阅读优秀的著作——也就是阅读真正意义上的有意义的书，是一件高尚的运动，必须苦苦思索，其中的甘苦和世上推崇的任何运动不相上下。

——［美国］梭罗

- 掌握知识不是为了争论不休，不是为了藐视别人，不是为了利益、荣誉、权力或者达到某种目的，而是为了用于生活。

——［英国］培根

- 真正有知识的人的成长过程，就像麦穗的成长过程：麦穗空的时候，麦子长得很快，麦穗骄傲地高高昂起，但是，麦穗成熟饱满时，它们开始谦虚，垂下麦芒。

——［法国］蒙田

- 知识是珍贵宝石的结晶，文化是宝石释放出的光泽。

——［印度］泰戈尔

- 知识有如人体的血液一样宝贵。人缺了血液，身体就会衰弱；人缺少知识，头脑就要枯竭。

——［中国］高士其

- 知道自己无知，乃是双倍的无知。

——［古希腊］柏拉图

- 重要的不是知识的数量，而是知识的质量；有些人知道很多很多，但却不知道最有用的东西。

——［俄国］列夫·托尔斯泰

- 最重要的不在于积累尽量多的知识，而在于这或多或少的知识都是属于你的，是你的心血浇灌的，是你自己努力的结果。

——［法国］罗曼·罗兰

··· 治学 进取 ···

- 必须以率直、谦虚的态度，乐观进取，向前迈进。

——［日本］松下幸之助

- 不应当急于求成，应当去熟悉自己的研究对象，锲而不舍，时间会成全一切。凡事开始最难，然而更难的是何以善终。

——［英国］莎士比亚

- 成功的秘诀——很简单，无论何时，不管怎样，我也绝不允许自己有一点点灰心丧气。

——［美国］爱迪生

- 独立思考和独立判断的能力，应当始终放在首位。

——［美国］爱因斯坦

- 对一切人来说，只有热爱才是最好的老师，它远远胜过责任感。

——［美国］爱因斯坦

- 凡事都要脚踏实地去做，不驰于空想，不骛于虚声，而唯以求真的态度做踏实的工作。以此态度求学，则真理可明，以此态度做事，则功业可就。

——［中国］李大钊

- 凡我所遇到的人，都有胜过我的地方，在这方面，我应该向他们学习。

——［美国］爱默生

- 进取是人生的要务。

——［英国］塞缪尔·约翰逊

- 科学是人类积累的知识的巨大宝库。

——［苏联］克鲁普斯卡娅

- 科学是永无止境的，它是一个永恒之谜。

——［美国］爱因斯坦

- 立身以立学为先。

——［北宋］欧阳修

- 没有大胆的猜测就做不出伟大的发明。

——［英国］牛顿

- 每个人都应当用帆用桨，努力推进他的小船。

——［意大利］但丁

- 拼命去争取成功，但不要期望一定会成功。

——［英国］法拉第

- 人总是要犯错误、受挫折、伤脑筋的，不过绝不能停滞不前。

——［印度］泰戈尔

- 任何困难都会向进取者低头。

——［德国］霍尔曼

- 如果你希冀进入无限的境界，那就应该对有限的事物进行彻底的探索。

——［德国］歌德

- 上进心是人的唯一标志，不是上帝的，也不是动物的。

——［英国］罗伯特·勃朗宁

- 上天绝不帮助坐而不动的人。

——［希腊］沙孚克里斯

- 时代环境全部迁流，并且进步，而个人始终如故，毫无长进，这才谓之“落伍者”。

——［中国］鲁迅

- 谁想不落伍，谁就得不断进取。

——［美国］詹·拉·洛威尔

- 永远不要企图掩饰自己知识上的缺陷，即使用最大胆的推测和假设去掩饰，这也是要不得的。

——［俄国］巴甫洛夫

- 在大多数情况下，进步来自进取心。

——［古罗马］塞涅卡

- 真理就是在经验面前站得住脚的东西。

——［美国］爱因斯坦

- 真理在人那里获得生命力，并且展现出来。

——［法国］阿尔贝·加缪

- 知道自己知道什么，也知道自己不知道什么，这就是真正的知识。

——［美国］梭罗

- 追求科学需要特殊的勇气。

——［意大利］伽利略

··· 勤学 奋斗 ···

- 并不是我很聪明，只是我和问题相处得比较久一点。

——［美国］爱因斯坦

- 不断的奋斗就是走上成功之路。

——［中国］孙中山

- 不问苦乐，不问得失，不计成败，尽你的力量奋斗。

——［法国］罗曼·罗兰

- 才能一旦让懒惰支配，它就一无可为。

——［俄国］克雷洛夫

- 重复是学习之母。

——［德国］狄慈根

- 当你还不能对自己说今天学到了什么东西时，你就不要去睡觉。

——［南非］利希顿堡

- 凡事欲其成功，必须付出代价——奋斗。

——［美国］爱默生

- 奋斗的过程中，常会遭受挫折，唯有坚持到底，才能获得最后的成功。

——［美国］舒勒

- 奋斗能使我们解脱自身的束缚，并使我们成为最优秀、最伟大的人物的同伴。

——［美国］爱因斯坦

- 灵感不过是“顽强的劳动而获得的奖赏”。

——［俄国］列宾

- 你想成为幸福的人吗？但愿你首先学会吃得起苦。

——［俄国］屠格涅夫

- 勤能补拙是良训，一分辛劳一分才。

——［中国］华罗庚

- 青春是有限的，智慧是无穷的，趁短暂的青春，去学无穷的智慧。

——［苏联］高尔基

- 人的大脑和肢体一样，多用则灵，不用则废。

——［中国］茅以升

- 人类要在竞争中求生存，便要奋斗。

——［中国］孙中山

- 人生在勤，不索何获。

——［东汉］张衡

- 天才等于百分之一的灵感加百分之九十九的汗水。

——［美国］爱迪生

- 为学，正如撑上水船，一篙不可放缓。

——［南宋］朱嘉

- 无论做什么事情，只要肯努力奋斗，是没有不成功的。

——［英国］牛顿

- 辛勤的蜜蜂永远没有时间悲哀。

——［英国］布莱克

- 形成天才的决定因素应该是勤奋。

——［中国］郭沫若

- 学到很多东西的诀窍，就是一下子不要学很多的东西。

——［英国］洛克

- 学习永远不晚。

——［苏联］高尔基

- 在努力耕耘的过程中，不必去关心别人的冷眼或喝彩，而只要自己尽力而为。

——［法国］罗曼·罗兰

- 在天才和勤奋之间，我毫不犹豫地选择后者，它几乎是世界上一切成就的“催产婆”。

——［美国］爱因斯坦

- 正确的道路是这样的：借鉴你前辈所做的一切，然后再往前走。

——［俄国］列夫·托尔斯泰

- 只要你投入足够的精力和努力，就没有什么是不可能的，这是我始终不二的信仰。

——［美国］杰瑞·桑德斯

- 只有恒心可以使你达到目的，只有博学可以使你明辨世事。

——［德国］席勒

- 最好不是在夕阳西下的时候幻想什么，而要在旭日东升的时候投入工作。

——［中国］谢觉哉

··· 尝试 挑战 ···

- 本来无望的事，大胆尝试，往往能成功。

——［英国］莎士比亚

- 别向不幸屈服，应该更大胆更积极地向不幸挑战。

——［古罗马］维吉尔

- 除非你停止尝试，否则就永远不会是失败者。

——［美国］迈克·迪塔卡

- 大胆挑战，世界总会让步。如果有时候你被它打败了，就不断地挑战，它总会屈服的。

——［英国］萨克雷

- 当智慧和命运交战时，若智慧有胆识敢作敢为，命运就没有机会动摇它。

——［英国］莎士比亚

- 接受挑战，就可以享受胜利的喜悦。

——［美国］乔治·S.巴顿

- 没有一次争取是一劳永逸的。争取是一种每天不断重复的行动，人们必须天天坚持。

——［法国］罗曼·罗兰

- 你若想尝试一下勇者的滋味，一定要像个真正的勇者一样，豁出全部的力量去行动，这时你的恐惧心理将会为勇猛果敢所取代。

——［英国］丘吉尔

- 请永远不要犯同样的错误，因为还有好多其他错误你完全可以尝试！

——［英国］伯妮斯·科恩

- 人的一生中，最光辉的一天并非功成名就的那一天，而是从悲叹与绝望中产生对人生的挑战，以勇敢迈向意志的那一天。

——［法国］福楼拜

- 人类学会走路，也得学会摔跤，而且只有经过摔跤他才能学会走路。

——［德国］马克思

- 人生要不是大胆地冒险，便是一无所获。

——［美国］海伦·凯特

- 如果不开始行动，我们就无法知道结果。

——［美国］霍华德·津恩

- 失败固然痛苦，但更糟糕的是从未去尝试。

——［美国］罗斯福

- 失败了，你可能会失望；但如果不去尝试，那么你注定要失败。

——［美国］贝弗利·西尔斯

- 所谓活着的人，就是不断挑战的人，不断攀登命运巅峰的人。

——［法国］雨果

- 万无一失意味着止步不前，那才是最大的危险。

——［中国］杨澜

- 伟大的尝试，即使失败了，也是壮美的。

——［美国］文森特·隆巴迪

- 像一股和顽强的崖口进行搏斗的、狂奔的激流，你应该不顾一切纵身跳进那陌生的、不可知的命运，然后，以大无畏的英勇把它完全征服，不管有多少困难向你挑衅。

——［印度］泰戈尔

- 许多天才因缺乏勇气而在这个世界上消失。每天，默默无闻的人们被送入坟墓，他们由于胆怯，从未尝试着努力过；他们若能接受诱导起步，就很有可能功成名就。

——［英国］席巴·史密斯

- 要冒一次险！整个生命就是一场冒险。走得最远的人，常常是愿意去做，并且愿意去冒险的人。

——［美国］卡耐基

- 一个尝试错误的人生，不但比无所事事的人生更荣耀，并且更有意义。

——［英国］萧伯纳

- 有信心地踏出第一步，你不需要看到整个楼梯，只要踏出第一步就好。

——［美国］马丁·路德·金

- 有勇气在自己生活中尝试解决人生新问题的人，正是那些使社会臻于伟大的人！那些仅仅循规蹈矩过活的人，并不是在使社会进步，而只是在使社会得以维持下去。

——［印度］泰戈尔

- 在伟大的世界里，造物主为每个人都准备了美满的人生，我们应该下定决心，集中精力，去努力争取。

——［美国］卡耐基

- 只有去尝试，才知道自己能做。

——［美国］帕布雷琉斯·赛勒斯

··· 智慧 经验 ···

- 把所有的愚昧淘尽，会看到沉在最底下的智慧。

——［法国］贝尔纳

- 聪明是智慧者的天敌，傻瓜用嘴讲话，聪明的人用脑袋讲话，智慧的人用心讲话。

——［中国］马云

- 当智慧骄傲到不肯哭泣，庄严到不肯欢乐，自满到不肯看人的时候，那就不是智慧了。

——［黎巴嫩］纪伯伦

- 即使是一座智慧的地狱，也比一个愚昧的天堂好些。

——［法国］雨果

- 坚定不移的智慧是最宝贵的东西，胜过其余的一切。

——［古希腊］德谟克利特

- 经验并非发生在人们身上的事情，而是人们利用所发生的事而做的事情。

——［英国］赫胥黎

- 经验使你在第二次犯相同错误时及时发现。

——［英国］琼斯

- 经验是个宝贵的学校，而傻瓜却从中一无所得。

——［美国］富兰克林

- 经验是思想的结果，思想是行动的结果。

——［英国］狄斯累利

- 经验是一种智慧，它会告诉我们，我们业已养成的习惯很可能是一个令人讨厌的老朋友。

——［美国］马克·吐温

- 没有智慧的头脑，就像没有蜡烛的灯笼。

——［俄国］列夫·托尔斯泰

- 前人的错误给我们的教益不亚于他们的积极的成就给我们的教益。

——［德国］狄兹根

- 让您的智慧指导您行动。

——［英国］莎士比亚

- 人类的智慧就是快乐的源泉。

——［意大利］薄伽丘

- 人在智慧上应该是明朗的，道德上应该是清白的，身体上应该是清洁的。

——［俄国］契诃夫

- 所谓真正的智慧，都是曾经被人思考过千百次的。但要想使它们真正成为我们自己的，一定要经过我们自己再三思维，直至它们在我们的个人经验中生根为止。

——［德国］歌德

- 一个人的经验是要在刻苦中得到的，也只有在岁月的磨炼中才能够使它成熟。

——［英国］莎士比亚

- 一个人的智慧不是一个器具，等待老师去填满；而是一块可以燃烧的煤，有待于老师去点燃。

——［法国］考留达克

- 一个有智慧的人，才是一个真正无量无边的人。

——［法国］巴尔扎克

- 一切出色的东西都是朴素的，它们之所以令人倾倒，正是由于自己的富有智慧的朴素。

——［苏联］高尔基

- 智慧，比知识的内涵丰富得多。

——［印度］泰戈尔

- 智慧，不是死的默念，而是生的沉思。

——［荷兰］斯宾诺莎

- 智慧才是一个人成功的最大条件之一，缺了它，什么也不成。

——［中国］三毛

- 智慧、勤劳和天才，高于显贵和富有。

——［德国］贝多芬

- 智慧是经验之女。

——［意大利］达·芬奇

- 智慧友爱，这是照亮我们的黑夜的唯一光亮。

——［法国］罗曼·罗兰

- 智慧最后的结论是：生活也好，自由也好，都要天天去赢取，这才有资格去享有它。

——［德国］歌德

…才华 天才…

- 爱惜才华吧，保护那些才华修美的人物吧。文明的民族啊，培养他们吧。

——［法国］卢梭

- 才华是刀刃，辛苦是磨刀石，很锋利的刀刃，若日久不磨，也会生锈，成为废物。

——［中国］老舍

- 才华需要同情，需要有人了解。

——［俄国］陀思妥耶夫斯基

- 才华总是通过独立的（精神上的）活动才能成长起来的。

——［俄国］车尔尼雪夫斯基

- 聪明出于勤奋，天才在于积累。

——［中国］华罗庚

- 对于富有才华和热爱劳动的人来说，不存在任何障碍。

——［德国］贝多芬

- 光有才华是成不了作家的，还得有毅力。

——［英国］艾迪生

- 好学与不满足是进步的第一必需品。

——［美国］爱迪生

- 很多人都有天赋，但如果不加以发挥，天赋就只能被埋没了。

——［美国］朗费罗

- 精神的浩瀚、想象的活跃和心灵的勤奋就是天才。

——［法国］狄德罗

- 没有加倍的勤奋，就既没有才能，也没有天才。

——［俄国］门捷列夫

- 没有顽强的细心的劳动，即使是有才华的人也会变成绣花枕头似的无用的玩物。

——［俄国］斯坦尼斯拉夫斯基

- 哪里有天才，我是把别人喝咖啡的工夫都用在工作上的。

——［中国］鲁迅

- 耐心是天才的必要素质。

——［英国］狄斯累利

- 年轻人，你永远不要忘记……才华就是长期的坚持不懈：你努力干吧！

——［法国］福楼拜

- 谦虚对才华无奇的人来说只是一种诚实，对才华绝顶的人来说，是一种虚伪。

——［德国］叔本华

- 缺乏对事业的热爱，才华也是无用的。

——［俄罗斯］尼柯拉耶维奇

- 如果你遇到一个具有才华的人，应当问他读的是什么书。

——［美国］爱默生

- 天才出于勤奋。

——［苏联］高尔基

- 天才就是无止境刻苦勤奋的能力。

——［英国］卡莱尔

- 天才只意味着终生不懈地努力。

——［俄国］门捷列夫

- 伟大的天才不屑别人走过的路，他要探索迄今尚未开发的领域。

——［美国］林肯

- 信仰比理智更有才华。

——［英国］菲·贝利

- 一个人的美不在外表，而在才华、气质和品格。

——［俄国］马雅可夫斯基

- 有了天才不用，天才一定会衰退，而且会在慢性的腐朽中归于消灭。

——［俄国］克雷洛夫

- 珍惜你的智商，但不要无限度地挥霍。就算你有盖世的聪慧，如果宣泄渠道太多的话，才华必涣散。

——［中国］毕淑敏

- 真正的天才不过是所有闪光思想的集大成者。

——［德国］利希滕贝格

- 最大的天才如果朝朝暮暮躺在青草地上，让微风吹来，眼望着天空，温柔的灵感也始终不会光顾他。

——［德国］黑格尔

··· 尊师 重教 ···

- 春蚕到死丝方尽，蜡炬成灰泪始干。

——［唐］李商隐

- 国家的命运有赖于对青年的教育。

——［古希腊］亚里士多德

- 家庭是父亲的王国，母亲的世界，儿童的乐园。

——［美国］爱默生

- 教师必须具有健康的体魄，农人的身手，科学的头脑，艺术的兴味，改革社会的精神。

——［中国］陶行知

- 教师不仅是知识的传播者，而且是模范。

——［美国］布鲁纳

- 教师是过去和未来之间的一个活的环节。它的事业，从表面来看虽然平凡，却是历史上最伟大的事业之一。

——［俄国］乌申斯基

- 教师是人类的灵魂工程师。

——［苏联］斯大林

- 教师是一种责任最大、最光荣的职业。这一职业的作用和意义必将日益提高和增加。

——［苏联］克鲁普斯卡娅

- 教育不能创造什么，但它能启发儿童创造力以从事于创造工作。

——［中国］陶行知

- 教育的目的在于品德的形成。

——［英国］斯宾塞

- 教育儿童通过周围世界的美、人的关系的美来发现精神的高尚、善良和诚实，并在此基础上在自己的身上确立美的品质。

——［苏联］苏霍姆林斯基

- 教育技巧的全部奥秘也就在于如何爱护儿童。

——［苏联］苏霍姆林斯基

- 教育是廉价的国防。

——［古希腊］亚里士多德

- 教育是民族最伟大的生存原则，是一切社会把恶的数量减少，把善的数量增加的唯一手段。

——［法国］巴尔扎克

- 教育是伟大的事业，人类的命运取决于教育。

——［苏联］苏霍姆林斯基

- 教育应该要尽量鼓励个人的发展——应该引导儿童自己进行探讨，自己去推论。给他们讲的应该尽量少些，而引导他们去发现的应该尽量多些。

——［英国］斯宾塞

- 教育者的关注和爱护在学生的心灵上会留下不可磨灭的印象。

——［苏联］苏霍姆林斯基

- 名副其实的教育，本质上就是品格教育。

——［奥地利］布贝尔

- 人只有靠教育才能成人，人完全是教育的结果。

——［德国］康德

- 师者，所以传道授业解惑也。

——［唐］韩愈

- 我不知道有什么比教育一个孩子成人更神圣的职责了。

——［德国］贝多芬

- 我们教育工作者的任务就在于让每个儿童看到人的心灵美，珍惜爱护这种美，并用自己的行动使这种美达到应有的高度。

——［苏联］苏霍姆林斯基

- 学贵得师，亦贵得友。

——［明末清初］唐甄

- 一个好的教师，是一个懂得心理学和教育学的人。

——［苏联］苏霍姆林斯基

- 一个坏的教师奉送真理，一个好的教师则教人发现真理。

——［德国］第斯多惠

- 一日之师，终身为父。

——［元］关汉卿

… 理想 · 理想 梦想 …

- 理想，能给天下不幸者以欢乐。

——［苏联］高尔基

- 理想的书籍是智慧的钥匙。

——［俄国］列夫·托尔斯泰

- 理想是人生的太阳。

——［美国］德莱赛

- 梦是心灵的思想，是我们的秘密真情。

——［美国］杜鲁门·卡波特

- 梦想绝不是梦，两者之间的差别通常都有一段非常值得人们深思的距离。

——［中国］古龙

- 梦想一旦被付诸行动，就会变得神圣。

——［英国］阿·安·普罗克特

- 梦想只要能持久，就能成为现实。我们不就是生活在梦想中的吗？

——［英国］丁尼生

- 命运是一件很不可思议的东西。虽人各有志，但在实现理想时往往会遭遇到许多困难，有的人还会走向与志趣相反的路，最后反而一举成功。我想我就是这样。

——［日本］松下幸之助

- 青年人啊，热爱理想吧，崇敬理想吧！理想是上帝的语言，高于一切国家和全人类，是精神的王国，是灵魂的故乡。

——［意大利］马志尼

- 人的活动如果没有理想的鼓舞，就会变得空虚而渺小。

——［俄国］车尔尼雪夫斯基

- 人生最高之理想，在求达于真理。

——［中国］李大钊

- 如果不献身给一个伟大的理想，生命就是毫无意义的。

——［菲律宾］何塞·黎萨尔

- 生活中没有理想的人，是可怜的人。

——［俄国］屠格涅夫

- 世上最快乐的事，莫过于为理想而奋斗。

——［古希腊］苏格拉底

- 伟大的理想唯有经过忘我的斗争和牺牲才能实现。

——［意大利］乔万尼奥里

- 无论梦想怎样模糊，总潜伏在我们心底，使我们的心境永远得不到宁静，直到这些梦想成为事实才止；像种子在地下一样，一定要萌芽滋长，伸出地面来，寻找阳光。

——［中国］林语堂

- 现实是此岸，理想是彼岸，中间隔着湍急的河流，行动则是架在河上的桥梁。

——［俄国］克雷洛夫

- 要用你的梦想引领你的一生，要用感恩、真诚、助人圆梦的心态引领你的一生，要用执着、无惧、乐观的态度来引领你的人生。

——［中国］李开复

- 一个人可以非常清贫、困顿、低微，但是不可以没有梦想。只要梦想存在一天，就可以改变自己的处境。

——［美国］奥普拉

- 一个人要实现自己的梦想，最重要的是要具备以下两个条件：勇气和行动。

——［中国］俞敏洪

- 一个人有了远大的理想，就是在最艰苦困难的时候，也会感到幸福。

——［中国］徐特立

- 一种理想，就是一种力。

——［法国］罗曼·罗兰

- 有理想的人，生活总是火热的。

——［苏联］斯大林

- 在理想的最美好世界中，一切都是为最美好的目的而设。

——［法国］伏尔泰

- 最初所拥有的只是梦想，以及毫无根据的自信而已。但所有的一切就从这里出发。

——［日本］孙正义

··· 信念 信仰 ···

- 当人胸中具有一种神圣的理想和信仰时，就可以激出无限的意志和力量。

——［英国］培根

- 当信仰丧失了，荣誉也失去了的时候，这人等于死了。

——［美国］惠蒂尔

- 怀疑与信仰，两者都是必需的。怀疑能把昨天的信仰摧毁，替明天的信仰开路。

——［法国］罗曼·罗兰

- 理智本身是一种信仰，它是一种确定自己思想和现实之间关系的信仰。

——［英国］切斯特顿

- 喷泉的高度不会超过它的源头，一个人的事业也是这样，他的成就绝对不会超过自己的信念。

——［美国］林肯

- 人，只要有一种信念，有所追求，什么艰苦都能忍受，什么环境也都能适应。

——［中国］丁玲

- 人活着，总得有个坚定的信仰，不光是为了自己的衣食住行，还要对社会有所贡献。

——［中国］张志新

- 人是为了某种信仰而活着。

——［法国］克莱尔

- 如果一个人有足够的信念，他就能创造奇迹。

——［挪威］温塞特

- 伟大的作品不只是靠力量完成，更是靠坚定不移的信念。

——［英国］塞缪尔·约翰逊

- 信念是储备品，行路人在破晓时带着它登程，但愿他在日暮以前足够使用。

——［俄国］柯罗连科

- 信念是鸟，它在黎明前的黑暗之际感觉到了光明，唱出了歌。

——［印度］泰戈尔

- 信仰，是人们所必需的。什么也不信的人不会有幸福。

——［法国］雨果

- 信仰和迷信是截然不同的东西。

——［法国］帕斯卡

- 信仰是精神的劳动，动物是没有信仰的，野蛮人和原始人有的只是恐怖和疑惑。只有高尚的组织体，才能达到信仰。

——［俄国］契诃夫

- 信仰是没有国土和语言界限的，凡是拥护真理的人，就是兄弟和朋友。

——［德国］亨利希·曼

- 信仰是心中的绿洲，思想的骆驼队是永远走不到的。

——［黎巴嫩］纪伯伦

- 一个人信奉他所知道的东西，并且不为他所不能确定的东西而烦扰，那么，他对他所知道的东西就会有更加坚定的意念。

——［美国］马克·吐温

- 英雄主义是在于为信仰和真理而牺牲自己。

——［俄国］列夫·托尔斯泰

- 由百折不挠的信念所支持的人的意志，比那些似乎是无敌的物质力量具有更大的威力。

——［美国］爱因斯坦

- 再没有比信仰更强大的力量了，它森严可畏而又不可战胜，像澎湃汹涌瞬息万变的大海中的出于鬼斧神工的一座巨岩一样。

——［俄国］果戈理

- 在荆棘道路上，唯有信念和忍耐能开辟出康庄大道。

——［日本］松下幸之助

- 真正的信仰是建立在岩石上的，而其他的一切都颠簸在时间的波浪上。

——［英国］培根

- 智慧是做事用的，对于灵魂来说，靠的是信仰。

——［苏联］高尔基

- 最可怕的敌人，就是没有坚强的信念。

——［法国］罗曼·罗兰

··· 抱负 志向 ···

- 昂昂独负青云志，下看金玉不如泥。

——［唐］李渤

- 白首壮心驯大海，青春浩气走千山。

——［中国］林伯渠

- 百学须先立志。

——［南宋］朱熹

- 不知道明天要干什么事的人，是不幸的人。

——［苏联］高尔基

- 大丈夫必有四方之志。

——［唐］李白

- 就最高目标本身来说，即使没有达到，那也比完全达到了较低的目标要更有价值。

——［德国］歌德

- 君子志于择天下。

——［宋］刘炎

- 没有志向的人，就好比没有动力的船，只能随波逐流。

——［中国］魏琼

- 神圣的工作在每个人的日常事务里，理想的前途在于一点一滴做起。

——［中国］谢觉哉

- 同样是抱负，它能毁灭一切，也能拯救一切；它能产生恶棍，也能造就爱国者。

——［英国］蒲柏

- 伟大的抱负造就伟大的人。

——［英国］托·富勒

- 我的抱负就是我唯一的朋友。

——［美国］朗费罗

- 我饮的是抱负酒，服的是幻想药，所以我会永远朝气蓬勃。

——［英国］高尔斯

- 一个好的目标绝不会因为慢慢来而落空。

——［美国］林肯

- 一个人若是没有确定航行的目的港，那任何风向对他来说都不是顺风。

——［法国］蒙田

- 一个人要找到自己想做的事，首先只要思考如何实现这个想法。至于现实的情况如何，稍后再想就行了。

——［日本］安藤忠雄

- 一个人有无成就，决定于他青年时期是不是有志气。

——［中国］谢觉哉

- 一思尚存，此志不懈。

——［明］胡居仁

- 有远大抱负的人不可忽略眼前的工作。

——［古希腊］欧里庇得斯

- 有志不在年高，无志空长百岁。

——［清］石成金

- 真正的才智是刚毅的志向。

——［法国］拿破仑

- 只要朝着一个方向努力，一切都会变得得心应手。

——［英国］罗伯特·勃朗宁

- 志不强者，智不达。

——［战国］墨子

- 志当存高远。

——［三国蜀］诸葛亮

- 自己的内心藏着一条巨龙，既是一种苦刑，也是一种乐趣。

——［法国］雨果

- 自强为天下健，志刚为大君之道。

——［清］康有为

- 走得最慢的人，只要他不丧失目标，也比漫无目的地徘徊的人走得快。

——［德国］莱辛

··· 爱国 奉献 ···

- 爱国如饥渴。

——［东汉］班固

- 爱国主义就是千百年来固定下来的对自己祖国的一种最深厚的感情。

——［苏联］列宁

- 爱自己的祖国。这就是说，要渴望祖国能成为人类理想的体现，并尽自己的力量来促进这一点。

——［俄国］加里宁

- 爱祖国爱得最深的人，才是最好的世界主义者。

——［英国］丁尼生

- 比自身生命更高贵的奉献精神，会带来真正的成功与快乐，会带来更多朋友。

——［美国］卡耐基

- 对人来说，最大的欢乐，最大的幸福是把自己的精神力量奉献给他人。

——［苏联］苏霍姆林斯基

- 凡是不爱自己国家的人，什么都不会爱。

——［英国］拜伦

- 风声雨声读书声声声入耳，国事家事天下事事事关心。

——［明］顾宪成

- 奉献乃生活的真正意义。

——［奥地利］阿德勒

- 各出所学，各尽所知，使国家富强不受外侮，足以自立于地球之上。

——［中国］詹天佑

- 苟利国家生死以，岂因祸福避趋之。

——［清］林则徐

- 黄金诚然是宝贵的，但是生机勃勃、勇敢的爱国者却比黄金更宝贵。

——［美国］林肯

- 没有祖国，就没有幸福。每个人必须植根于祖国的土壤里。

——［俄国］屠格涅夫

- 你自己和你所有的一切，尚不拿出来贡献于人世，仅仅一个人独善其身，那实在是一种浪费。

——［英国］莎士比亚

- 人不仅为自己而生，而且也为祖国活着。

——［古希腊］柏拉图

- 人当活在真理和自我奉献里。

——［丹麦］庞陀彼丹

- 上天赋予的生命，就是要为人类的繁荣和平和幸福而奉献。

——［日本］松下幸之助

- 为祖国而死，那是最美的命运。

——［法国］大仲马

- 我们不是希望培养出有道德的人吗？让我们从激发他们的爱国心开始。

——［法国］卢梭

- 我们是国家的主人，应该处处为国家着想。

——［中国］雷锋

- 我们应当在不同的岗位上，随时奉献自己。

——［德国］黑塞

- 我是炎黄子孙，理所当然地要把学到的知识全部奉献给我亲爱的祖国。

——［中国］李四光

- 我所能奉献的，只有热血、辛劳、汗水与眼泪。

——［英国］丘吉尔

- 像蜡烛为人照明那样，有一分热，发一分光，忠诚而踏实地为人类伟大的事业贡献自己的力量。

——［英国］法拉第

- 一个没有受到献身的热情所鼓舞的人，永远不会做出什么伟大的事情来。

——［俄国］车尔尼雪夫斯基

- 自我牺牲是一切众所周知的奇迹中的奇迹。

——［美国］爱默生

- 祖国更重于生命，是我们的母亲，是我们的土地。

——［智利］聂鲁达

… 追求 挫折 …

- 别对着阴影，回过头来，对着光明。让我们把这些不幸和沉重的锁链折断了，把这些阴影和黑暗赶开去。

——［美国］德莱塞

- 不能像走兽那样活着，应该追求知识和美德。

——［意大利］但丁

- 当一个人专为自己打算的时候，他追求幸福的欲望只有在非常罕见的情况下才能得到满足，而且绝不是对己对人都有利。

——［德国］恩格斯

- 斗争是掌握本领的学校，挫折是通向真理的桥梁。

——［德国］歌德

- 短时期的挫折比短时间的成功好。

——［古希腊］毕达哥拉斯

- 对于不屈不挠的人来说，没有失败这回事。

——［德国］俾斯麦

- 即使是智者，也难摈弃追求功名这个弱点。

——［古罗马］塔西佗

- 前途并不属于那些犹豫不决的人，而是属于那些一旦决定之后，就不屈不挠、不达目的誓不罢休的人。

——［法国］罗曼·罗兰

- 人的本质就在于他的意志有所追求，一个追求满足了又重新追求，如此永远不息。

——［德国］叔本华

- 如果有一天，我能够对我们的公共利益有所贡献，我就会认为自己是这个世界上最幸福的人了。

——［俄国］果戈理

- 天下绝无不热烈勇敢地追求成功，而能取得成功的人。

——［法国］拿破仑

- 为着追求光和热，人宁愿舍弃自己的生命。

——［中国］巴金

- 我常常重复这一句话：一个人追求的目标越高，那么他的才力就发展得越快，对社会就越有益。

——［苏联］高尔基

- 我们要追求那些真实的功业，要追求对宇宙人生更深远的了解，要追求永远超过狭小生活圈子之外的更有用的东西。

——［法国］罗曼·罗兰

- 一个崇高的目标，只要矢志不渝地追求，就会成为壮举。

——［英国］华兹华斯

- 一个人的活动，如果不是被高尚的思想所鼓舞，那它是无益的渺小的。

——［俄国］车尔尼雪夫斯基

- 有些人一生没有辉煌，并不是因为他们不能辉煌，而是因为他们的头脑中没有闪过辉煌的念头，或者不知道应该如何辉煌。

——［中国］俞敏洪

- 在科学上没有平坦的大道，只有不畏劳苦沿着陡峭山路攀登的人，才有希望达到光辉的顶点。

——［德国］马克思

- 正路并不一定就是一条平平坦坦的直路，难免有些曲折和崎岖险阻，要绕一些弯，甚至难免会误入歧途。

——［中国］朱光潜

- 只见汪洋时就以为没有陆地的人，不过是拙劣的探索者。

——［英国］培根

- 只要不违反公正的法律，那么人人都有完全的自由以自己的方式追求自己的利益。

——［英国］亚当·斯密

- 卓越人的一大优点是：在不利与艰难的遭遇里百折不挠。

——［德国］贝多芬

- 最曲折的路有时最简捷。

——［德国］乎希特万格

··· 希望 失望 ···

- 把希望建筑在意欲和心愿上的人们，二十次中有十九次都会失望。

——［法国］大仲马

- 不要为令人不快的区区琐事而心烦意乱、悲观失望。

——［美国］富兰克林

- 当你的希望一个个落空，你也要坚定，要沉着！

——［美国］朗费罗

- 过度的希望，自然而然地产生了极度的失望。

——［阿根廷］博尔赫斯

- 很难说什么是办不到的事情，因为昨天的梦想，可以是今天的希望，并且还可以成为明天的现实。

——［美国］罗伯特

- 欢乐是希望之花，能够赐给人以力量，使人可以毫无畏惧地正视人生的坎坷。

——［法国］巴尔扎克

- 灰心生失望，失望生动摇，动摇生失败。

——［英国］培根

- 既有希望，就免不了有失望。

——［中国］茅盾

- 没有了希望，一个人就不能维持他的信仰，保守他的精神，或保全他的内心纯洁。

——［法国］巴尔扎克

- 命运给予我们的不是失望之酒，而是机会之杯。

——［美国］尼克松

- 人生很多失望，能把思想寄托在高贵的性格、纯洁的感情和幸福的境界上，也就大可自慰了。

——［法国］福楼拜

- 人最宝贵的财富是希望。如果只着眼于当前，我们就不会去播种。

——［法国］伏尔泰

- 失败了，你可能会失望；但如果不去尝试，那么你注定要失败。

——［美国］贝弗利·西尔斯

- 我们只有坚持不断地努力，才能够抗拒这不可战胜的灰心失望。

——［法国］莫泊桑

- 希望会使你年轻的，因为希望和青春乃是同胞兄弟。

——［英国］雪莱

- 希望里蕴藏着极大的力量，使我们的志向和幻想成为事实。

——［英国］弥尔顿

- 希望能给人以力量，绝望亦复如此。

——［英国］托·富勒

- 希望是风雨之夜所现之晓霞。

——［德国］歌德

- 希望是坚强的勇气，是新生的意志。

——［美国］马丁·路德·金

- 希望是坚韧的拐杖，忍耐是旅行袋，携带它们，人可以登上永恒之旅。

——［英国］罗素

- 希望是栖息于灵魂中的一种会飞翔的东西。

——［英国］狄更生

- 希望是穷人的粮食。

——［英国］赫伯特

- 希望是人的阳光。

——［英国］斯迈尔斯

- 在人的幻想和成就中间有一段空间，只能靠希望来通过。

——［黎巴嫩］纪伯伦

- 在希望与失望的决斗中，如果你用勇气与坚决的双手紧握着，胜利必属于希望。

——［意大利］普里尼

- 最有把握的希望，往往结果终于失望；最少希望的事情，反会出人意外地成功。

——［英国］莎士比亚

··· 成败·成功 失败 ···

- 成败不在于大小，只在于你是否已竭尽所能。

——［美国］卡耐基

- 成功 = 艰苦劳动 + 正确的方法 + 少说空话。

——［美国］爱因斯坦

- 成功常会成为下一个失败的原因，反之，任何失败也都可能因智慧和努力而成为下一次成功的原因。

——［日本］池田大作

- 成功的花，人们只惊慕她出现时的明艳！然而当初她的芽儿，浸透了奋斗的泪泉，洒遍了牺牲的血雨。

——［中国］冰心

- 从不获胜的人很少失败，从不攀登的人很少跌跤。

——［美国］惠蒂尔

- 大多数人是保守的，不轻易相信新事物，但能容忍现实中的众多失败。

——［英国］卡莱尔

- 懒惰受到的惩罚不仅仅是自己的失败，还有别人的成功。

——［法国］朱尔·勒纳尔

- 青年时的失败要比壮年时的胜利、老年时的成功更令人满意。

——［英国］狄斯累利

- 取得成就时坚持不懈，要比遭到失败时顽强不屈更重要。

——［法国］拉罗什富科

- 人在意志力和斗争性方面的长处或短处，往往是导致他们成功或失败的重要原因之一。

——［英国］哈代

- 失败带给我的经验与收获，在于我已经知道这样做是不会成功的证明，下一次我可以避免同样的错误了。

——［美国］爱迪生

- 失败也是我需要的，它和成功对我一样有价值。

——［美国］爱迪生

- 实验上的失败，可能成为发现的开端。

——［俄国］巴甫洛夫

- 我的那些最重要的发现就是受到失败的启发而获得的。

——［英国］戴维

- 我们关心的，不是你是否失败了，而是你对失败能否无怨。

——［美国］林肯

- 在成名的道路上，流的不是汗水，而是鲜血，他们的名字不是用笔而是用生命写成的。

——［法国］居里夫人

- 在获得胜利之后而能克制自己的人，获得了双重的胜利。

——［英国］培根

- 在惊涛骇浪中，紧握船舵，虽千转百折，但仍朝着正确的方向前进，这样才终有到达彼岸的时候。

——［中国］邹韬奋

- 在一个崇高目的的支持下，不停地工作，即使慢，也一定会获得成功。

——［美国］爱因斯坦

- 只要有坚强的持久心，一个庸俗平凡的人也会有成功的一天，否则即使是一个才识卓越的人，也只能遭遇失败的命运。

——［美国］比尔·盖茨

- 只有把抱怨环境的心情，化为上进的力量，才是成功的保证。

——［法国］罗曼·罗兰

- 只有具备真才实学，既了解自己的力量，又善于适当而谨慎地使用自己力量的人，才能在世俗事务中获得成功。

——［德国］歌德

- 执着追求并从中得到最大快乐的人，才是成功者。

——［美国］梭罗

- 自信是成功的第一步。

——［美国］爱迪生

- 最后的胜利不在高兴的人们的多少，而在永远进击的人们的多少。

——［中国］鲁迅

··· 拥有 失去 ···

- 保住你所拥有的，争取你所得到的。

——［英国］布尔沃·利顿

- 比起拥有更多的，还不如经常选择更少的希望。

——［德国］凯姆庇斯

- 聪明的人只要能掌握自己，便什么也不会失去。

——［德国］尼采

- 当一个人不能拥有的时候，他唯一能做的便是不要忘记。

——［法国］普鲁斯特

- 道德是一种获得——如同音乐，如同外国语，如同虔诚扑克和瘫痪——没有人生来就拥有道德。

——［美国］马克·吐温

- 得到了再失去，总是比从来就没有得到更伤人。

——［美国］卡勒德·胡赛尼

- 黑夜使眼睛失去它的作用，但却使耳朵的听觉更为灵敏。

——［英国］莎士比亚

- 衡量一个人是高贵还是低贱，要看他具有什么样的品质，而不看他拥有多少财富。

——［美国］比彻

- 切莫垂头丧气，即使失去了一切，你还握有未来。

——［英国］王尔德

- 人们往往不珍惜轻易得到的东西。

——［俄国］契诃夫

- 人生最好有一种正当的娱乐，即使没有财富，也能拥有快乐。

——［英国］丘吉尔

- 人真正完美不在于他拥有什么，而在于他是什么。

——［英国］王尔德

- 失去的东西，其实从来未曾真正地属于你，也不必惋惜。

——［中国］亦舒

- 世间最珍贵的不是“得不到”和“已失去”，而是现在能把握的幸福。

——［古希腊］苏格拉底

- 我们都拥有自己不了解的能力和机会，都有可能做到未曾梦想的事情。

——［美国］卡耐基

- 我宁可高尚地蒙受损失，也不愿卑鄙地去获取。

——［古罗马］西鲁斯

- 我失去了多少东西啊，仅仅因为我害怕失去。

——［巴西］保罗·柯艾略

- 也许我所失去的，正是我生命中绝不该放手的东西。

——［日本］新海诚

- 拥有大量想法的人不一定聪明，正如拥有大量士兵的将军不一定英明。

——［英国］托·富勒

- 拥有思想的瞬间，是幸福的；拥有感受的快意，是幸福的；拥有父爱，也是幸福的。

——［中国台湾］琼瑶

- 拥有一个好的名声比拥有金钱显得更重要。

——［美国］帕布雷琉斯·赛勒斯

- 有人追求幸福，所以努力；有人拥有幸福，所以放弃。

——［中国］张爱玲

- 有时失去不是忧伤，而是一种美丽。

——［日本］村上春树

- 这个世界并不是因为你的看法就有所改变，很多事情，如果不是失去后学会了后悔，是永远不会懂得珍惜的！

——［中国］忘语

- 只有拥有高尚目标的爱才是崇高的、值得赞美的。

——［古希腊］柏拉图

- 智者千虑，必有一失；愚者千虑，必有一得。

——［西汉］司马迁

- 最珍贵的是今天，最容易失去的也是今天。

——［中国］李大钊

··· 机会 选择 ···

- 既然选择了远方，便只顾风雨兼程。

——［中国］汪国真

- 假如能够再生，我仍选择中国，选择核事业。

——［中国］邓稼先

- 决定你是什么的，不是你拥有的能力，而是你的选择。

——［中国］杨澜

- 乐观的人在每个危机里看到机会，悲观的人在每个机会里看见危机。

——［英国］丘吉尔

- 每个人都有成功的机会，就看你给不给自己机会。

——［中国］马云

- 默认自己无能，无疑是给失败制造机会。

——［法国］拿破仑

- 你不努力，永远不会有人对你公平，只有你努力了，有了资源，有了话语权以后，你才可能为自己争取公平的机会。

——［中国］俞敏洪

- 人不能创造时机，但是他可以抓住那些已经出现的时机。

——［英国］雪莱

- 人们若是一心一意地做某一件事，总是会碰到偶然的机会的。

——［法国］巴尔扎克

- 人生成功的秘诀是当好机会来临时，立刻抓住它。

——［英国］狄斯累利

- 人生中最困难者，莫过于选择。

——［英国］莫尔

- 如果你能成功地选择劳动，并把自己的全部精神灌注到它里面去，那么幸福本身就会找到你。

——［俄国］乌申斯基

- 善于选择要点就意味着节约时间，而不得要领的瞎忙，却等于乱放空炮。

——［英国］培根

- 上帝为每个人的灵魂提供了选择机会：或是拥有真理，或是得到安宁。你可以任选其一，但不能兼而有之。

——［美国］爱默生

- 生命诚可贵，爱情价更高；若为自由故，二者皆可抛。

——［匈牙利］裴多菲

- 问题并不在有几成机会，而在于你能把握机会。若是真的能完全把握机会，一成机会也已足够。

——［中国］古龙

- 我们想的是如何养生，如何聚财，如何加固屋顶，如何备齐衣衫；而聪明人考虑的却是怎样选择最宝贵的东西——朋友。

——［美国］爱默生

- 我终于相信，每一条走上来的路，都有它不得不那样跋涉的理由。每一条要走下去的路，都有它不得不那样选择的方向。

——［中国台湾］席慕蓉

- 许多人浪费了整整一生去等待符合他们心愿的机会。

——［德国］尼采

- 选择机会，就是节省时间。

——［英国］培根

- 选择你所喜欢的，爱你所选择的。

——［俄国］列夫·托尔斯泰

- 选择朋友要慢，改换朋友要更慢。

——［美国］富兰克林

- 要想做一个真正的英雄是没有选择余地的，往往是要么成功要么成仁。

——［新西兰］希契科克

- 一个明智的人总是抓住机遇，把它变成美好的未来。

——［英国］托·富勒

- 智者创造机会，而不是等待机会。

——［英国］培根

··· 态度 付出 ···

- 不劳而获之物绝非真正的获得，必须付出牺牲取得的东西，才是真正属于自己所有。

——［印度］泰戈尔

- 成功是一种态度！

——［美国］皮尔

- 大胆是取得进步所付出的代价。

——［法国］雨果

- 好事总是需要时间，不付出大量的心血和劳动是做不成大事的。想吃核桃，就是得首先咬开坚硬的果壳。

——［德国］格里美尔斯豪森

- 获取信用是要付出很高的代价的。

——［英国］杰罗尔德

- 借着培养对快乐的人报以友善的态度，对痛苦的人报以慈悲的态度，对美德的人报以喜悦的态度，对罪恶的人报以漠不关心的态度，头脑就会变平静。

——［印度］奥修

- 经验是一颗宝石，那是理所当然的，因为它常付出极大的代价得来。

——［英国］莎士比亚

- 你可以看不惯一些东西，但是你应该学会接受——如果你没法改变那一切的话。

——［中国］李开复

- 你认为自己是什么样的人，你就将成为什么样的人。

——［俄国］契诃夫

- 穷人和富人之间不同的是对待事情的心态。

——［中国］王路

- 生活的花朵只有付出了劳动，才会绽开。

——［法国］巴尔扎克

- 生命的意义在于付出，在于给予；而不在于接受，也不在于索取。

——［中国］巴金

- 事情取决于我们如何看待它们。

——［美国］玛丽·凯·阿什

- 态度决定一切。

——［墨西哥］米卢

- 态度上的弱点会变成性格上的弱点。

——［美国］爱因斯坦

- 为了高尚的目标，多大的代价我也愿付出。

——［法国］罗曼·罗兰

- 为寻求真理所付出的代价，总是比不担风险地占有它要高昂得多。

——［德国］莱辛

- 无论付出什么代价，自由都是值得争取的。

——［美国］马克·吐温

- 想不付出任何代价而得到幸福，那是神话。

——［中国］徐特立

- 心若改变，你的态度跟着改变；态度改变，你的习惯跟着改变；习惯改变，你的性格跟着改变；性格改变，你的人生跟着改变。

——［美国］亚伯拉罕·马斯洛

- 学习本身是一件艰苦的事，只有付出艰苦的劳动，才会有相应的收获。

——［中国］谷超豪

- 眼中只有瑕疵的人，无法发现其他的东西。

——［英国］托·富勒

- 要生活得漂亮，需要付出极大忍耐。一不抱怨，二不解释，绝对是个人才。

——［中国］亦舒

- 一个人如果态度正确，便没有什么能够阻拦他实现自己的目标；如果态度错误，就没有什么能够帮助他了。

——［美国］托马斯·杰斐逊

- 只有那些永远躺在坑里从不仰望高空的人，才会没有出头之日。

——［德国］黑格尔

··· 收获 荣誉 ···

- 播种行为，收获习惯；播种习惯，收获性格；播种性格，收获命运。

——［英国］萨克雷

- 不付出劳动就不会有收获。

——［美国］伦·赖特

- 财富就像海水：饮得越多，渴得越厉害。名望实际上也是如此。

——［德国］叔本华

- 从科学园地采收的果实，如同农人的收获一样，常常是工作与幸运和有利的情势的共同产物。

——［瑞典］贝齐里乌斯

- 当你做成功一件事，千万不要等待着享受荣誉，应该再做那些需要做的事。

——［法国］巴斯德

- 好人的荣誉深藏在人们的思想里，而不是挂在众人的嘴上。

——［美国］托马斯

- 没有播种，何来收获；没有辛劳，何来成功；没有磨难，何来荣耀；没有挫折，又何来辉煌。

——［美国］佩恩

- 名次和荣誉，就像天上的云，躺进去就跌下来了。名次和荣誉其实是道美丽的风景，只能欣赏。

——［中国］俞敏洪

- 青年时种下什么，老年时就收获什么。

——［挪威］易卜生

- 人生是共同使用的葡萄园，一起栽培，一起收获。

——［法国］罗曼·罗兰

- 人生最大的快乐，是自己的劳动得到了成果。农民劳动得到了收获，工人劳动生产出了产品，医生劳动治好了病人，教师劳动教好了学生，其他工作都是一样。

——［中国］谢觉哉

- 荣誉感是一种优良的品质，因而只有那些禀性高尚、积极向上或受过良好教育的人才具备。

——［美国］爱迪生

- 荣誉是一种偏见，它来自人们不善于珍重自己。

——［苏联］高尔基

- 荣誉在于劳动的双手。

——［意大利］达·芬奇

- 荣誉之所以伟大，就因为得之不易。

——［英国］华兹华斯

- 事业最要紧，名誉是空言。

——［德国］歌德

- 通往荣誉的捷径就是一无所有。

——［英国］塞缪尔·巴特勒

- 土地是以它的肥沃和收获而被估价的，才能也是土地，不过它生产的不是粮食，而是真理。如果只能滋生冥想和幻想的话，即使再大的才能也只是沙地或盐池，那上面连小草也长不出来。

——［俄国］别林斯基

- 伟大的成绩和辛勤的劳动是成正比例的，有一分劳动就有一分收获，日积月累，从少到多，奇迹就可以创造出来。

——［中国］鲁迅

- 我不能说我不珍重这些荣誉，并且我承认它很有价值，不过我从来不曾为追求这些荣誉而工作。

——［英国］法拉第

- 一分耕耘，一分收获，要收获得好，必须耕耘得好。

——［中国］徐特立

- 应当把荣誉当成你最高的人格的标志。

——［英国］牛顿

- 在梦中播下再多种子，也得不到一丝丰收的喜讯；在田野上哪怕只播下一粒种子，也会有收获的希望。

——［法国］雨果

··· 情谊 · 情感 友谊 ···

■ 把友谊归结为利益的人，我以为是把友谊中最宝贵的东西勾销了。

——［古罗马］西塞罗

■ 不要靠馈赠来获得一个朋友，你需要贡献你真挚的爱，学习怎样用正当的方法来赢得一个人的爱。

——［古希腊］苏格拉底

■ 对一个尚未成熟的少年来讲，坏的伙伴比好的老师起的作用要大得多。

——［古希腊］伊索

■ 多交朋友主要不是靠头脑灵活，而是靠心地善良、单纯，性格热情、坦率，我对这一点深信不疑。

——［英国］简·奥斯汀

■ 感情淡薄使人平庸。

——［法国］狄德罗

■ 和你一同笑过的人，你可能把他忘掉；但是和你一同哭过的人，你却永远不忘。

——［黎巴嫩］纪伯伦

■ 很多显得像朋友的人其实不是朋友，而很多是朋友的反倒显得不像朋友。

——［古希腊］德谟克利特

■ 即使是最神圣的友谊里也可能潜藏着秘密，但是你不可以因为你不能猜测出朋友的秘密而误解了他。

——［德国］贝多芬

■ 假如我向人伸出空手而得不到东西，那当然是苦恼；但是假如我伸出一只满握的手，而发现没有人来接受，那才是绝望呢。

——［黎巴嫩］纪伯伦

■ 酒食上得来的朋友，等到酒尽樽空，转眼成为路人；一片冬天的乌云刚刚出现，这些飞虫们早就躲得不知去向了。

——［英国］莎士比亚

■ 快乐有人分担，也就分外快乐；一个人再怎么幸福，没有外人知道，心里也不满足。

——［法国］莫里哀

■ 老的树最好烧，老的马最好骑，老的书最好读，老的酒最好喝，老的朋友最可信赖。

——［英国］莱特

■ 没有人不想和你同坐一辆豪华轿车，但你需要的，却是轿车坏了还会和你一起搭巴士的人。

——［美国］奥普拉·温弗瑞

■ 友谊使欢乐倍增，使痛苦减半。

——［英国］培根

- 友谊是两颗心真诚相待，而不是一颗心对另一颗心的敲打。

——［中国］鲁迅

- 友谊需要用忠心去播种，用热情去浇灌，用原则去培养，用谅解去护理。

——［德国］马克思

- 友谊永远是一个甜蜜的责任，从来不是一种机会。

——［黎巴嫩］纪伯伦

- 有时，两个人一连几个钟头不谈一句话，但两个人都觉得心情舒畅——之所以感到舒畅，就是因为两个人在一起。

——［俄国］屠格涅夫

- 在背后称赞我们的人就是我们的良友。

——［西班牙］塞万提斯

- 在各种孤独中间，人最怕精神上的孤独。

——［法国］巴尔扎克

- 真正的朋友不把友谊挂在口上，他们并不为了友谊而互相要求一点什么，而是彼此为对方做一切办得到的事。

——［俄国］别林斯基

- 真正的友谊，是一株成长缓慢的植物。

——［美国］华盛顿

- 只有经受了考验，经历了生活患难的感情，才是真正的感情。

——［苏联］格·马尔科夫

- 挚友如异体同心。

——［古希腊］亚里士多德

- 最好的朋友是那种不喜欢多说，却能与你默默相对而又息息相通的人。

——［苏联］高尔基

··· 仁爱 博爱 ···

- 爱，是能够把不同信仰的人们团结在一起的统一的力量。

——［印度］泰戈尔

- 爱是生命的火焰，没有它，一切变成黑夜。

——［法国］罗曼·罗兰

- 本互助博爱之精神，谋团体永久之巩固。

——［中国］孙中山

- 博爱之谓仁，行而宜之谓义。

——［唐］韩愈

- 当你仁爱地工作的时候，你便与自己、与人类、与上帝联系为一。

——［黎巴嫩］纪伯伦

- 对于一个病人来说，仁爱、温和、兄弟般的同情，有时甚至比药物更灵。

——［俄国］陀思妥耶夫斯基

- 科学的博爱精神把分散在世界各地、各种热心科学的人联结成一个大家庭。

——［美国］罗斯福

- 没有强烈的爱，没有仁爱的心，没有以慈悲为怀为准则、以对世间众生的爱心为伟大的特征的上帝感激之忱，是永远得不到幸福的。

——［英国］狄更斯

- 仁爱的话，仁爱的诺言，嘴上说起来是很容易的，只有在患难的时候，才能看见朋友的真心。

——［俄国］克雷洛夫

- 仁爱先从自己开始，公正先从别人开始。

——［英国］狄更斯

- 仁爱占上风时，新闻才得以变成爱情、真理和美德的传送工具。

——［英国］威·柯珀

- 仁慈是心灵美，而不是行为美的体现。

——［英国］艾迪生

- 人生最大的悲剧不是人们的死亡，而是他们不再爱人。

——［英国］毛姆

- 仁也以博爱为本。

——［清］康有为

- 善良的行为使人的灵魂变得高尚。

——［法国］卢梭

- 施给儿童少许的爱，你就会得到大量的爱作为回报。

——［英国］罗斯金

- 谁也不能比善良仁爱的人们更优秀。

——［法国］儒勒·凡尔纳

- 我活在人间只有一次，所以只要能为任何人做好事或能表示仁爱之心，我会即刻去做。我既不会拖延，更不会忽略，因为我知道生命对我只有一次。

——［瑞士］格雷利希

- 我们必须博爱众生，这样一来不可能的事就变为可能。

——［美国］爱默生

- 我们要交上好朋友，第一要有仁爱之心，愿意与人亲近，有结交朋友的意愿；第二，要有辨别能力。

——［中国］于丹

- 我最后的祝福要留给知道我并不完美，却依然爱我的人。

——［印度］泰戈尔

- 希望见诸行动是博爱，美好见诸行动是善良。

——［西班牙］乌纳穆诺

- 行善者叩击着门环，仁爱者却发现门已开启。

——［印度］泰戈尔

- 一个人如果能在心中充满对人类的博爱，行为遵循崇高的道德，永远围绕着真理的枢轴而转动，那么他虽在人间也就等于生活在天堂中了。

——［英国］培根

- 只有当你真正成为每一个人的兄弟之时，博爱才会实现。

——［俄国］陀思妥耶夫斯基

- 只有对人类最强烈的爱情，才能激发出一种必要的力量来追寻和领会生活的意义。

——［苏联］高尔基

…为人·语言 行为…

- 高尚的行为总是出自自然的。

——［古罗马］塞涅卡

- 极端的行为来源于虚荣，平庸的行为来源于习惯，狭隘的行为来源于恐惧。这样来寻找原因一般不会出错。

——［德国］尼采

- 健全的理性造成健全的行为。

——［英国］莎士比亚

- 宽恕人家所不能宽恕的，是一种高贵的行为。

——［英国］莎士比亚

- 礼是社会公认合式的行为规范。合于礼的就是说这些行为是合式的意思。

——［中国］费孝通

- 明确的语言取决于明确的思想。

——［法国］福楼拜

- 任何一种不为集体利益打算的行为，都是自杀的行为，它对社会有害。

——［苏联］马卡连柯

- 如果我们觉得要为自己的行为负责的话，我们的态度就会依从行为。

——［美国］戴维·迈尔斯

- 善良的行为有一种好处，就是使人的灵魂变得高尚了，并使它可以做出更美好的行为。

——［法国］卢梭

- 数理科学是大自然的语言。

——［意大利］伽利略

- 说一尺不如行一寸。

——［英国］弥尔顿

- 思想产生行为，行为必有效果，要研究思想的正确与否，与其从思想本身来辩论，倒不如看它行为的效果如何。

——［美国］富兰克林

- 微笑乃是具有多重意义的语言。

——［瑞士］施皮特勒

- 行为举止是一面镜子，人人在其中显示自己的形象。

——［德国］歌德

- 言必行，行必果，使言行之合，犹合符节也，无言而不行也。

——［战国］墨子

- 一个行为的道德性不取决于它的结果，而仅仅取决于该行为背后的意图。

——［德国］康德

- 一个好行为也可能是一个坏行为。谁要救了狼就害了羊；谁为兀鹰修复了翅膀，谁就要为它的爪负责。

——［法国］雨果

- 一个人能对自己的行为完全负责，这并不是一件小事。

——［苏联］高尔基

- 一篇美好的言辞并不能抹杀一种坏的行为，而一种好的行为也不会为诽谤所玷污。

——［古希腊］德谟克利特

- 语言既可以掩饰思想，也可以暴露思想。

——［古罗马］加图

- 语言是历史的档案，语言是诗歌的化石。

——［美国］爱默生

- 语言是思想的外衣。

——［英国］塞缪尔·约翰逊

- 语言是误解的源头。

——［法国］圣爱克苏贝里

- 语言是一座城市，每个人都为这座城市的建设增添了砖瓦。

——［美国］爱默生

- 阅读使人博学，思考使人聪明，言谈使人机智。

——［美国］富兰克林

- 哲学生活在言辞中，而真理和事实则以远胜于语言公式的种种方式涌入我们的生活。

——［美国］威廉·詹姆斯

··· 自尊 自爱 ···

- 懂得自爱，才能得到他人的友谊。

——［英国］托·富勒

- 敦厚温和的性情是产生于自爱，而偏执妒忌的性情是产生于自私。

——［法国］卢梭

- 既不要妄自菲薄，又不盲目自夸。

——［中国］茅盾

- 每一个正直的人都应该维护自己的尊严。

——［法国］卢梭

- 人类有许多高尚的品格，但有一种高尚的品格是人性的顶峰，这就是个人的自尊心。

——［苏联］苏霍姆林斯基

- 人应尊敬他自己，并应自视能配得上最高尚的东西。

——［德国］黑格尔

- 如果一个人不爱自己，他就不会爱任何人。

——［俄国］列夫·托尔斯泰

- 谁自重，谁就会得到尊重。

——［法国］巴尔扎克

- 虽然尊严不是一种美德，却是许多美德之母。

——［英国］柯林斯

- 唯一真正的那种尊严，就是不会因他人的漠视而有所减损的尊严。

——［瑞典］哈马舍尔德

- 唯有自爱，自识自制，指引人生，才能导出神圣的力量。

——［英国］丁尼生

- 我们可以把我们的财物、生命转借给我们的朋友，以满足他们的需求，但是，转让尊严之名，把自己的荣誉安在他人头上，这却是罕见的。

——［法国］蒙田

- 我们首先是要对自己尽我们的责任，我们原始的情感是以我们自身为中心的，我们所有一切本能的活动首先是为了保证我们的生存和我们的幸福。所以，第一个正义感不是产生于我们怎样对别人，而是产生于别人怎样对我们。

——［法国］卢梭

- 我只有一个忠告给你，做你自己的主人。

——［法国］拿破仑

- 无论是别人在跟前或者自己单独的时候，都不要做任何一点卑劣的事情，因为最要紧的是自尊。

——［古希腊］毕达哥拉斯

- 无论谁想获得自尊的名声，都应该隐藏起他的自负。

——［英国］斯威夫特

- 只要把自爱之心扩大到爱别人，我们就可以把自爱变为美德。

——［美国］弗洛姆

- 只知自爱却不知爱人的人最终总是没有好结局的。

——［英国］培根

- 自爱者方能为人所爱。

——［法国］蒙田

- 自我热爱远非缺点，这种定义是恰当的。一个懂得恰如其分地热爱自己的人，一定能恰如其分地做好其他一切事情。

——［英国］哈利法克斯

- 自尊不是轻人，自信不是自满，独立不是孤立。

——［中国］徐特立

- 自尊的最大秘密是：多欣赏别人，对任何人都要有所尊敬。

——［美国］马尔兹

- 自尊心不是来自傲慢，不是来自目空一切，而是来自对你、对真理的坚定信念。

——［英国］狄更斯

- 自尊自爱，作为一种力求完善的动力，却是一切伟大事业的渊源。

——［俄国］屠格涅夫

- 最能伤害一个人的自尊心的，莫过于认定他是一个无足轻重的人。

——［法国］彼德

··· 自强 自立 ···

- 不可动摇的自我本位，是自力更生、独立自主的文化的核心。

——［美国］门肯

- 不能当机立断去主宰自己生活的人，将永远作为他人的奴隶而生活。

——［德国］莱辛

- 不自强而成功者，天下未之有也。

——［西汉］刘安

- 凡是天性刚强的人，必定有自强不息的力量。

——［法国］罗曼·罗兰

- 凡是自强不息者，终能得救。

——［德国］歌德

- 各出所学，各尽所知，使国家富强不受外侮，足以自立于地球之上。

——［中国］詹天佑

- 靠别人的恩惠而安排的成名不值得骄傲。

——［法国］罗曼·罗兰

- 男儿自立，必须有倔强之气。

——［清］曾国藩

- 你必须在额上流汗，以资获得你的面包。

——［俄国］列夫·托尔斯泰

- 朋友们，凭着意志来行事，只有这样才能够意志坚定，也只有这样你才能够真正地自立于世界。

——［美国］爱默生

- 人类的使命在于自强不息地追求完美。

——［俄国］列夫·托尔斯泰

- 人之所以能够独立自由，不是由于他的臂力，而是由于他的心灵的节制。

——［法国］卢梭

- 若要一事做得好，就应自己动手做。

——［法国］拿破仑

- 生活就像海洋，只有意志坚强的人，才能到达彼岸。

——［德国］马克思

- 胜利属于自强不息的人。

——［法国］蒙田

- 为了美好的生活，必须让每一个人都成为生活上平等的、完全的主人。

——［苏联］高尔基

- 我时常自勉的一个目标是：在我有生之日，要极力学会自立，在能力范围之内尽量不去增添别人的麻烦。

——［美国］海伦·凯勒

- 要使民族自立于世界之林，就要自己看得起自己。

——［中国］吉鸿昌

- 一个人即使已登上顶峰，也仍要自强不息。

——［美国］罗素·贝克

- 一个人只能为别人引路，不能代替他们走路。

——［法国］罗曼·罗兰

- 在我家里，关心别人是理所当然的事。父母亲从小就向我们灌输，一个人既要有雄心壮志，又不能自高自大目中无人，自立自强是生活的基本原则。

——［美国］艾森豪威尔

- 在这个世界上，最坚强的人是孤独地只靠自己站着的人。

——［挪威］易卜生

- 只有刚强的人，才有神圣的意志，凡是战斗的人，就能取得胜利。

——［德国］歌德

- 自暴者，不可与有言也；自弃者，不可与有为也。

——［战国］孟子

- 自强不息，乃幸运之母。

——［美国］朗费罗

- 自强像荣誉一样，是一个无滩的岛屿。

——［法国］拿破仑

- 最本质的任性价值就是人的独立性。

——［印度］布迪曼

··· 自制 自知 ···

- 测量一个人的力量的大小，应看他的自制力如何。

——［意大利］但丁

- 嘲笑他人的人也被人嘲笑，何必去自寻烦恼？

——［英国］丁尼生

- 聪明的蠢材就是这样的没有自知之明，自以为名满天下，恍然大悟时，方才知道自己的名声仅仅限于蚁家的范围而已。

——［俄国］克雷洛夫

- 各人有各人的才能，可是有些人眼红别人的名望，总想在他所做不了的工作上一显身手。依我说呢，为人要明白事理：如果你盼望有所成功，就得根据自己的才能，可不要好高骛远。

——［俄国］克雷洛夫

- 和自己的心进行斗争是很难堪的，但这种胜利则标志着这是深思熟虑的人。

——［古希腊］德谟克利特

- 讥笑傻瓜，自己也难免成为傻瓜。

——［英国］托·富勒

- 假如你要了解自己，那就去观察他人如何行动；假如你要了解他人，那就请窥视自己的心灵。

——［德国］席勒

- 谨慎和自制是智慧的源泉。

——［英国］彭斯

- 没有自知之明的人徒有其智。

——［古罗马］西塞罗

- 明智地克制自己就是有力量的表现。

——［美国］洛威尔

- 平凡人最大的缺点，是常常觉得自己比别人高明。

——［美国］富兰克林

- 缺乏信心并不是因为出现了困难，而出现困难倒是因为缺乏信心。

——［古罗马］塞涅卡

- 缺乏自知之明是最愚昧的。

——［法国］卢梭

- 人贵有自知之明。

——［中国］邹韬奋

- 人应该了解自己，而了解自己也是世界上最难的课题。

——［西班牙］塞万提斯

- 认识自己就是进步。

——［丹麦］安徒生

- 身在幸福中而能有自知之明，可不是一件容易事。

——［法国］雨果

- 妄自尊大与妄自菲薄都是严重的错误。

——［德国］歌德

- 为什么世上虽有镜子，但是有的人从来不知道自己的样子？

——［德国］叔本华

- 我比别人知道得多，不过是我知道自己的无知。

——［古希腊］苏格拉底

- 一个目光敏锐、见识深刻的人，倘又能承认自己有局限性，那他离完人就不远了。

——［德国］歌德

- 一个人最坏的状态是失去了自己的认识和支配。

——［法国］蒙田

- 意识到自己的无知就是向知识迈进了一大步。

——［英国］狄斯累利

- 鹰有时候的确飞得比鸡棚还要低，可是鸡啊，却从来不以一飞冲天闻名。

——［俄国］克雷洛夫

- 自制是金光灿灿的马缰。

——［英国］柏顿

- 最大的谄媚者是一个人的自我，和它相比，其他的谄媚者都显得很有理智。

——［英国］培根

… 勤勉 尽责 …

- 诚实和勤勉，应该成为你永久的伴侣。

——［美国］富兰克林

- 对一个人来说，所期望的不是别的，而仅仅是他能全力以赴和献身于一种美好事业。

——［美国］爱因斯坦

- 对于勤奋与才能来说，几乎没有办不到的事情。

——［英国］塞缪尔·约翰逊

- 高尚、伟大的代价就是责任。

——［英国］丘吉尔

- 懒惰，像生锈一样，比操劳更能消耗身体；经常用的钥匙总是亮闪闪的。

——［美国］富兰克林

- 每一个人都应该有这样的信心：人所能负的责任，我必能负；人所不能负的责任，我亦能负。如此，你才能磨炼自己，求得更高的知识而进入更高的境界。

——［美国］林肯

- 勤奋使人致富，怠惰使人变穷。

——［印度］瓦鲁瓦尔

- 勤奋是一种可以吸引一切美好事物的天然磁石。

——［英国］罗·伯顿

- 情愿让日子过得忙迫，也不要让日子过得无聊。

——［法国］罗曼·罗兰

- 人的大脑和肢体一样，多用则灵，不用则废。在掌握了所读东西的记忆特征后，就唯有勤奋二字了。

——［中国］茅以升

- 人生须知负责任的苦处，才能知道尽责任的乐趣。

——［中国］梁启超

- 人生在勤，不索何获。

——［东汉］张衡

- 人一旦受到责任感的驱使，就能创造出奇迹来。

——［美国］门肯

- 如果你颇有天赋，勤勉会使其更加完美；如果你能力平平，勤勉会补之不足。

——［英国］雷诺兹

- 我们的责任比我们想象的更为重大得多，因为它是和全人类都有关系的。

——［法国］萨特

- 我们生到这个世界上来是为了一个聪明和高尚的目的——必须好好地尽我们的责任。

——［美国］马克·吐温

- 我们应该不虚度一生，应该能够说："我已经做了我能做的事。"

——［法国］居里夫人

- 要使一个人显示他的本质，叫他承担一种责任是最有效的办法。

——［英国］毛姆

- 要摘取果子的人必须爬上树。

——［英国］托·富勒

- 业精于勤荒于嬉，行成于思毁于随。

——［唐］韩愈

- 一个人若是没有热情，他将一事无成，而热情的基点正是责任心。

——［俄国］列夫·托尔斯泰

- 应该记住我们的事业，需要的是手而不是嘴。

——［中国］童第周

- 责任感常常会纠正人的狭隘性。当我们徘徊于迷途的时候，它会成为可靠的向导。

——［印度］普列姆昌德

- 责任感与机遇成正比。

——［美国］威尔逊

- 责任就是对自己要求去做的事情有一种爱。

——［德国］歌德

··· 赞美 评价 ···

- 不要光赞美高耸的东西，平原和丘陵也一样不朽。

——［英国］菲·贝利

- 称赞不但对人的感情，而且对人的理智也起着很大的作用。

——［俄国］列夫·托尔斯泰

- 吹嘘者和说谎者是同类。

——［英国］莎士比亚

- 对一个高尚的人来说，在不恰当的地点，受到不恰当的人的赞美是一件最大的坏事。

——［英国］本·琼森

- 对一个人的评价，不可视其财富出身，更不可视其学问的高下，而应该要看他的真实的品格。

——［英国］培根

- 奉承者对自己或他人的评价总是不够高。

——［法国］拉布吕耶尔

- 过于烦恼和过于愉悦都是过高评价世界的方式，前者比后者更糟。

——［英国］哈利法克斯

- 客气地称赞，是凡夫的特征之一。

——［法国］沃尔夫

- 历史总是为生活服务的，它提供范例，评价过去，或者把目前这个时刻安放在生成演变中去。

——［法国］雷蒙·阿隆

- 期望得到赞许和尊重，它根深蒂固地存在于人的本性中，要是没有这种精神刺激，人类合作就完全不可能。

——［美国］爱因斯坦

- 为得到庸俗的赞美而抛弃诚实的人是得不偿失的。

——［英国］本·琼森

- 我不称赞行为，我称赞的是一个人的精神。

——［德国］海涅

- 无论在什么时候，永远不要以为自己已经知道了一切。不管人们把你们评价得多么高，但你们永远要有勇气对自己说，我是个毫无所知的人。

——［俄国］巴甫洛夫

- 言过其实的赞扬是一种伪装的诽谤。

——［英国］蒲柏

- 要改变人而不触犯或引起反感，那么，请称赞他们最微小的进步，并称赞每一个进步。

——［美国］卡耐基

- 要想评价一个人，至少应当深入了解他的思想、遭遇和情绪。

——［法国］巴尔扎克

- 一个人的价值和评价在于心灵与意志。

——［法国］蒙田

- 在背后称赞我们的人就是我们的良友。

——［西班牙］塞万提斯

- 赞美别人和爱别人以及被人赞誉和被人爱都能极大地提高和丰富生活。

——［美国］罗杰斯

- 赞美是好的，但对坏事加以赞美则是骗子和一个奸诈的人的行为。

——［古希腊］德谟克利特

- 赞美是美德的影子。

——［英国］塞·巴特勒

- 赞美已失去的事物，会使它在记忆中分外珍贵。

——［英国］莎士比亚

- 赞扬不值得赞扬的人，无异是一种近似伪装的毁谤。

——［法国］孟德斯鸠

- 赞扬是一种精明、隐秘和巧妙的奉承，它从不同的方面满足、给予赞扬和得到赞扬的人们。

——［法国］拉罗什夫科

- 赞扬像黄金钻石，只因稀少而有价值。

——［英国］塞缪尔·约翰逊

- 只有拥有高尚目标的爱才是崇高的、值得赞美的。

——［古希腊］柏拉图

··· 品格 · 诚实 正直 ···

- 诚实比一切智谋更好，而且它是智谋的基本条件。

——［德国］康德

- 诚实的人从来讨厌虚伪的人，而虚伪的人却常常以诚实的面目出现。

——［荷兰］斯宾诺莎

- 诚实是人生的命脉，是一切价值的根基。

——［法国］德莱

- 对人以诚信，人不欺我；对事以诚信，事无不成。

——［中国］冯玉祥

- 对自己真实，才不会对别人欺诈。

——［英国］莎士比亚

- 你若正直，不要怕人诽谤。

——［波斯］萨迪

- 欺人只能一时，而诚信才是长久之策。

——［美国］约翰·雷

- 人类最不道德处，是不诚实与懦弱。

——［苏联］高尔基

- 如果能追随理想而生活，本着正直自由的精神、勇往直前的毅力、诚实而不自欺的思想而行，则定能臻于至善至美的境地。

——［法国］居里夫人

- 如果要别人诚信，首先要自己诚信。

——［英国］莎士比亚

- 生命不可能从谎言中开出灿烂的鲜花。

——［德国］海涅

- 说谎话的人所得到的，就是即使说了真话也没有人相信。

——［古希腊］伊索

- 为人善良和正直才是最光荣的。

——［法国］卢梭

- 我大胆地走着正直的道路，绝不有损于正义与真理而谄媚和敷衍任何人。

——［法国］卢梭

- 我要求别人诚实，我自己就得诚实。

——［俄国］陀思妥耶夫斯基

- 心如水之源，源清则流清，心正则事正。

——［明］薛瑄

- 虚伪永远不能凭借它生长在权力中而变成真实。

——［印度］泰戈尔

- 要正直地生活，别想入非非！要诚实地工作，才能前程远大。

——［俄国］陀思妥耶夫斯基

- 一个正直的人要经过长久的时间才能看得出来，一个坏人只要一天就认得出来。

——［古希腊］索福克勒斯

- 真话说一半常是弥天大谎。

——［美国］富兰克林

- 真实是人生的命脉，是一切价值的根基，又是商业成功的秘诀，谁能信守不渝，就可以成功。

——［美国］德莱赛

- 正不容邪，邪复妒正。

——［清］曹雪芹

- 正直的人必须和正直的人为伍，因为谁能够那样刚强，不受诱惑呢？

——［英国］莎士比亚

- 正直的人心胸总是坦荡的，不仁者常充满极度的混乱。

——［古希腊］伊壁鸠鲁

- 正直和诚实还没有发现代用品，人们缺少它就没法取得成功。

——［德国］布雷默

- 只有诚心，才能换来诚信。大诚信其实就是“大智慧”。

——［中国］牛根生

- 走正直诚实的生活道路，必定会有一个问心无愧的归宿。

——［苏联］高尔基

- 遵守诺言就像保卫你的荣誉一样。

——［法国］巴尔扎克

··· 信用 节俭 ···

- 不戚戚于贫贱，不汲汲于富贵。

——［东晋］陶渊明

- 当信用消失的时候，肉体就没有生命。

——［法国］大仲马

- 凡是乱花钱的人，永远不会富有。

——［法国］巴尔扎克

- 挥霍无度的人，等于将自己的前途抵押了出去。

——［美国］富兰克林

- 艰苦的生活一旦变成了习惯，就会使愉快的感觉大为增加，而舒适的生活将来会带来无限的烦恼。

——［法国］卢梭

- 简单淳朴的生活无论在身体上还是在精神上，对每个人都是有益的。

——［美国］爱因斯坦

- 节俭是美德，唯需与宽厚结合。

——［英国］培根

- 节俭是你一生中食用不完的美德。

——［美国］爱默生

- 节俭是穷人的财富，富人的智慧。

——［法国］大仲马

- 节约本身就是一大财源。

——［古罗马］辛尼加

- 没有思想上的清白，也就不能够有金钱上的廉洁。

——［法国］巴尔扎克

- 人而无信，不知其可也。

——［春秋］孔子

- 奢侈只是从他人的劳动中获得安乐而已。

——［法国］孟德斯鸠

- 失掉信用的人，在这个世界上已经死了。

——［英国］哈伯特

- 失足，你可以马上恢复站立；失信，你也许永难挽回。

——［美国］富兰克林

- 守信用胜过有名气。

——［美国］罗斯福

- 谁在平日节衣缩食，在穷困时就容易渡过难关；谁在富足时豪华奢侈，在穷困时就会死于饥寒。

——［波斯］萨迪

- 贪侈会破坏人们的心灵纯质，因为你获得的越多，就越贪婪，而且确实总感觉不能满足自己。

——［法国］安格尔

- 信用既是无形的力量，也是无形的财富。

——［日本］松下幸之助

- 信用就像一面镜子，只要有了裂缝就不能像原来那样连成一片。

——［瑞士］阿米尔

- 信用是难得失的，费十年时间积累的信用，往往由于一时的言行而失掉。

——［日本］池田大作

- 一个人严守诺言，比守卫他的财产更重要。

——［法国］莫里哀

- 以耕读为本，以勤俭为德。

——［明］施耐庵

- 在人群中，最富有的是节俭人，而最贫困的是守财奴。

——［法国］桑弗

- 丈夫一言许人，千金不易。

——［北宋］司马光

- 知道什么时候该花钱，什么时候该节约，你就不必整天忙忙碌碌，也就永远不会变成穷光蛋。

——［英国］托·富勒

··· 理解 尊重 ···

- 爱是理解的别名。

——［印度］泰戈尔

- 卑己而尊人是不好的，尊己而卑人也是不好的。

——［中国］徐特立

- 不会体谅的人是得不到别人理解的。

——［英国］托·富勒

- 不要理解你可以相信的，但要相信你可以理解的。

——［古罗马］圣·奥古斯丁

- 不尊重别人的人，别人也不会尊重他。

——［德国］席勒

- 充分理解，这是法语里友谊一词的定义。

——［美国］爱默生

- 当我们得到理解的时候，智慧是不会枯竭的；智慧同智慧的相碰，就迸出无数的火花。

——［德国］马克思

- 毒害年轻人最好的方法，就是让他们尊重和自己想法一样的人，而不是去尊重和自己意见相左的人。

——［德国］尼采

- 对别人的意见要表示尊重，千万别说：“你错了。”

——［美国］卡耐基

- 对人不尊敬的人，首先就是对自己不尊重。

——［俄国］陀思妥耶夫斯基

- 对于应尊重的事物，我们应当或是缄默不语，或是大加称颂。

——［德国］尼采

- 理解绝对是养育一切友情之果的土壤。

——［美国］威尔逊

- 理解人的方法只有一个：判断他们的时候不要急躁。

——［法国］圣佩韦

- 没有宽宏大量的心肠，便算不上真正的英雄。

——［俄国］普希金

- 没有自我尊重，就没有道德的纯洁性和丰富的个性精神。对自身的尊重、荣誉感、自豪感、自尊心——这是一块磨炼细腻的感情的砺石。

——［苏联］苏霍姆林斯基

- 每件事都应站到对方的立场上想一想，这是达到谅解的最有效方法。

——［印度］甘地

- 朋友间的理解和体谅，使友谊之事常青。

——［中国］艾青

- 忍辱偷生的人，绝不会受人尊重。

——［法国］高乃依

- 如果人们不会互相理解，那么他们怎么能学会默默地互相尊重呢?

——［苏联］高尔基

- 施与人，但不要使对方有受施的感觉。帮助人，但给予对方最高的尊重。这是助人的艺术，也是仁爱的情操。

——［美国］刘墉

- 谁能谅解人，谁就能拯救人。

——［俄罗斯］尤·邦达列夫

- 我们交友，并不是要求别人赞同自己的行为，需要的只是理解。

——［德国］海涅

- 我们平等相爱，因为我们互相理解、互相尊重。

——［俄国］列夫·托尔斯泰

- 要尊重每一个人，不论他是何等的卑微与可笑。要记住，活在每个人身上的是和你我相同的性灵。

——［德国］叔本华

- 尊重别人，才能让人尊敬。

——［法国］笛卡尔

- 尊重生命、尊重他人、也尊重自己的生命，是生命进程中的伴随物，也是心理健康的一个条件。

——［美国］弗洛姆

··· 真诚 宽容 ···

- 本性流露永远胜过豪言壮语。

——［英国］莱辛

- 不会宽容别人的人，是不配受到别人宽容的。

——［俄国］屠格涅夫

- 诚挚坦然的态度要比处处防范他人的态度有益得多。

——［美国］罗杰斯

- 错误在所难免，宽恕就是神圣。

——［英国］波普

- 当一个人不仅对别人甚至对自己都不会有一丝欺骗的时候，他的这种特性就是真挚。

——［俄国］柯罗连科

- 对于所受的伤害，宽容比复仇更高尚，鄙视比雪耻更有气派。

——［美国］富兰克林

- 宽容精神是一切事物中最伟大的。

——［英国］欧文

- 宽容就像天上的细雨滋润着大地，它赐福于宽容的人，也赐福于被宽容的人。

——［英国］莎士比亚

- 宽容是互赠的礼物。

——［中国］俞吾金

- 宽恕可以交友，当你能以豁达光明的心地去宽容别人的错误时，你的朋友自然就多了。

——［法国］罗曼·罗兰

- 能忍人之所不能忍，乃能为人之所不能为。

——［清］胡林翼

- 人们对于不十分看重的人，要宽容得多。

——［法国］罗曼·罗兰

- 人与人之间，只有真诚相待，才是真正的朋友。谁要是算计朋友，等于自己欺骗自己。

——［尼日利亚］哈吉

- 生活中有许多这样的场合：你打算用愤恨去实现的目标，最后完全可能由宽恕去实现。

——［英国］西德尼·史密斯

- 世间好看事尽有，好听话极多，唯求一真字难得。

——［清］申居郧

- 我这颗心，对一颗开诚相见的心是极易流露的，对诡计和狡诈却要关上大门。

——［法国］卢梭

- 一个人要表现最高的真诚，就必须做到无事不可对人言。

——［印度］泰戈尔

- 一两重的真诚，等于一吨重的聪明。

——［法国］大仲马

- 永远宽恕所有的人，即使有人把你劈成两半，也要宽恕他。

——［西班牙］鲁维奥

- 真诚才是人生最高的美德。

——［英国］乔叟

- 真诚是通向荣誉之路。

——［法国］左拉

- 真诚是一种心灵的开放。

——［法国］拉罗什福科

- 正义之神，宽容是我们最完美的所作所为。

——［英国］华兹华斯

- 智慧的艺术就是懂得该宽容什么的艺术。

——［美国］威廉·詹姆斯

- 最高贵的复仇是宽容。

——［法国］雨果

- 最有效的结交朋友的窍门是对别人真心诚意地感兴趣。

——［美国］卡耐基

··· 感恩 善良 ···

- 卑鄙小人总是忘恩负义的， 忘恩负义原本就是卑鄙的一部分。

——［法国］雨果

- 不管一个人取得多么值得骄傲的成绩，都应该饮水思源，应该记住是自己的老师为他们的成长播下了最初的种子。

——［法国］居里夫人

- 对于心地善良的人来说，付出代价必须得到报酬这种想法本身就是一种侮辱。美德不是装饰品，而是美好心灵的表现形式。

——［法国］纪德

- 感恩即是灵魂上的健康。

——［德国］尼采

- 感恩是精神上的一种宝藏。

——［英国］洛克

- 感人肺腑的人类的善良的暖流，能医治心灵和肉体的创伤。

——［苏联］罗佐夫

- 感谢科学，它不仅使生活充满快乐与欢欣，并且给生活以支柱和自尊心。

——［俄国］巴甫洛夫

- 感谢命运，感谢人民，感谢思想，感谢一切我要感谢的人。

——［中国］鲁迅

- 利人的品德我认为就是善。

——［英国］培根

- 灵魂最美的音乐是善良！

——［法国］罗曼·罗兰

- 没有感恩就没有真正的美德。

——［法国］卢梭

- 没有善良，一个人给予另一个人的真正发自肺腑的温暖，就不可能有精神的美。

——［苏联］苏霍姆林斯基

- 蜜蜂从花中啜蜜，离开时营营地道谢。浮夸的蝴蝶却相信花是应该向他道谢的。

——［印度］泰戈尔

- 人家帮我，永志不忘；我帮人家，莫记心上。

——［中国］华罗庚

- 如果不知感恩，你能行使的力量就非常有限，因为让你与力量联结的，正是感恩。

——［美国］朗达·拜恩

- 善良不是一种科学，而是一种行为。

——［法国］罗曼·罗兰

- 善良的心就是太阳。

——［法国］雨果

- 善良是一种世界通用的语言，它可以使盲人感到、聋子闻到。

——［美国］马克·吐温

- 善良与品德兼备，犹如宝石之于金属，两者互为衬托，益增光彩。

——［英国］萧伯纳

- 善良——这是天才者的伟大品质之一。

——［法国］安格尔

- 一个热情人，尤其是青年，过火是免不了的；只要心地善良、正直、胸襟宽广，能及时改正自己的判断，不固执己见，那就好了。

——［中国］傅雷

- 一颗感恩的心需要生活来滋养。

——［中国］王符

- 一颗好心抵得过黄金。

——［英国］莎士比亚

- 在一切道德品质之中，善良的本性在世界上是最需要的。

——［英国］罗素

- 真有才能的人总是善良的、坦白的、爽直的、绝不矜持的，他们的讥讽只是一种精神游戏，并不针对别人的自尊心。

——［法国］巴尔扎克

- 只要你曾经尽可能地贡献出来，就已经值得感激了。

——［俄国］屠格涅夫

··· 坚强 勇敢 ···

- 胆大心细——这两者是一切危险但是伟大的事业所不可或缺的伴侣。

——［意大利］乔万尼奥里

- 敢于正视现实是有胆量的表现。

——［美国］爱默生

- 坚持下去，并不是我们真的足够坚强，而是我们别无选择。

——［英国］丘吉尔

- 没有人生来就是勇敢的，勇敢并不是不害怕，而是要假装勇敢，并学会克服恐惧。

——［南非］纳尔逊·曼德拉

- 哪怕是自己的一点小小的克制，也会使人变得强而有力。

——［苏联］高尔基

- 你的负担将变成礼物，你受的苦将照亮你的路。

——［印度］泰戈尔

- 你若失去了财产——你只失去了一点；你若失去了荣誉——你就丢掉了许多；你若失掉了勇敢——你就把一切都失掉了！

——［德国］歌德

- 强者容易坚强，正如弱者容易软弱。

——［美国］爱默生

- 人有了真正的刚毅，才会有忠诚、慷慨、友谊和信义。

——［英国］托·布朗

- 生活就像海洋，只有意志坚强的人，才能到达彼岸。

——［德国］马克思

- 生命中最值得荣耀的，不是没有失败，而是在每次失败后都能勇敢地站起来。

——［南非］纳尔逊·曼德拉

- 失去财富是损失，失去朋友是更大的损失，而失去勇气则是损失一切。

——［西班牙］塞万提斯

- 伟大人物的最明显标志，就是他坚强的意志，不管环境变换到何种地步，他的初衷与希望仍不会有丝毫的改变，而终于克服障碍，以达到期望的目的。

——［美国］爱迪生

- 要坚强，要勇敢，不要让绝望和庸俗的忧愁压倒你，要保持伟大的灵魂在经受苦难时的豁达与平静。

——［意大利］亚米契斯

- 一个人应养成信赖自己的习惯，即使在最危急的时候，也要相信自己的勇敢与毅力。

——［法国］拿破仑

- 一个人在科学探索的道路上，走过弯路，犯过错误，并不是坏事，更不是什么耻辱，要在实践中勇于承认和改正错误。

——［美国］爱因斯坦

- 一个有坚强心志的人，财产可以被人掠夺，勇气却是不会被人剥夺的。

——［法国］雨果

- 意志坚强的人能把世界放在手中像泥块一样任意揉捏。

——［德国］歌德

- 勇敢不是手脚并用的体力鲁莽，而是勇气和智慧的完美结合。

——［英国］萨默塞特·莫姆

- 勇敢是抵制恐惧，克服恐惧，而不是没有恐惧。

——［美国］马克·吐温

- 勇敢在斗争中产生，勇气是在每天对困难的顽强抵抗中养成的。

——［苏联］奥斯特洛夫斯基

- 有卓越智力作用指导的胆量是英雄的标志。

——［德国］克劳塞维茨

- 只要有坚强的持久心，一个庸俗平凡的人也会有成功的一天，否则即使是一个才识卓越的人，也只能遭遇失败的命运。

——［美国］比尔·盖茨

- 只有勇敢地向前迈进，精神奕奕地自我深化，才能开辟出道路来。

——［德国］奥铿

··· 毅力 坚韧 ···

- 聪明人之所以不会成功，是由于他们缺乏坚韧的毅力。

——［英国］牛顿

- 达到重要目标有两个途径——势力与毅力。势力只是少数人所有，但坚韧不拔的毅力则多数人均可拥有。它沉默的力量随着时间的发展而至无可抵抗。

——［法国］拿破仑

- 光有才华是成不了作家的，还得有毅力。

——［英国］艾迪生

- 坚韧是意志的最好助手。

——［德国］俾斯麦

- 请记住，环境愈艰难困苦，就愈需要坚定的毅力和信心，而且，懈怠的害处也就愈大。

——［俄国］列夫·托尔斯泰

- 人们的毅力是衡量决心的尺度。

——［阿拉伯］穆泰奈比

- 人要有毅力，否则将一事无成。

——［法国］居里夫人

- 忍耐和坚持虽是痛苦的事情，但却能渐渐地为你带来好处。

——［古罗马］奥维德

- 所有坚忍不拔的努力迟早会取得报酬的。

——［法国］安格尔

- 完成伟大的事业不在于体力，而在于坚韧不拔的毅力。

——［英国］塞缪尔·约翰逊

- 顽强的毅力可以征服世界上任何一座高峰。

——［英国］狄更斯

- 伟大的事业根源于坚韧不断地工作，以全副精神去从事，不避艰苦。

——［英国］罗素

- 我无论生活在哪里，遇到任何意外都要保持自我平衡，面对黑夜、风暴、饥饿、嘲弄、事故、挫败，都要像树木和动物那样坚韧。

——［美国］惠特曼

- 希望是坚韧的拐杖，忍耐是旅行袋，携带它们，人可以登上永恒之旅。

——［英国］罗素

- 小草有出人意料的智慧——独立、坚韧、不知疲倦。

——［比利时］莫里斯·梅特林克

- 要想成功，必须具备的条件就是，用你的欲望提升自己的热忱，用你的毅力磨平高山，同时还要相信自己一定会成功。

——［美国］卡耐基

- 要做到坚韧不拔，最要紧的是坚持到底。

——［俄国］陀思妥耶夫斯基

- 一个成功的实验需要的是眼光、勇气和毅力。

——［美国］丁肇中

- 一个人应养成信赖自己的习惯，即使在最危急的时候，也要相信自己的勇敢与毅力。

——［法国］拿破仑

- 以兴趣始，以毅力终。

——［清］顾炎武

- 毅力可以化腐朽为神奇。

——［德国］阿道夫·冯·贝耶尔

- 毅力、勤奋、忘我投身于工作的人，诚实和勤勉，应该成为你永久的伴侣。

——［美国］富兰克林

- 只要功夫深，铁杵磨成针。

——［唐］李白

- 只要有信心、恒心与毅力，人类的潜能往往能达到某种我们难以想象的程度。

——［美国］海伦·凯勒

- 只有坚韧者才能遂其志。

——［美国］富兰克林

- 卓越的人的一大优点是：在不利与艰难的遭遇里百折不挠。

——［德国］贝多芬

··· 事业·事业 创新 ···

- 不懂创新，就死亡。

——［美国］彼得·德鲁克

- 成就事业要能忍受时间的凌辱。

——［法国］米斯特拉尔

- 处处是创造之地，天天是创造之时，人人是创造之人。

——［中国］陶行知

- 创业不像读书，一天可以过好多年，创业必须一步一个脚印走。

——［中国］周晋峰

- 对新的对象必须创出全新的概念。

——［法国］柏格森

- 领袖和跟风者的区别就在于创新。

——［美国］乔布斯

- 每一个伟大的事业，开头总只为少数有闯劲的人所信奉。

——［美国］爱因斯坦

- 你若能绕过经验，便会有创新之举。

——［美国］乔布斯

- 人生为一大事来，做一大事去。

——［中国］陶行知

- 人只有献身于社会，才能找出那实际上是短暂而有风险的生命的意义。

——［美国］爱因斯坦

- 如果你要成功，就应该朝新的道路前进，不要跟随被踩烂了的成功之路。

——［美国］洛克菲勒

- 事业是栏杆，我们扶着它在深渊的边沿上走路。

——［苏联］高尔基

- 现代人最大的缺点，是对自己的职业缺乏爱心。

——［法国］罗丹

- 现在的一切美好事物，无一不是创新的结果。

——［英国］穆勒

- 想出新办法的人在他的办法没有成功以前，人家总说他是异想天开。

——［美国］马克·吐温

- 心灵应当向新思想敞开，要从旧思想的控制下解放出来。

——［英国］塞缪尔·约翰逊

- 许多富有创见的人并没有想到这一点——他们被习惯引入歧途。

——［英国］济慈

- 学术上的许多突破和创见，无不是从大胆的怀疑或设想开始的。

——［中国］茅以升

- 要成就一件大事业，必须从小事做起。

——［苏联］列宁

- 要是想认真完成一项必要的事业，为人既要灵活，又要有一副铁石心肠。

——［印度］泰戈尔

- 要以探求真理为毕生的事业。

——［法国］笛卡尔

- 要朝气蓬勃地致力于任何事业，首先必须热爱生活。

——［英国］塞缪尔·约翰逊

- 一个人若不经过一个长时间不见海岸的阶段，就发现不了新大陆。

——［法国］纪德

- 一个人只有以他全部的力量和精神致力于某一事业时，才能成为一个真正的大师。因此，只有全力以赴才能精通。

——［美国］爱因斯坦

- 一切事业的一大要旨是，为了它，要不以个人的悲欢为重。而且，只要有可能，就确实不必理睬它们。

——［印度］泰戈尔

- 依靠相互间的信赖和帮助，能够完成伟大的事业，并能有伟大的发现。

——［古希腊］荷马

- 正确对待前人理论，学百家之长，自主创新。

——［中国］陈国达

- 正义的事业能够产生坚定的信念和巨大的力量。

——［英国］托·富勒

··· 工作 劳动 ···

- 抱着一颗正直的心，专心致志干事业的人，他一定会完成许多事业。

——［俄国］赫尔岑

- 悲伤的时候，工作就是良药。

——［德国］歌德

- 长期的无所事事最能使人衰竭和毁灭。

——［古希腊］亚里士多德

- 从工作里爱了生命，就是通彻了生命最深的秘密。

——［黎巴嫩］纪伯伦

- 当一个人在深思的时候，他并不是在闲着，有看得见的劳动，也有看不见的劳动。

——［法国］雨果

- 对待工作要像音乐家演奏乐器一样，他们演奏各种乐器，但奏出的却都是美妙的旋律。

——［苏联］高尔基

- 工作就是生活的中心。

——［日本］松下幸之助

- 工作可以使我们免除三大害处：烦闷、纵欲、饥寒。

——［法国］伏尔泰

- 工作像块海绵，能够擦干耻辱和痛苦，能使灵魂面目一新、血液一清。

——［法国］罗曼·罗兰

- 假如没有劳动这个压舱的货物，任何风暴都会把生活之船翻掉。

——［法国］司汤达

- 艰苦劳动的果实，是所有欢乐中最甜美的。

——［法国］沃夫纳格

- 劳动才能给人以安乐。

——［美国］朗费罗

- 劳动创造了人本身。

——［德国］恩格斯

- 劳动创造一切，劳动者创造一切。历史的口号就是这样。

——［俄国］门捷列夫

- 劳动可以使我们摆脱三大灾祸：寂寞、恶习、贫困。

——［法国］伏尔泰

- 劳动是产生一切力量、一切道德和一切幸福的威力无比的源泉。

——［意大利］乔万尼奥里

- 劳动是崇高思想的食粮。

——［古罗马］塞涅卡

- 劳动是生命的法则，也是它最美的果实。

——［英国］莫里斯

- 劳动一天，可得一夜的安眠；勤劳一生，可得幸福的长眠。

——［意大利］达·芬奇

- 劳动有一种永恒的高尚性，甚至于神圣性。

——［英国］托·卡莱尔

- 人是为劳动而降生，也是为劳动而被造就的。

——［日本］武者小路实笃

- 任何成就都是刻苦劳动的结果。

——［中国］宋庆龄

- 如果工作是一种乐趣，人生就是天堂！如果工作是一种义务，人生就是地狱！

——［美国］林肯

- 如果我们在工作中游刃有余，就会被看成大人物；要是在工作时力不从心，就会被看成小人物。

——［法国］拉罗什福科

- 如果自身伟大，任何工作你都不会觉得渺小。

——［英国］乔·麦克唐纳

- 一个有真正大才能的人在工作过程中会感到最高度的快乐。

——［德国］歌德

- 在选择职业时，我们应该遵循的主要指导是人类的幸福和我们自身的完美。

——［德国］马克思

··· 冒险 磨炼 ···

- 并非所有的人都能成功；勇于进取者往往要冒失败的风险。

——［英国］托·斯摩莱特

- 不冒险就征服的是没有光荣的胜利。

——［法国］高乃依

- 不要总是待在温室里，要亲自去经历世界上的各种新鲜事态，从中锻炼自己，在困难中悟出真理。

——［日本］池田大作

- 从根本上说，生活是一场冒险。要舒畅地生活，就要有勇气增强自己的力量，坚定自己的信心。

——［美国］马尔兹

- 挫折磨难是锻炼意志、增加能力的好机会。

——［中国］邹韬奋

- 好钢铁经过锤打，就会发出强烈的火花。

——［古巴］何塞·马蒂

- 患难可以试验一个人的品格，非常的境遇方才可以显出非常的气节。

——［英国］莎士比亚

- 火以炼金，逆境磨炼人。

——［古罗马］辛尼加

- 既然生活中的缺憾不能避免，那么用什么样的心态来对待这种缺憾就非常重要了。心态不同，也许会带来完全不同的生活质量。

——［中国］于丹

- 旧道德叫我们回避危险，但是新道德就是不冒险就什么也得不到。

——［法国］罗曼·罗兰

- 开发人类智力的矿藏是少不了需要由患难来促成的。

——［法国］大仲马

- 苦难磨炼一些人，也毁灭另一些人。

——［英国］托·富勒

- 困苦永远是坚强之母。

——［英国］莎士比亚

- 困难乃见才，不止将有得。

——［北宋］欧阳修

- 烈火见真金，磨难成英雄。

——［古罗马］塞涅卡

- 冒险常常带来乐趣。

——［英国］培根

- 宁要大智大勇，不要胆小如鼠。

——［美国］英格索尔

- 人生的精彩在于探险。

——［英国］霍金

- 万无一失意味着止步不前，那才是最大的危险。为了避险，才去冒险，避平庸无奇的险，值得。

——［中国］杨澜

- 为了明天的成就，今天就磨炼自己。

——［日本］池田大作

- 伟大的课题要求冒险与牺牲，要解决这课题，通常必须经由严格的怀疑与否定。

——［德国］奥铿

- 一个真正的人应该具有冒险的基本精神。

——［印度］奥修

- 有冒险才有希望。

——［古罗马］塔西佗

- 在一个人生命的初始阶段，最大的危险就是：不冒风险。

——［丹麦］克尔恺郭尔

- 只有经过地狱般的磨炼，才能炼出创造天堂的力量。只有流过血的手指，才能弹奏出世间的绝唱。

——［印度］泰戈尔

- 骤然的幸运造成一个活动家或躁动者，但是经过磨炼的幸运却造成了天才。

——［英国］培根

…机遇 运气…

- 不要等待运气降临，应该去努力掌握知识。

——［英国］弗莱明

- 当取不取，过后莫悔。

——［明］施耐庵

- 对于不会利用机会的人，时机又有什么用呢？一个不受胎的蛋，是要被时间的浪潮冲刷成废物的。

——［美国］托马斯·艾略特

- 机不可失，时不再来。

——［唐］张九龄

- 机会不会上门来找人，只有人去找机会。

——［英国］狄更斯

- 机会时常意外地降临，但属于那些绝不放弃的人。

——［美国］比尔·盖茨

- 机遇偏爱训练有素者。

——［法国］巴斯德

- 假如有人错过机会，多半不是机会走得太快，而是因为等待机会者没有看见机会到来，而且机会到来时，没有一伸手就抓住它。

——［法国］罗曼·罗兰

- 仅仅天赋的某些巨大优势并不能造就英雄，还要有运气相伴。

——［法国］拉罗什夫科

- 困难就是机遇。

——［英国］丘吉尔

- 良机对于懒惰没有用，但勤劳可以使最平常的机遇变良机。

——［德国］马丁·路德

- 良机只有一次，一旦错失，就再也得不到了。

——［英国］罗伯特·勃朗宁

- 没有侥幸这回事，最偶然的意外似乎也都是事有必然的。

——［美国］爱因斯坦

- 每一天都是一个新的日子。走运当然是好的，不过我情愿做到分毫不差。这样，运气来的时候，你就有所准备了。

——［美国］海明威

- 命运并非机遇，而是一种选择；我们不应该期待命运的安排，而必须凭自己的努力创造命运。

——［英国］威廉·布莱克

- 切记，一种机会只能出现一次。

——［美国］梭罗

- 人不能创造时机，但是他可以抓住那些已经出现的时机。

——［英国］雪莱

- 善于识别与把握时机是极为重要的。在一切大事业上，人在开始做事前要像千眼神那样视察时机，而在进行时要像千手神那样抓住时机。

——［英国］培根

- 始终如一的人相信命运，反复无常的人相信运气。

——［英国］狄斯累利

- 谁不坐等机遇的馈赠，谁便征服了命运。

——［英国］马·阿诺德

- 天不能司人之命。

——［清］洪亮吉

- 我非常相信运气，而且我发现我越是努力工作，运气就越能找上门。

——［美国］托马斯·杰斐逊

- 一个明智的人总是抓住机遇，把它变成美好的未来。

——［英国］托·富勒

- 一个喜欢读书的人，品格不会坏到哪去；一个品格好的人，一生的运气不会差到哪去。

——［清］曾国藩

- 运气是镜子，照得最明亮时便碎了。

——［法国］蒙田

- 运气通常照顾深思熟虑者。

——［瑞典］诺贝尔

… 主宰 命运 …

- 不幸是一所最好的大学。

——［俄国］别林斯基

- 当命运递给我们一个酸的柠檬时，我们应设法把它制造成甜的柠檬汁。

——［法国］雨果

- 当时间的主人，命运的主宰，灵魂的舵手。

——［美国］罗斯福

- 当我活着时，我要做生命的主宰，而不做它的奴隶。

——［美国］惠特曼

- 对于凌驾命运之上的人来说，信心就是生命的主宰。

——［美国］海伦·凯勒

- 患难可以检验一个人的品格，非常的境遇方才可以显出非常的气节；当命运的铁拳击中要害的时候，只有大勇大智的人，才能够处之泰然。

——［英国］莎士比亚

- 决定一个人的一生以及整个命运的，只是一瞬间。

——［德国］歌德

- 连自己的命运都不能主宰的人是没有自由可以享受的。

——［古罗马］爱比克泰德

- 没有准备向命运抗争，命运便会显示其威力。

——［意大利］马基雅弗利

- 民主使每个人成为自己的主宰。

——［美国］詹姆斯·拉塞尔·洛威尔

- 命运并不存在于一小时的决定中，而是建筑在长时间的努力、考验和默默无闻的工作基础上。

——［法国］罗曼·罗兰

- 命运害怕勇敢的人，而专去欺负胆小鬼。

——［古罗马］塞涅卡

- 命运喜欢光顾勇敢的人。

——［古罗马］维吉尔

- 能主宰自己的人要比别人高尚三倍。

——［英国］弗莱彻

- 宁可要人们各自决定自己的命运，而不要让自己的命运掌握在别人的手里。

——［美国］悉尼·胡克

- 人就是人，是他命运的主人。

——［英国］丁尼生

- 人有时必须顺从命运，但绝不能屈服于它。

——［英国］哈里法克斯

- 生活中最悲惨的悲剧因素就是相信可恶的命运。

——［美国］爱默生

- 生命很快就过去了，一个时机从不会出现两次。必须当机立断，不然就永远别要。

——［法国］罗曼·罗兰

- 提出良心，自作主宰，决不令为邪欲所胜，方是功夫。

——［清］曾国藩

- 天命不过是脆弱的人心中的一个词语和错误的借口，强者与贤人不相信有命运。

——［印度］布尔卫

- 我，是灵魂的主宰；我，是命运的统帅。

——［英国］威廉·亨利

- 我要扼住命运的咽喉，绝不被命运所压倒。

——［德国］贝多芬

- 有勇气主宰自己命运的人才是英雄。

——［德国］黑塞

- 征服命运的常常是那些不甘等待机运恩赐的人。

——［英国］马·阿诺德

- 只有低能的人才被命运所支配；一个坚决的心灵，什么都做得到。

——［美国］爱默生

- 自己的命运应由自己创造。

——［俄国］契诃夫

…管理 经营…

- 不善于倾听不同的声音，是管理者最大的疏忽。

——［美国］玛丽·凯

- 不要把所有的鸡蛋放在同一个篮子里。

——［美国］托宾

- 领导能力是百分之五十的使命感，加上百分之五十的意志力。

——［日本］松下幸之助

- 领导者不可拘泥于眼前的枝节小事，要放弃个人的意见和利益，以大局作为判断的标准，才是应有的气度。

——［日本］松下幸之助

- 没有领导人员的稳定，就不可能有好的发展计划。

——［法国］亨利·法约尔

- 一个公司要发展迅速得力于聘用好的人才，尤其是需要聪明的人才。

——［美国］比尔·盖茨

- 一位经营者，不需要是万能的，但却要是一位品格高尚的人，因为后者往往更能吸引人才。

——［日本］松下幸之助

- 以爱为凝聚力的公司比靠畏惧维系的公司要稳固得多。

——［美国］赫伯·凯莱赫

- 犹豫不决固然可以免去一些做错事的可能，但也失去了成功的机会。

——［美国］王安

- 质量是维护顾客忠诚的最好保证。

——［美国］杰克·韦尔奇

- 卓有成效的管理者善于用人之长。

——［美国］彼得·德鲁克

第二章

俗语谚语

… 节气气象 …

- 八月十五下一阵，干到来年五月尽
- 八月十五云遮月，正月十五雪打灯
- 白露，不可搅土
- 白露白露白，白露种花麦；花麦三片糠，只救熟不救荒
- 白露看花，秋分看谷
- 白露雷，不空回
- 鹁鸪叫声声，雨落不肯晴
- 不刮春风，难下秋雨
- 不怕初一下大雨，就怕初二瞎阴天
- 不怕初一阴，就怕初二下
- 不怕十五下大雨，就怕十六没好天
- 重阳不下盼十三，十三不下一冬干
- 初雷响声偏西南，秋季雨多雨连天
- 处暑白露节，夜凉白天抹
- 处暑不出头，拔了喂老牛
- 处暑不觉热，水果免想结
- 处暑不下雨，干到白露底
- 处暑出大日，秋旱曝死鲫
- 处暑东北风，大路做河通
- 处暑雷唱歌，阴雨天气多
- 处暑蕾有效，秋分花成桃
- 处暑里的雨，谷仓里的米
- 处暑落了雨，秋季雨水多
- 处暑晴，干死河边铁马根
- 处暑一声雷，秋里大雨来
- 处暑有下雨，种稻粒粒米
- 处暑有雨十八江，处暑无雨一河装
- 处暑早，秋分迟，白露种（冬）麦正合时
- 处暑摘新棉，立秋种白菜
- 春打六九头
- 春打五九尾
- 春分秋分，昼夜平分
- 春雷十日阴，半晴半雨到清明
- 春天孩儿面，一天有三变

- 春雨贵如油
- 大暑旱，处暑寒，过了秋分见寒霜
- 大暑莲蓬水中扬，秋分菱角舞刀枪
- 大雪交冬月，冬至数九天
- 大雪年年有，不在三九在四九
- 单见刮风双见雨，当日只雨三五天
- 地返潮，有雨到
- 东绛呼噜，西绛雨（在北方，人们称“虹”为“绛”；“呼噜”的意思是打雷不下雨）
- 东绛雾露，西绛雨
- 冬冷多晴，冬暖多雨
- 冬至晴天一冬晴，入伏下雨三五天
- 二月雾蒙蒙，必然起狂风
- 风后暖，雪后寒
- 风静天热人又闷，有风有雨不用问
- 干谷上仓，冬雨洋洋，无雪无霜
- 过了白露节，夜寒日里热
- 寒露不算冷，霜降变了天
- 旱刮东风不下雨，涝刮东风不开天
- 旱怕南云涨，涝怕北云生
- 河里鱼打花，天天有雨下
- 急雷雨易停，闷雷天难开
- 今夜露水重，明日太阳红
- 近山多雨，近海多风
- 久晴大雾必阴，久雨大雾必晴

- 久雨闻鸟声，不久天转晴
- 空山回声响，天气晴又朗
- 空中鱼鳞天，不雨也风颠
- 烂了白露，天天走溜路
- 雷打惊蛰前，四十九天不见天
- 雷公先唱歌，有雨也不多
- 雷轰天边，大雨连天
- 雷声绕圈转，有雨不久远
- 冷在三九，热在三伏
- 立冬先封地，小雪河封严
- 立了秋，便把扇子丢
- 立了夏，把扇架
- 立秋处暑八月天，防治病虫管好棉
- 立秋处暑天渐凉
- 立秋处暑有阵头，三秋天气多雨水
- 立秋过后，还有（秋）老虎在一头
- 立秋后三场雨，夏布衣裳高搁起
- 立秋忙打垫，处暑动刀镰
- 立秋棉管好，整枝不可少
- 立秋拿住手，还收三五斗
- 立秋前后降雨点，白露期间地不干
- 立秋荞麦白露花，寒露荞麦收到家
- 立秋晴，一秋晴；立秋雨，一秋雨
- 立秋晴一日，农夫不用力
- 立秋十八天，寸草皆结顶
- 立秋十天遍地黄
- 立秋无雨秋干热，立秋有雨秋落落
- 立秋无雨是空秋，万物历来一半收
- 立秋无雨水，白露雨来淋
- 立秋无雨一半收，处暑有雨也难留
- 立秋洗肚子，不长痱子拉肚子
- 立秋下雨人欢乐，处暑下雨万人愁
- 立秋摘花椒，白露打胡桃，霜降摘柿子，立冬打软枣
- 立秋种芝麻，老死不开花
- 凉秋白露前，霜华大如钱
- 六月红，七月灯，八月煎年糕
- 六月立秋紧丢丢，七月立秋秋里游
- 蚂蚁搬家蛇过道，明日必有大雨到
- 蚂蚁垒窝要下雨
- 麦到芒种秫到秋，黄豆白露往家收
- 馒头云，天气晴
- 满天乱飞云，雨雪下不停
- 满天星，明日晴
- 芒种大家乐，夏至不着棉
- 芒种芝麻夏至豆，秋分种麦正时候
- 门儿一紧，有雨在等
- 棉花云，雨快淋
- 南风暖，北风寒，东风潮湿，西风干
- 南闪大门开，北闪有雨来
- 七月立秋慢溜溜，六月立秋快加油
- 齐（起）白露，种高山；白露过，种沟坡（即种麦）
- 清明断雪，谷雨止霜
- 清明忙种粟，谷雨种大田
- 清明要明，谷雨要雨
- 清早宝塔云，下午雨倾盆
- 蜻蜓赶会拦路蚊，风雨不久就来临
- 秋不凉，籽不黄
- 秋分，暝日平分
- 秋分北（风），热到脱壳
- 秋分不起葱，霜降必定空
- 秋分露重，冬季多霜
- 秋分日晴，万物不生
- 秋分是短节，白露是暖节
- 秋分天气白云多，处处欢歌好晚禾

- 秋分天晴必久旱
- 秋分无生田，到了白露乱刀镰
- 秋分有雨来年丰
- 秋分只怕雷电闪，多来米价贵如何
- 秋前北风马上雨，秋后北风无滴水
- 秋前秋后一场雨，白露前后一场风
- 蚯蚓夜爬天气晴，日爬晴不成
- 热极生风，闷极生雨
- 热至秋分，冷至春分
- 人黄有病，天黄有雨
- 日出红如血，竿后大雨落
- 日落乌云接，明天把工歇
- 日落西北晴
- 日落胭脂红，无雨也有风
- 日落云里走，雨在半夜后
- 日晕三更雨，月晕午时风
- 若要晴，看山清；若要雨，看山白
- 三月南风不过三，四月南风只一天
- 蛇过街，大雨到
- 湿了老鸹毛，麦子水中捞（指的是农历四月十二若下雨，那在麦收季节时的雨水便会很多）
- 十雾九晴
- 霜后暖，雪后寒
- 霜降见霜清明止，春节降雨春天旱
- 霜降摘柿子，立冬打软枣
- 水缸出汗蛤蟆叫，不久将有大雨到
- 水缸穿裙山戴帽，灶灰结垢雨来到
- 太阳照黄光，明日风雨狂
- 天上打闷雷，地下鸟乱飞
- 天上钩钩云，地上雨淋淋
- 天上黄澄澄，无雨也起风
- 天上乱搅云，地上下满盆；今天火烧云，明天晒死人
- 天上起了鲤鱼斑，明天晒谷不用翻
- 天上下“流流”，地上摸泥鳅
- 天上星星跳，雨天就要到
- 天上有了扫帚云，不出三天大雨淋
- 天有城堡云，地上雷雨临
- 头伏芝麻二伏豆，晚粟种到立秋后
- 瓦块云，晒死人
- 蚊子聚堂中，来日雨盈盈
- 蚊子咬得怪，天气要变坏
- 无风不起浪
- 喜鹊枝头叫，出门晴天报
- 夏走十里不黑，冬走十里不亮
- 一场春雨一场暖，一场秋雨一场寒
- 有雨山戴帽，无雨山没腰
- 雨后起东风，未来雨更凶
- 雨前刮风雨不久，雨后无风雨不停
- 月色朦胧，不是起雨就是起风
- 早雷下大雨，下雨不过晌
- 早上朵朵云，下午晒死人
- 早晚烟扑地，苍天有雨意
- 早霞不出门，晚霞行千里
- 早阴阴，晚阴晴，半夜上阴不到明
- 朝看东南，夜看西北
- 蜘蛛结网天放晴
- 昼雾阴，夜雾晴

··· 农业生产 ···

- 八月初一雁门开，大雁脚下带霜来
- 白米细面，土中提炼
- 北风无露定有霜
- 不怕旱苗，只怕旱籽
- 不怕种子旱，就怕秋苗干
- 布谷布谷，赶快种谷
- 蚕作茧，快插秧
- 处暑里的雨，谷仓里的米
- 处暑下雨烂谷箩
- 春播一粒粟，秋收万颗粮
- 春得一犁雨，秋收万担粮
- 春分秧壮，夏至菜黄
- 春旱不算旱，秋旱减一半
- 春旱谷满仓，夏旱断种粮
- 春雷响，万物长
- 春天不忙，冬天无粮
- 春天三场雨，秋后不缺米
- 春天蓄满塘，秋天多打粮
- 春雪流成河，人人都吃白面馍
- 春雪填满沟，夏田全不收
- 春雨贵似油，多下农民愁
- 春雨满街流，收麦累死牛
- 春雨漫了垅，麦子豌豆丢了种
- 寸麦不怕尺水，尺麦但怕寸水
- 大雪飞满天，来岁是丰年
- 大雪下成堆，小麦装满仓
- 稻如莺色红，全得水来供
- 灯无油不亮，苗无水不长
- 冬天麦盖三层被，来年枕着馒头睡
- 冬雪年丰，春雪无用
- 冬雪是麦被，春雪烂麦根
- 冬雪一条被，春雪一把刀
- 冻断麦根，挑断麻绳
- 风刮一大片，雹打一条线
- 伏里无雨，谷里无米；伏里雨多，谷里米多

- 伏里一天一暴，坐在家里收稻
- 高粱熟，收稻谷
- 过了惊蛰节，春耕无停歇
- 寒潮过后多晴天，夜里无云地尽霜
- 寒损根，霜打头
- 好花结好果，好种长好稻
- 好种出好苗，好树结好桃
- 黑夜下雨白天晴，打的粮食没处盛
- 火越扇越旺，种越选越强
- 基肥施得足，麻高又厚肉
- 浇不死的韭菜，旱不死的葱
- 今冬大雪飘，明年收成好
- 今年锄草剩一棵，来年拉草一大车
- 菊花黄，种麦忙
- 腊雪如盖被，春雪冻死鬼
- 腊月大雪半尺厚，麦子还嫌“被”不够
- 冷收麦，热收秋
- 梨花白，种大豆
- 立春三场雨，遍地都是米
- 立了秋，哪里下雨哪里收
- 立秋下雨万物收，处暑下雨万物丢
- 六月不热，稻子不结
- 六月盖被，有谷无米
- 六月下连阴，遍地出黄金
- 麦浇芽，菜浇花
- 麦里苦虫，不冻不行
- 麦苗盖上雪花被，来年枕着馍馍睡

- 麦怕清明连夜雨
- 芒种芒种，样样都种
- 棉怕八月连天阴，稻怕寒露一朝霜
- 铺上热得不能躺，田里只见庄稼长
- 七十二行，庄稼为王
- 七月核桃，八月梨，九月柿子上满集
- 七月十五定旱涝，八月十五定收成
- 荞麦见霜，粒粒脱光
- 青蛙呱呱叫，正好种早稻
- 清明前后，种瓜种豆
- 清明前后一场雨，豌豆麦子中了举
- 清明热得早，早稻一定好
- 秋禾夜雨强似粪，一场夜雨一场肥
- 秋热收晚田
- 人不缺地工，地不缺人粮
- 人靠饭养，地凭粪壮
- 人怕老来穷，稻怕寒露风
- 人热了跳，稻热了笑
- 人是饭力，地是肥力
- 人往屋里钻，稻在田里蹿
- 人误地一时，地误人一年
- 人在屋里热得跳，稻在田里哈哈笑
- 瑞雪兆丰年
- 若要玉米好，肥料要吃饱
- 三分种，七分管

- 三伏不热，五谷不结
- 三伏要把透雨下，丘丘谷子压弯桠
- 三年不选种，增产会落空
- 三年收两头，锅巴盖墙头
- 三月雨，贵似油；四月雨，好动锄
- 桑叶逢晚霜，愁煞养蚕郎
- 霜打片，雹打线
- 水荒百日，旱荒一年
- 水荒头，旱荒尾
- 水荒一条线，旱荒一大片
- 水利不修，有田也丢
- 四月不拿扇，急煞种田汉
- 豌豆开花，最怕风打
- 晚稻全靠伏天长
- 晚霜伤棉苗，早霜伤棉桃
- 圩里干死怕淹，山里淹死怕干
- 圩田隔夜是荒年
- 圩田好种，梅雨难过
- 五月不热，稻谷不结
- 下秧太冷怕烂秧，小秧出水怕青霜
- 夏雨稻命，春雨麦病
- 夏作秋，没得收
- 雪化水成河，麦子收成薄
- 一场冬雪一场财，一场春雪一场灾
- 一冬旱，三季好
- 一分肥，一分粮；十分肥，粮满仓
- 一阵太阳一阵雨，栽下黄秧吃白米
- 有钱难买五月旱，六月连阴吃饱饭
- 有收无收在于水，收多收少在于肥
- 雨洒清明节，麦子豌豆满地结
- 遭了寒露风，收成一场空
- 早禾怕北风，晚禾怕雷公
- 枣芽发，种棉花
- 正月十五雪打灯，今年一定好收成
- 知了喊，种豆晚
- 知了叫，割早稻
- 庄稼要好，施肥要巧

… 身体保健 …

- 白菜吃半年，医生享清闲
- 白菜萝卜汤，益寿保健康
- 白露切勿露，免得着凉又泻肚
- 百病不如一防
- 百病从口入
- 饱生众病
- 保健措施，记在心里；滋润脏腑，主动饮水；延缓衰老，运动双腿
- 暴食暴饮容易病，定时定量保安宁
- 鼻子不通，吃点大葱
- 病从虚处发
- 病来如山倒，病去如抽丝
- 菠菜豆腐虽贱，山珍海味不换
- 不抽烟，少饮酒，活到九十九
- 不干不净，吃了生病
- 不靠医，不靠药，天天锻炼最见效
- 不怕穿得迟，就怕脱得早
- 不怕天寒地冻，就怕手脚不动
- 不偏食，不暴食；少肉食，多素食；喝原汤，化原食
- 不气不愁，活到白头
- 茶水喝足，百病可除
- 常喝茶，少烂牙

- 常洗衣服常洗澡，常晒被褥疾病少
- 常用的铁不锈，常练的人不病
- 吃穿当时，活到九十
- 吃得慌，咽得忙，伤了胃口伤了肠
- 吃多伤身，气大伤神
- 吃饭先喝汤，老了不受伤
- 吃酒不吃菜，必定醉得快
- 吃了萝卜菜，啥病都不害
- 吃了省钱瓜，害了绞肠痧
- 吃萝卜，喝热茶，大夫改行拿钉耙
- 吃米带点糠，老小都安康
- 吃人参不如睡五更
- 吃药不忌嘴，跑断大夫腿
- 虫凭蠕动寻食，人凭劳动养身
- 臭虫满墙爬，药罐手中拿
- 出汗不迎风，跑步莫凹胸
- 出了暑，被子捂
- 疮不过百水
- 疮大疮小，出头就好
- 春不减衣，秋不加帽
- 春捂秋冻，不生杂病
- 粗饭养人，粗活益身
- 大病要养，小病要抗，无病要防
- 大汗后，莫当风，当风容易得伤风
- 大水不到先垒坝，疾病没来早预防
- 大蒜是个宝，常吃身体好
- 刀越磨越亮，人越练越壮
- 得病如射箭，治病如背纤
- 东西要吃暖，衣服要穿宽
- 冬不蒙首，春不露脊
- 冬不坐石，夏不坐木
- 冬吃萝卜夏吃姜，不劳医生开药方
- 冬练三九，夏练三伏
- 冬天动一动，身体少病痛；冬天懒一懒，汤药喝几碗
- 冻冻晒晒身体强，捂捂盖盖脸发黄
- 肚饥糠也好，饭饱肉嫌肥
- 锻炼是健康的基础，卫生是健康的保证

- 对症下药，药到病除
- 多吃不如细嚼
- 多喝开水，强似吃药
- 二八月乱穿衣
- 发梳千遍，其色自黯
- 凡药三分毒
- 饭不熟不吃，水不开不喝
- 饭吃八成饱，到老肠胃好
- 饭后百步走，活到九十九
- 饭后散步，不进药铺
- 饭前便后要洗手，细菌病毒难入口
- 饭前一碗汤，气死好药方
- 防病无诀窍，卫生最重要
- 丰收要靠劳动，强身要靠卫生
- 腐肉不割，好肉难生
- 管他冒风不冒风，三片生姜一根葱
- 过了九月九，大夫袖了手；家家吃萝卜，杂病何处有
- 寒从脚下起，病从口中入
- 寒从足下起，火从头上生
- 汗水没有落，莫浇冷水澡
- 好饭莫饱，饭后莫跑
- 好话怕的冷水浇，好汉怕的病缠倒
- 喝茶不洗杯，阎王把命催
- 核桃山中宝，补肾又健脑
- 糊涂虫不知聪明的可贵，健康人不知患病的痛苦
- 花的盛开在夏天，人的健壮在青年
- 会吃，千顿香；不会吃，吃个一顿伤
- 活动好比灵芝草，何必苦把仙方找
- 饥不暴食，渴不暴饮
- 饥梳头，饱洗澡
- 机器不擦要生锈，人不卫生要短寿
- 健康的身体就是财富
- 健康之道，确有诀窍；基本吃素，坚持走路；有劳有逸，待人和睦；情绪稳定，精神宽舒
- 姜开胃，蒜败毒，萝卜吃了壮筋骨

- 节食以去病，寡欲以延年
- 精饭养人，精活益身
- 精神振奋，病去七分
- 久病成良医
- 久病乱投医
- 老怕冬冷，少怕秋凉
- 乐观长寿，运动延年
- 立如松，坐如钟；卧如弓，行如风
- 练出一身汗，小病不用看
- 凉九暖三，注意衣衫
- 慢病在养，急病在治
- 脑怕不用，身怕不动
- 宁吃鲜桃一口，不吃烂桃一篓
- 宁叫嘴受穷，不叫病缠身
- 宁可锅里放坏，不可肚里硬塞
- 拍打足三里，胜吃老母鸡
- 气恼成病，欢乐长命
- 千方易得，一效难求
- 千金难买老来瘦
- 清晨一杯茶，饿死卖药家
- 情极百病生，情舒百病除
- 热不马上脱衣，冷不立即穿棉
- 热药冷吃，冷药热吃
- 人怕不动，脑怕不用
- 人强人欺病，人弱病欺人
- 人勤病就懒，人懒病就勤

- 人是铁，饭是钢
- 人愿长寿安，要减夜来餐
- 日光不照临，医生便上门
- 入厨先洗手，上灶莫多言
- 若要百病不生，必须带饿三分
- 若要不害病，地方打扫净
- 若要健，日日练
- 三分吃药，七分调理
- 上床萝卜下床姜，不劳医生开处方
- 少吃多滋味，多吃坏肚皮
- 少吃一口，活到九十九；多吃一勺，半夜睡不着
- 生瓜梨枣，多吃不好
- 生气催人老，快乐变年少
- 食不厌精，脍不厌细
- 刷牙用温水，牙齿笑咧嘴
- 水停百日生毒，人停百日生病
- 贪吃贪睡，添病减岁
- 天怕乌云地怕荒，人怕疾病草怕霜
- 头对风，暖烘烘；脚对风，请郎中
- 卫生是妙药，锻炼是金丹
- 无事勤扫屋，强如上药铺
- 五谷杂粮壮身体，青菜萝卜保平安
- 吸不张口，呼不闭口
- 洗头洗脚，胜似吃药
- 先睡心，后睡眼
- 小病不治，大病难医
- 笑口常开，青春常在
- 笑一笑，十年少，愁一愁，白了头
- 心灵手巧，动指健脑
- 新病好治，旧瘸难医
- 牙不剔不稀，耳不挖不聋
- 言多伤气，食多伤脾，忧多伤神，气大伤身
- 眼睛害病从手起，肚子害病从嘴起
- 养生在动，动过则损
- 药补食补，不如心补
- 药对方，一口汤；不对方，一水缸
- 要想人长寿，多吃豆腐少吃肉
- 一饱为足，十饱伤人
- 一顿吃伤，十顿吃汤
- 一日三笑，不用吃药
- 一日舞几舞，活到九十五
- 一天吃个枣，一生不知老
- 一夜不宿，十夜不足
- 衣服穿得单，心里想得宽
- 医得身，医不得心
- 庸医治标，名医治本
- 鱼生火，肉生痰，粗粮淡菜保平安
- 娱乐有制，失制则精疲力竭。快乐有度，失度则乐极生悲
- 预防肠胃病，饭食要干净
- 遇事不恼，长生不老
- 遇事不怒，基本吃素，饭后百步，劳逸适度
- 月凭日亮，人凭血强
- 早饭要吃饱，午饭要吃好，晚饭要吃少
- 早起做早操，一天精神好
- 朝食三块姜，如得人参汤
- 指甲常剪，疾病不染
- 中午睡觉好，犹如捡个宝
- 竹从叶上枯，人从脚上老；天天千步走，药铺不用找

…事理规律…

- 百人百条心，百牛角二百
- 百闻不如一见，百说不如一干
- 板凳如果没有四条腿，只能是一块木板
- 办事要有理，做粥要有米
- 棒丢狗咬人，猫走鼠伸腰
- 暴雨能够穿通屋顶，细雨能够穿通岩石
- 悲伤痛苦的富翁，不如逍遥自在的乞丐
- 必须往后退几步，才能往前跳得远
- 冰冻三尺，非一日之寒
- 冰上盖不住房屋，雪里藏不住珍珠
- 冰雪压不倒青草，乌云遮不住太阳
- 不管雨多大，总有天晴的时候
- 不经失败和挫折，便永远找不到真理
- 不经一事，不长一智
- 不怕百战失利，就怕灰心丧气
- 不上高山，不显平地
- 不熟的果子不香
- 不注意小事情的人，将为大事情所苦恼
- 不做亏心事，不怕鬼叫门
- 才智是人的精神武器
- 彩虹虽美是现象，惊雷虽响是空声
- 彩云易散，皓月难圆
- 苍蝇不叮无缝的蛋
- 差之毫厘，失之千里

- 车到山前必有路
- 扯着耳朵连着腮，胡子眉毛分不开
- 吃饭若是无羞耻，膝盖以上是肚子
- 吃水不忘挖井人
- 吃完糊羹还不饱，舔舐木碗怎能饱
- 穿衣服提领，抓鸭子抓颈
- 船到桥头自然直
- 船无水难行，鸟无翅难飞
- 纯真的金子，光泽永远不变；坚持真理的人，信念至死不移
- 寸草能挡住大风，尺水能兴百丈浪
- 挫折增长经验，经验丰富智慧
- 打架怕挖脸，说话怕揭短
- 打蛇打七寸
- 打铁需要自身硬
- 大树之下，必有枯枝
- 当家才知柴米贵，养儿方知父母恩
- 刀不磨生锈，水不流发臭
- 刀在石上磨，人在事中练
- 灯不拨不亮，理不辩不明
- 滴水不废点滴，才能汇成浩瀚的大海
- 地要绿化，人要文化
- 地在人种，事在人为
- 弟兄心齐金不换，妯娌心齐家不散
- 肚子里有食，胳膊上有劲
- 多行不义必自毙
- 多思出智慧
- 鹅毛满天飞，必有落地时
- 恶龙斗不过地头蛇
- 耳闻不如眼见
- 分久必合，合久必分
- 风再大也刮不倒山
- 富人的斧也是铁，乞丐的针也是铁
- 钢铁是炼成的，事业是干成的
- 隔行如隔山，隔行不隔理
- 根深的树吹不断，泉深的水晒不干
- 功到自然成
- 瓜熟蒂落，水到渠成

- 关门打鼓，响声在外
- 果子离不开枝子，瓜儿离不开蔓儿
- 海再深有底，山再高有顶
- 害人之心不可有，防人之心不可无
- 好石磨刀也要水
- 好树结好果，好铁铸好锅
- 和真理在一起，就是和幸福在一起
- 红花还得绿叶扶
- 红日落西山，唯有点油灯
- 厚云才能降大雨，真理才能说服人
- 虎口再大吃不着天，人嘴再巧驳不倒理
- 花在树上开，别忘地下根
- 话给儿子讲，却进敌人耳
- 怀中有何物，指头最了解
- 浑水越澄越清，真理越辩越明
- 鸡蛋里找不出骨头来
- 积土成山，积水成渊
- 急水也有回头浪
- 己所不欲，勿施于人
- 江山易改，本性难移
- 讲话要在众人中讲，跑马要在平原上跑，射箭要在靶心上射
- 搅拌洒水，不会出酥油；压榨石头，不会出青油
- 金钱能收买小人，却不能收买真理
- 金子被玷污，其价不会降
- 金子不生锈，智慧不褪色
- 镜子越擦越明，脑子越用越灵
- 开弓没有回头箭
- 看面难看心
- 可以意会，不可言传
- 苦的不尽，甜的不来
- 苦乐对大人讲，饥冻对母亲诉
- 来得早，不如来得巧
- 懒人急在嘴上，勤人急在腿上
- 劳动出智慧，实践出真知
- 老鹰爪子大，不一定捉得住苍蝇
- 乐一乐，十年少；愁一愁，白了头
- “理”字没多重，万人搬不动
- 良言一句三冬暖，恶语伤人六月寒
- 良药苦口利于病，忠言逆耳利于行
- 临渊羡鱼，不如退而结网
- 路不走长青草，脑不用不灵巧
- 路短不忘带干粮，天暖别忘带衣裳
- 辘轳虽小，能提千斤
- 麻雀虽小，五脏俱全
- 马见蛇有四肢，蛇见马有翅膀
- 马匹不怜皮肉，鞍子何须怜木
- 满架葡萄一条根
- 满天星斗，抵不上一个月亮
- 满招损，谦受益
- 帽子小了耳朵冷，靴子小了脚趾痛
- 没给人家过初一，别想人家过十五
- 没有施舍的情，没有出售的价
- 磨刀不误砍柴工
- 莫道君行早，更有早行人
- 拿鱼先拿头，刨树要刨根
- 泥鳅掀不起大浪，乌云遮不住太阳
- 逆境是探求真理的试金石
- 碾谷碾米，说话说理
- 鸟儿听见山定音，老鼠听见屋里声
- 宁可给好汉子拉马垫镫，也不给松汉子撑腰长志
- 宁伸扶人手，莫开陷人口
- 宁输拳头不输理
- 牛大压不死虱子

- 藕断丝不断
- 藕发莲生，必定有根
- 攀得高，跌得重
- 旁观者清，当局者迷
- 胖子不是一口吃出来的
- 泡沫冒处，必是浅滩
- 蓬生麻中，不扶必直
- 偏见比无知离真理更远
- 泼水难收
- 骑那不善跑的马，不如徒步更痛快
- 千斤不为多，四两不算少
- 千鸟在树，不如一鸟在手
- 强扭的瓜不甜
- 巧妇难为无米之炊
- 巧舌话语多，巧手活计多
- 勤是摇钱树，俭是聚宝盆
- 青年有坚强的肩膀，老年有智慧的头脑
- 青山常在，细水长流
- 秋后蚂蚱蹦不久，灶里乌龟命不长
- 拳头再硬也比不上锤子
- 群众眼里有杆秤
- 人多出真理，谷多出好米
- 人怕劝，车怕垫
- 人生没有笔直的路
- 人往高处走，水往低处流
- 人无远虑，必有近忧
- 人眼易见冰，鹰眼易见肉
- 忍一时风平浪静，退一步海阔天空
- 如果害怕失败，成功关在门外
- 若是山峰坍塌，绳索怎能绑吊
- 若是无价珍珠宝，放置何处总有光
- 若是子不续父，兔子为何豁嘴
- 若是嘴巧当头人，若是手灵当仆人
- 三人行，必有我师
- 三思而后行
- 山不转路转
- 山高挡不住南来的雁，墙高挡不住北来的风
- 山高遮不住太阳，儿大压不住爹娘
- 善恶随人作，祸福自己招
- 善有善报，恶有恶报；不是不报，时辰未到
- 上谷雪山不消融，哪有中谷之绿水
- 上梁不正下梁歪
- 射人先射马，擒贼先擒王
- 身正不怕影子斜
- 什么藤结什么瓜，什么树开什么花
- 生成的骆驼变不成象
- 失去双翼的鸟不能飞，没有桨的船不能划
- 石头虽小能砸烂瓦罐，火种虽小能烧掉群山
- 实践出真知，勤奋出才干
- 世界好比一把梯，有人上去有人下
- 是福不是祸，是祸躲不过
- 瘦死的骆驼比马大
- 水深的海寂静，博学的人谦虚
- 说句不偏不倚的话，判个公正不阿的案
- 说者不善辞令，听者请善领会
- 死猪不怕开水烫
- 虽有吃的口，没有咽的喉
- 孙悟空跳不出如来佛的手心
- 太阳虽能消融雪，难以消融金子光
- 天不下雨河不涨
- 天高任鸟飞，海阔凭鱼游
- 天空无日必冻死，地上无粮必饿死

- 天无常圆之月，人无不散之席
- 天下乌鸦一般黑
- 天越黑，夜明珠越亮
- 头三脚难踢
- 兔子被雕攫取，只有空中叫喊
- 无风不起浪，无潮水自平
- 无论是瓶子碰石头，还是石头碰瓶子，吃亏的总是瓶子
- 无知比贫穷更可怕
- 勿以恶小而为之，勿以善小而不为
- 物极必反，否极泰来
- 瞎猫碰上死耗子
- 先小人，后君子
- 现在人栽树，来日树养人
- 小不忍，则乱大谋
- 星多天空亮，多学智慧广
- 行走的朋友是影子，留下的东西是脚印
- 虚心使人进步，骄傲使人落后
- 学问学问，又学又问
- 学问之根苦，学问之果甜
- 严师出高徒
- 言必行，行必果
- 眼见是真，耳闻是虚
- 扬汤止沸，不如釜底抽薪
- 要个公道，打个颠倒
- 要想人不知，除非己莫为
- 夜越黑，星越明
- 一个篱笆三根桩，一个好汉三个帮
- 一句好话三冬暖，半句恶言六月寒
- 一人一条心，穷断骨头筋；大家一条心，黄土变成金
- 一石激起千层浪
- 一物降一物，卤水点豆腐；蝎子怕公鸡，秧苗怕蝼蛄
- 疑人不用，用人不疑
- 用水洗黑炭，不会变成白
- 有理不怕势来压
- 有理不在声高

- 有理走遍天下，无理寸步难行
- 有缘千里来相会，无缘对面不相逢
- 有智不在年高，有理不在言高
- 有状元徒弟，没状元师傅
- 远亲不如近邻，近邻不如对门
- 月亮晒不干谷子，牛大压不死虱子
- 造房要架梁，打网要抓纲
- 造烛求明，读书求理
- 针大的眼，斗大的风
- 真的假不了，假的真不了
- 真理不一定都是顺耳的
- 正义战无不胜，真理高于一切
- 知人者智，自知者明
- 纸上谈兵，终究不中
- 智者千虑，必有一失；愚者千虑，必有一得
- 钟在寺里，声在外边
- 种瓜得瓜，种豆得豆
- 众人添柴火焰高
- 主人拿宝物，仆人吃好肉
- 专心致志，心无二用
- 嘴上无毛，办事不牢
- 最好的天赋是才智，最大的不幸是无知
- 尊重真理的人是最聪明的人

··· 治国齐家 ···

- 哀莫大于心死，痛莫大于国亡
- 爱子当教子
- 安不忘危，治不忘乱
- 安而不忘危，存而不忘亡，治而不忘乱
- 百善孝为先
- 败家容易兴家难
- 背弃祖国的人，如同失去森林的夜莺
- 别忘了祖宗事业，别扔掉旧皮窝子
- 兵多出能将
- 不爱人民的人，什么也不爱
- 不当家，不知柴米贵；不拿秤，怎知斤和两
- 不当家不知柴米贵，不养子不知父母恩
- 不记当初娘养我，但看今朝自养儿
- 不理家务事，不知生活难
- 不能让坏人进我们的寨门，不能让敌人进我们的国土
- 不能治家，焉能治国
- 不是一家人，不进一家门
- 不听老人言，吃亏在眼前
- 不依规矩不能成方圆
- 不长庄稼是因为土地不肥，首领无知是因为失去群众
- 臣不傲君，子不傲父
- 成家容易养家难

- 成器子赛过无价宝
- 吃尽滋味盐好，走遍天下家好
- 出海要知鱼情，攻关要知敌情
- 出门三步远，又是一层天
- 船帮水，水帮船
- 船望风浪静，人望社会平
- 船载千斤，掌舵一人
- 创业容易守业难
- 春耕不好害一春，教儿不好害一生
- 从小不知老娘亲，育儿才知报娘恩
- 村子团结力量大，家庭团结幸福多
- 打不断的亲，骂不断的邻
- 打虎还得亲兄弟，上阵须教父子兵
- 打在儿身，疼在娘心
- 大地养活人民，英雄保卫祖国
- 大浪当前不可抛桨，大敌当前不可抛枪
- 大厦将倾，一木难扶
- 但存方寸地，留与子孙耕
- 刀不磨快难砍柴，孩子不教难成才
- 得道者多助，失道者寡助
- 得人心者昌，失人心者亡
- 得众则得国，失众则失国
- 地不可不种，心不可不用
- 地宜其事，事宜其械；械宜其用，用宜其人
- 弟兄不和邻里欺，将相不和邻国欺
- 弟兄闹分家，邻居会钻空子
- 爹娘养身，自己长心
- 爹养儿小，儿养爹老
- 敬父别忘叔，敬母别忘舅
- 对祖国莫吝啬本领，对朋友莫吝啬钱财
- 多年邻居变成亲
- 儿大不由娘
- 儿行千里母担忧
- 儿孙自有儿孙福，莫与儿孙作马牛
- 法存则军安，法亡则军危
- 法律面前人人平等
- 法网恢恢，疏而不漏

- 法与时变，礼与俗变
- 法正法庭静，官清民自安
- 翻田莫太迟，成家莫太早
- 蜂多出王，人多出将
- 父母难保子孙贤
- 父母生身，自己立志
- 父母是孩子的镜子
- 父亲英雄儿好汉
- 富贵不离祖，游子思故乡
- 富贵好，不如子孙好
- 钢不练不硬，兵不练不精
- 隔重门户隔重山，隔层楼板隔层天
- 隔邻居，不隔心
- 工农是一家，一条根两朵花
- 工人一双手，平地起高楼；农民一双手，瘠地出青油
- 公路通，百业兴
- 锅里有，碗里才有
- 国败出妖，家败出娇
- 国不可一日无君，家不可一日无主
- 国家，国家，有国才有家
- 国家刀快，不斩无罪之人
- 国家多难，民不聊生
- 国家无主，占山为王
- 国家兴亡，匹夫有责
- 国乱思良将，家贫思贤妻
- 国难当头，将帅先行
- 国难见忠臣
- 国破家必亡
- 国强民不受辱，民强国不受辱
- 国强才子贵，家富小儿娇
- 国弱有人欺，马瘦有人骑
- 国泰民可安，国强民也富
- 国无二君，家无二主
- 国无二王，蜂不留双
- 国以民为本，民以食为天
- 国有宝忠臣良将，家有宝贤妻良母
- 国有国法，家有家规
- 国有君，家有主
- 国有名，家有姓
- 国正民心顺
- 国之将亡，必有妖孽
- 孩儿不离娘，瓜儿不离秧
- 孩子不好慢慢教，哪有挖井只一锹
- 好帮好底做好鞋，好爹好娘养好孩
- 好船儿也要好掌舵
- 好汉为国死在战场，懦夫为己死在炕上
- 好花不浇不盛开，小树不修不成才
- 好家户经不住三股分
- 好亲戚不如穷菜园
- 和得邻居好，胜过穿皮袄
- 和睦能结邻家
- 虎父无犬子
- 互不尊重的兄弟就会变成外人
- 荒年无六亲，旱年无鹤神
- 家不和，外人欺
- 家不和要穷，国不和要亡
- 家丑不可外扬
- 家和人和万事和
- 家和万事兴
- 家家有本难念的经
- 家内不和邻里争
- 家贫出孝子，惯养不成龙
- 家贫出孝子，国乱识忠臣
- 家无主心骨，扫帚颠倒竖

- 家有黄金，外有斗秤
- 家有老，是个宝
- 家有千口，主事一人
- 家有千顷田，不如子孙贤
- 健妇持门户，胜过一丈夫
- 将门出虎子
- 将帅无谋，累死三军
- 娇生惯养，没有好儿郎
- 娇生惯养不成器，得过且过成大祸
- 娇子如杀子
- 教子光说好，后患少不了
- 金窝银窝不如自家的狗窝
- 尽忠报国，尽孝守家
- 近厨得食，近民得利
- 近邻不可断，远亲不可疏
- 久住令人厌，勤来亲也疏
- 就是祖国的炊烟，也使人感到香甜
- 骏马是英雄的翅膀，群众是领袖的眼睛
- 立屋要有好梁柱，打仗要有好指挥
- 莲花开在污泥中，人才出在贫寒家
- 邻家失火，不救自危
- 邻居好，无价宝
- 乱世出英雄
- 骂在嘴上，爱在心上
- 买尽天下物，难买子孙贤
- 瞒天瞒地，瞒不了隔壁邻居
- 民乃国之本
- 民为邦本，本固邦宁
- 民无信不立
- 民心不可侮
- 民心即天心
- 民之所欲，天必从之
- 你父亲在世时，就要了解邻居
- 娘勤女不懒，爹懒儿好闲
- 娘想儿，长江水，儿想娘，哭一场
- 宁犯天公怒，莫惹众人恼
- 宁可爹娘羡儿女，切莫儿女羡爹娘
- 宁盼邻家买个驴，不盼亲戚中个举
- 宁养顽子，莫养呆子
- 宁愿成为同胞脚下的一把尘土，也不要充当压迫者戒指上的宝石
- 牛要耕，马要骑，孩子不教就调皮
- 皮里生的皮里热，皮里不生冷似铁
- 破车损坏道路，坏人殃及邻里
- 千金买户，八百买邻
- 千军易得，一将难求
- 千里烧香，不如在家敬爹娘
- 千人走路，一人领头
- 亲邻互助山成玉，父子同心土变金
- 亲兄弟，明算账
- 清官难断家务事
- 穷家难舍，熟地难离
- 圈之不存，何以家为；皮之不存，毛将焉附
- 群无首不成行，羊群出圈看头羊
- 群众当中老师多
- 人不教不懂，钟不敲不鸣，树不修不长，娃不管不成
- 人从小时教，马从驹时训
- 人大分家，树大分枝
- 人到难处邻里来
- 人留子孙草留根
- 人亲骨肉香
- 人心齐，泰山移

- 人以文雅为荣，国以文明著称
- 弱国无外交，落后要挨打
- 身安莫嫌瘦，家安莫嫌贫
- 生前不给父母吃，死后何必去祭坟
- 失掉好友，难过七年；失去祖国，痛苦一生
- 士气不可辱，民意不可欺
- 世间最亲骨肉亲，断了骨头连着筋
- 是亲必顾，是邻必护
- 手掌手背都是肉
- 树杈不修要长歪，子女不教难成才
- 树高不离土，叶落仍归根
- 树木从泥土中吸取营养，英雄从人民中得到力量
- 树小扶直易，树大扳伸难
- 水有源，树有根，不认爹娘如畜生
- 顺得姑来失嫂意
- 岁月知松柏，国乱现忠臣
- 甜不过蜂蜜，亲不过母女
- 娃娃当家，饿死全家
- 忘记祖国的人，好比离开森林的鸟
- 为官一任，造福一方
- 为国捐躯，最为荣幸
- 为自己的狗护短的人，跟邻居合不来
- 位虽卑微，不忘国忧
- 兄弟二人心不齐，手里黄金要变泥
- 兄弟合力山成玉，父子同心土变金
- 兄弟和气金不换，妯娌和气家不散
- 兄弟如手足
- 兄弟虽和勤算数
- 严是爱，松是害，不管不教要变坏
- 言教不如身教
- 养儿不读书，不如养头猪
- 养儿防老，积谷防饥
- 养子不教，不如不要
- 要知父母恩，怀里抱儿孙
- 爷娘惜子女，没有狠心的爹娘
- 一朝天子一朝臣
- 一寸国土一寸金
- 一家人不说两家话
- 一家衣食常不足，骨肉至亲不上门
- 一家有事，四邻不安
- 一畦萝卜一畦菜，各人养的各人爱
- 一树之果，有酸有甜；一母之子，有愚有贤
- 一窑烧得几百砖，一娘养的不一般
- 衣服要从新的时候爱惜，孩子要从小的时候教育
- 有其父必有其子
- 幼小读书要琢磨，休怪老师批评多，生铁百炼才成钢，宝剑再快也要磨
- 远亲不如近门，近邻水如对门
- 再甜的甘蔗不如糖，再亲的婶子不如娘
- 在家敬父母，何必远烧香
- 在所有的痛苦中，亡国之苦最难忍
- 早晨起来七件事，柴米油盐酱醋茶
- 长哥长嫂当爷娘
- 长兄如父，长嫂如母
- 只顾自己的人，和邻居合不来
- 知子莫若父
- 至乐莫如读书，至要莫如教子
- 忠臣择主而事，好鸟择木而栖
- 子不嫌母丑，狗不嫌家贫
- 足寒伤心，民怨伤国

团结集体

- 熬不过艰辛，就难得安乐；离开了和睦，就别想幸福
- 巴掌不及拳头，单丝不及麻绳
- 百根柳条能扎笤帚，五个指头能握拳头
- 百事靠人多，牌坊抬过河
- 宝石在石堆里，智慧在群众中
- 兵随将领草随风
- 不怕不翻身，只怕不齐心
- 不怕虎生两翼，就怕人起二心
- 不怕巨浪高，只怕桨不齐
- 不怕难办，就怕独断
- 柴多火旺，水涨船高
- 柴多火焰高，人多办法好
- 船多不碍江，车多不碍路，人多要互助
- 船载千斤，掌舵一人
- 唇亡齿寒
- 寸胶不能理黄河之浊，尺水不能却肃邱之大
- 打江山不怕人多
- 大河有水小河满，大河无水小河干
- 大伙一条心，万事能办好
- 大家的毛驴大家骑
- 大家动手干，赛过英雄汉
- 大树成林不怕我，十根细线拧成绳
- 单筷难夹菜，独翅难飞天
- 单麻不成线，独木不成林
- 单麻不成线，双丝搓成绳
- 单面锣打不响
- 单丝不成线，独木不成林
- 稻多打出米来，人多讲出理来
- 滴水不成海，独木难成林
- 毒蛇能害人，群蚁能治它
- 独柴难引火，蓬柴火焰高
- 独脚独手独根草，风霜雨雪挡不了
- 独脚难行，孤掌难鸣

- 独轮车子容易倒
- 独木盖不成房屋，一个人成不了社会
- 独木难支大厦
- 独人难活，独柴难着
- 独树难挡风，独柴难烧红
- 多一个铃铛多一声响，多一支蜡烛多一分光
- 恶狼难敌众犬，好手难打双拳
- 二人同心，其利断金
- 凡是经过考验的朋友，就应该把他们紧紧地团结在你的周围
- 风大就凉，人多就强
- 蜂多出王，人多出将
- 个人如孤舟漂海，集体如巨轮出江
- 耕者离开牧者，耕者要冻死；牧者离开耕者，牧者要饿死
- 狗咬狗，一嘴毛
- 孤树不成林，孤雁不成群
- 孤雁难飞，孤掌难鸣
- 孤掌难鸣，独木难支
- 寡不敌众，弱不敌强
- 官多难断案
- 好汉不敌双拳，双拳不如四手
- 好虎架不住一群狼
- 好花要有绿叶扶，好汉要有众人帮
- 好人不嫌多，坏人怕一个
- 虎是兽中王，群狼比它强

- 火车跑得快，全靠车头带
- 集体的力量如钢铁，众人的智慧如日月
- 集体就是力量的源泉，众人就是智慧的摇篮
- 家里婆姨多，饱饭吃不着
- 箭装满袋大象踩不断，团结起来的力量胜过大象
- 金银财宝不算真富，团结和睦才是幸福
- 九牛上坡，个个出力
- 救火须救灭，救人救到头
- 烂麻搓成绳，也能拉千斤
- 狼众食人，人众食狼
- 狼最喜欢离群的绵羊
- 老虎不敢吃成群的牦牛
- 离开群众的人，就像落地的树叶
- 离群孤雁飞不远，一个人活力气短
- 离水的金鱼难生存，离群的绵羊要喂狼
- 两虎相斗，必有一伤
- 龙多不治水
- 龙多旱，人多乱，鸡多不下蛋
- 蚂蚁多了咬死人
- 民齐者强
- 莫学篾箩千只眼，要学蜡烛一条心
- 莫学蜘蛛各结网，要学蜜蜂共酿蜜
- 哪一筐都有烂桃
- 能用众力，则无敌于天下矣；能用众智，则无畏于圣人矣
- 鸟多不怕鹰，人多把山平
- 女人多了饭熟快，柴火多了火焰高
- 爬山越岭要互助，渡江过河要齐心
- 平时肯帮人，急时有人帮
- 七个和尚八个腔
- 七个小蝎子，蜇死一头牛
- 七口子当家，八口子主事
- 齐心的蚂蚁吃角鹿，合心的喜鹊捉老虎
- 千根木头随船走
- 千家千个姓，百姓百条心
- 千斤担子众人挑
- 千金之裘，非一狐之腋；庙廊之材，非一木之枝
- 千口唾沫淹死人
- 千里黄河万眼的泉
- 千条小河归大海，各种荣誉集体来
- 千人千品，万人万相
- 轻霜冻死单根草，狂风难毁万木林
- 群雁无首不成行，羊群出圈看头羊
- 群众是根茎，是海洋；个人是树叶，是滴水
- 群众心里有天平
- 群众在哪里，胜利就在哪里
- 人不众，帽不压风
- 人多办大事，毛多搓粗绳
- 人多办法多，蚂蚁能把泰山拖
- 人多成王
- 人多出韩信
- 人多好办事
- 人多力大，龙虎也害怕
- 人多力量大，柴多火焰高
- 人多山倒，力众海移
- 人和万事兴
- 人靠人生活，鱼靠水生存
- 人民的友谊和团结比什么财富都宝贵

- 人怕齐心，狼怕成群
- 人群里有聪明人，高山里有金和银
- 人上一百，必有奇谋
- 人抬人高，水抬船高
- 若不团结，任何力量都是弱小的
- 若是大家都走到河里，鳄鱼便不再敢张嘴
- 三个臭皮匠，顶个诸葛亮
- 三虎必有一彪，三鹰必有一鹞
- 三人成虎
- 三人六主张
- 三人省力气，四人更轻松，众人团结紧，百事能成功
- 三人一条心，黄土变成金
- 砂石积在一起是座山
- 上下同欲者胜
- 深山里出鹞鹰，众人里出高人
- 深水藏大鱼
- 十帮一易，一帮十难
- 十个明星当不得月
- 十个种竹，一年成林；一人种竹，十年成林
- 事成于和睦，力生于团结
- 树要成林，人要成群
- 双桥好过，独木难行

- 松柏纵然长得好，离开了土地只能当柴烧；个人本领虽然大，离开了集体就会成傻瓜
- 糖多不甜，胶多不粘
- 天上星多黑夜明，地上树多成森林
- 天时不如地利，地利不如人和
- 天塌压大家
- 同病相怜，同忧相救
- 头马不惊，马群不乱
- 头雁先飞，群雁齐追
- 土帮土成墙，人帮人成城
- 土多好打墙，人多力量强
- 团结加智慧，弱者胜强者
- 团结就是力量
- 团结则存，分裂则亡
- 万人操弓，共射一招，招无不中
- 万人万双手，拖着泰山走
- 忘记祖国的人，好比离开森林的鸟
- 微风聚在一起，就有台风的力量
- 唯宽可以容人，唯厚可以载物
- 蚊子如果一齐冲锋，大象也会被征服
- 五人团结一只虎，十人团结一条龙，百人团结像泰山
- 星多天空亮，人多智慧广
- 修剪的树木，生长得又直又高；齐心的人们，团结得又牢又固
- 雁怕离群，人怕掉队
- 一兵不能成将，独木不能成林
- 一朵鲜花打扮不出美丽的春天
- 一竿子撑不起帐篷
- 一个巴掌拍不响，一块青砖难砌墙
- 一个博学者的思考，不如三个普通人的商讨
- 一个和尚挑水吃，两个和尚抬水吃，三个和尚没水吃
- 一个拿不起，两个抬得动，三个不费力，四个更轻松
- 一个人唱不成全家福

- 一个人的聪明有限，众人的智慧无穷
- 一个人的智慧不够用，两个人的智慧用不完
- 一个人浑身是铁，能打几根钉
- 一个势孤两力大，三人能叫河搬家
- 一个手指握不成拳头
- 一根稻草抛不过墙，一根木头架不起梁
- 一根铁丝容易折，十根筷子折不弯
- 一根铁线容易弯，一缕棉纱拉不断
- 一根线容易断，十根线扯不断
- 一根线容易断，万根线能拉船
- 一根柱子难撑天，一块石头难垒山
- 一虎势单，众鸟遮日
- 一花独放不是春，百花齐放春满园
- 一家不够，百家相凑
- 一家十五口，七嘴八舌头
- 一箭易断，十箭难折
- 一颗星星布不满天，一块石头垒不成山
- 一颗星星少光亮，万颗星星亮堂堂
- 一颗牙吹不了喇叭
- 一块砖头垒不成墙，一根椽子盖不了房
- 一起吃才甜，一起抬才轻
- 一人不敌二人计，三人合唱一台戏
- 一人不如二人计，二人同心上天去
- 一人打铁锤不响，二人打铁响叮当
- 一人肚里没主意，三人合伙有妙计
- 一人计短，百人计长
- 一人难唱一台戏
- 一人难挑千斤担，众人能移万座山
- 一人拾柴火不旺，众人拾柴火焰高
- 一人踏不倒地上草，众人踩出阳关道
- 一人挑土不显眼，众人挑土堆成山
- 一人想一点，两人添一点，三人凑齐全
- 一人一斗沙，众人一块金
- 一人一双手，做事没帮手；十人十双手，抱着大山走
- 一人一条计，三人一台戏
- 一人意思二人计，三人出个好主意
- 一人有难大家帮，一家有事百家忙
- 一人智谋短，众人计谋长
- 一人主张，不如二人商量
- 一人做事不到，二人谋事有余
- 一争两丑，一让两有
- 一只脚难走路，一个人难成户
- 一只手打不成结
- 一只眼看不远，千只眼看穿天
- 一致是强有力的，而纷争易于被征服
- 硬树要靠大家砍，难事要靠大家做
- 用众人之力，则无不胜也
- 有多少个脑袋，就有多少个意见
- 有福同享，有难同当
- 鱼不能离水，雁不能离群
- 鹬蚌相争，渔翁得利
- 指甲和肉分不开
- 智慧从劳动来，行动从思想来，荣誉从集体来，力量从团结来
- 众人扶船能过山
- 众人里面有圣贤，土石里面有金银
- 众人一条心，黄土变成金
- 众人种树树成林，大家栽花花才香
- 众志成城，众口铄金
- 助人要及时，帮人要诚心
- 砖连砖成墙，瓦连瓦成房
- 最伟大的力量，就是同心合力

…勤劳节俭…

- 爱劳动，受尊重
- 爱衣常暖，爱食常饱
- 败家很容易，好比水推沙
- 败家子挥金如粪，兴家人惜粪如金
- 饱时莫忘饥时苦，有衣莫忘无衣难
- 饱时省一口，饿时得一斗
- 扁担是条龙，一世吃不穷
- 遍地是黄金，单等勤劳人
- 不播种子不长苗
- 不当家不知柴米贵
- 不劳而获的珍宝，不如劳动得来的羊羔
- 不怕家里穷，只怕出懒虫
- 不怕少年苦，只怕老来穷
- 不怕天寒地冻，就怕手脚不动
- 不下功夫是得不到果实的
- 不珍视秋天的人，不会真正爱春天；不珍惜果实的人，不会真正爱花朵
- 布袍草履耐风寒
- 财富的父亲是劳动，财富的母亲是大地
- 常将有日思无日，莫待无时思有时
- 成功是辛勤劳动的报酬
- 成家子，粪如宝；败家子，钱如草
- 成由勤俭败由奢
- 吃不穷，穿不穷，打算不到就受穷
- 吃得苦中苦，创业事告成
- 吃饭不忘农人苦，穿衣不忘工人忙
- 吃饭穿衣看家底
- 吃千吃万，不如吃饭
- 吃鱼的不如打鱼的乐
- 出门走路看风向，穿衣吃饭量家当
- 锄头口上出黄金
- 穿破才是衣
- 创业艰难苦，好似针挑土
- 春季多流汗，秋季歌儿唱不完
- 春天出现在盛开的花卉里，秋天出现在丰硕的果实里
- 春天种下秋天收，如今存下将来用
- 粗茶淡饭，吃得到老；粗布棉衣，穿得到老
- 粗茶淡饭，细水长流
- 粗茶淡饭就是福
- 大吃大喝顾眼前，省吃俭用度灾荒
- 当废墟上的国王，不如当果园的园丁
- 当花的，十个钱要花；不当花的，一个钱要省
- 当用则万金不惜，不当用则一文不费
- 滴水凑成河，粒米凑成箩
- 滴水能成河，钱少积久多
- 冬不节约春要愁，夏不劳动秋无收
- 肥料是土地的宝贝，汗水是丰收的蜜汁
- 丰收万担，也要粗茶淡饭
- 富贵皆由勤俭起，贫穷只为手头松
- 富了不变色，永保勤俭格
- 钢用刀口上，钱用必需时
- 管家靠节俭，细水靠长流
- 行船靠掌舵，理家靠节约
- 好处安身，苦处用钱
- 好逸恶劳千金也能吃空，勤劳勇敢双手抵过千金
- 好逸恶劳者，坐吃山也空
- 耗子还存三分粮

- 浩瀚海洋，源于细小溪流；伟大成就，来自艰苦劳动
- 黄金本无种，出自勤俭家
- 会吃的吃千顿，不会吃的吃一顿
- 会打会算，钱粮不断
- 积小利，成巨富
- 家有千金，不点双灯
- 家有万担，不脱补衣，不丢剩饭
- 家有万担粮，挥堆不长
- 艰苦创事业，奋发断穷根
- 艰苦的劳动会迎来战斗的喜悦，辛勤的汗珠会换来连年的丰收
- 俭节则昌，淫佚则亡
- 俭能修身德，不贪不义财
- 节俭本身就是一宗财产
- 节俭是你一生中食不完的美筵
- 节俭是致富的秘诀
- 节省下来多少，就是得到多少
- 节用免求人
- 节约比赚钱更有意义
- 节约光荣，浪费可耻
- 节约好比燕衔泥，浪费好比河决堤
- 节约节约，积少成多，一滴两滴，汇成江河
- 节约就是大收成
- 节约莫怠慢，积少成千万
- 节约时间胜过储存金银
- 节约一分钱，等于生产一分钱
- 节约与勤勉是人类的两个名医
- 借人衣，不整齐
- 今日省把米，明日省滴油，来年买头大黄牛
- 金钱是死宝，气力是活宝，死宝不如活宝好
- 金钱是一天的财富，劳动则是用不完的财富
- 紧紧手，年年有
- 精打细算，油盐不断

- 精打细算，有吃有穿；大吃大喝，当屋卖锅
- 精打细算半年粮
- 静以修身，俭以养德
- 居家不能不俭，创业不能不勤
- 君子以俭德辟难，不可荣以禄
- 糠菜半年粮
- 靠山吃山，靠水吃水
- 克勤于邦，克俭于家
- 宽打窄用，有备无患
- 懒散易生病，勤劳可健身
- 浪费是支出，节约是收入
- 劳动的后面跟着幸福
- 劳动能将戈壁滩变成绿洲，懒惰能将绿洲变成废墟
- 劳动暖身，空话冷心
- 劳动是活的金银
- 劳动是最可靠的财富
- 冷天不冻下力汉，黄土不亏勤劳人
- 黎明便出勤，三朝当一工
- 历览前贤国与家，成由勤俭破由奢
- 粮食打进仓，莫忘灾和荒
- 粮头不俭，粮尾喊饭
- 粮再多，野菜也要备几锅
- 猎手没有冬天
- 零钱凑零钱，到时不费难
- 零账怕整算
- 流多少汗，吃多少饭

- 论吃还是家常饭，论穿还是粗布衣
- 没有艰苦劳动，就没有科学创造
- 民生在勤，勤则不匮
- 拿斧的得柴火，张网的得鱼虾
- 囊中未空先节约
- 能勤不能俭，到头没积攒；能俭不能勤，到头等于零
- 宁可自食其力，不可坐吃山空
- 铺张浪费耻，节约最光荣
- 起得早就走得远
- 千靠万靠，不如自靠
- 钱币是圆的，所以容易滚走
- 钱是一块一块上万，麦是一颗一颗上担
- 亲也有，邻也有，不如自己手中有
- 勤奋的人是时间的主人，懒惰的人是时间的奴隶
- 勤奋有恒产，年年有节余
- 勤俭就是大收成
- 勤俭永不穷，坐食山也空
- 勤快的人汗水多，贪吃的人口水多
- 勤来勤去搬倒山
- 勤劳的人爱太阳，懒惰的人爱月亮
- 勤劳是穷人的财富，节俭是富人的智慧
- 勤劳一日，可得一夜安眠；勤劳一生，可得幸福长眠
- 勤劳意味着万物不缺，懒惰意味着一无所有
- 勤能补拙，省能补贫
- 勤是摇钱树，俭是聚宝盆
- 勤为无价之宝，慎为护身之符
- 勤学功深心似镜，苦练日久手出灵
- 勤有功，嬉无益
- 人勤，穷不久；人懒，富不长
- 人勤地生宝，人懒地生草
- 人生天地间，劳动最为先
- 人只要专注于某一事业，那就一定会做出使自己都感到吃惊的成绩来
- 日储一勺米，千日一担粮
- 若要生活好，勤劳、节俭、储蓄三件宝
- 三年不喝酒，买头大水牛
- 三年烂饭砌高楼，三年稀粥买头牛
- 杀牛吃肉，不如留着挤奶
- 少不惜力，老不歇心
- 奢侈容易节俭难，创业容易守业难
- 生产好比摇钱树，节约好比聚宝盆
- 生产勤在前，开支俭在先
- 省吃餐餐有，省穿日日新
- 省下来多少，就是得到多少
- 省下烟酒钱，急难免求人
- 十匙合成一碗饭
- 食不过佳，充饥则可；身不过华，遮身则可
- 事成靠坚持，失败志不移
- 狩猎才能得禽兽，勤劳才能有收入
- 输人不输阵，勤俭做赢人
- 思前顾后，吃穿常有
- 算了再用常有余，用了再算悔已迟
- 太阳下辛勤劳动过的人，在树荫下吃饭才会心安理得
- 天冷不冻织女手，饥饿不饿苦耕人
- 天上落金子，也要起得早
- 万物土中生，全靠两手勤
- 惜衣有衣穿，惜饭有饭吃
- 细水长流，吃穿不愁
- 细水长流，遇灾不愁
- 细水长流年年有，大吃大喝不长久

- 细雨落成河，粒米凑成箩
- 夏天多流汗，冬天少挨冷
- 先苦后甜，幸福万年
- 小处不省钱袋空
- 小富由俭，大富由天
- 小钱不知省，大钱将滥花
- 笑破不笑补，穿旧不算丑
- 笑脏笑破不笑补
- 心宽体胖，勤劳体壮
- 辛苦得来的果实，不要一口气把它吃完
- 辛勤劳动的人，双手是万物的父亲
- 新三年，旧三年，缝缝补补又三年
- 兴家犹如针挑土，败家好似浪淘沙
- 幸福从劳动中来
- 学问勤中得，富裕俭中来
- 学习愚公老，干劲不放松
- 眼下胡花乱铺张，往后日月空荡荡
- 雁美在高空中，花美在绿丛中，话美在道理中，人美在劳动中
- 阳春三月不做工，十冬腊月喝北风
- 养鱼要蓄水，致富要积累
- 要使车子走得快，就得给车子勤上油
- 一滴汗珠万粒粮，万粒汗珠谷满仓
- 一个人最好的朋友就是他的一双手
- 一斤粮，千粒汗，省吃俭用细盘算
- 一颗米粒九十九个工
- 一块煤，不算多，千块煤炭堆成坡；一滴油，不算多，点点滴滴汇成河
- 一粒米，一滴汗，粒粒粮食汗珠换
- 一两煤，一块炭，积少成多煮熟饭
- 一年劳动在于收，谷不到家不算收
- 一年之计在于春，一生之计在于勤
- 一勤二俭三节约，全家老少幸福多
- 一勤天下无难事，功夫不负苦心人
- 一勺勺积累的东西，不要用桶倒出去
- 一天省一口，一年省一斗
- 一星半星，凑两成斤
- 一粥一饭，当思来之不易；半丝半缕，恒念物力维艰
- 衣食俭中求
- 勇敢，事会成功；勤劳，幸福必来
- 由俭入奢易，由奢入俭难
- 游手好闲的人抱怨多，辛勤劳动的人欢笑多
- 有荒节约度荒，无荒节约备荒
- 有钱时摆阔，没钱时挨饿
- 有钱须念无钱苦，得意还防失意时
- 有勤又有俭，生活甜又甜
- 有时还当没时过，富时莫忘穷时难
- 有一分耕耘才有一分收获
- 愚蠢的人，幸福是钱和官；聪明的人，幸福是劳动和贡献
- 雨水能叫大地回春，劳动可使五谷丰登
- 雨水使大地青绿，勤劳使人敬佩
- 欲求温饱，勤俭为要
- 园丁爱自己种下的花朵，牧人爱自己放牧的羊群
- 早起的鸟儿有虫吃
- 只勤不俭无底洞，只俭不勤水无源
- 只要靠劳动，大地最慷慨
- 只有勤来没有俭，好比有针没有线
- 只有栽种树苗，才能吃到果实
- 只与人家赛种田，莫与人家比过年
- 智慧源于勤奋，伟大出自平凡
- 最甜的果实，是自己辛勤劳动的成果
- 坐吃山空，立吃地陷

…风土人情…

- 八月十五云遮月，正月十五雪打灯
- 百里不同风，千里不同俗
- 比武招婿，能者娶媳
- 不游晋祠，等于未到山西
- 沧州狮子景州塔，正定府里大菩萨
- 炒米奶茶手把肉，客人来了吃个够
- 出门三里地，就是他乡人
- 初一饺子初二面，初三合子往家转，初四烙饼炒鸡蛋，初五、初六捏面团，初七、初八炸年糕，初九、初十白米饭，十一、十二八宝粥，十三、十四汆汤丸，正月十五元宵圆
- 穿滑雪板狩猎，坐桦皮船叉鱼
- 丹崖山上蓬莱阁，美妙仙境堪称绝
- 到了苏杭，忘了爹娘
- 洞庭天下水，岳阳天下楼
- 端午不戴艾，死去变妖怪
- 端午节，天气热；五毒醒，不安宁
- 端午请菩萨，端六发乌贼
- 峨眉天下秀，青城天下幽，剑门天下雄，夔门天下险
- 二十三，祭灶神；二十四，写大字；二十五，扫尘土；二十六，烀猪肉；二十七，杀年鸡；二十八，把面发；二十九，贴倒酉（意为贴春联）；三十夜，守一宿
- 二月二，龙抬头
- 凡是有烟火的地方都有人
- 汾酒竹叶青，出在山西省
- 福州美人蕉，经冬花不凋
- 抚顺和玉门，石油不用寻
- 桂林山水甲天下，阳朔山水甲桂林
- 蛤蟆蝌蚪躲端午
- 好吃不过茶泡饭
- 好骏马要看驰骋的速度，好牧手要瞧饮酒的数量

- 喝了雄黄酒，百病远远丢
- 喝什么地方的水，随什么地方的俗
- 狐狸再狡猾，也跑不出山神和猎神的手
- 葫芦头，羊肉泡，西安佳肴人称道
- 湖广熟，天下足
- 华山天下险
- 华山自古一条路
- 黄河百害，唯富一套
- 徽州骆驼绩溪牛
- 济南趵突泉，美名天下传
- 祭敖包，敬神求雨；求山神，猎获野兽
- 见了马奶酒，不喝不能走
- 金山屋里山，焦山山里屋
- 井淘三遍吃甜水，人走三省见识高
- 九寨沟的水，张家界的山
- 九寨归来不进沟，九寨归来不看水
- 靠山吃山，靠水吃水
- 昆明市一大怪，不放辣子不做菜
- 癞蛤蟆躲不过五月五
- 老乡见老乡，两眼泪汪汪
- 良辰当五日，偕老祝千年
- 猎人进包枪口要朝外，牧人进包套鞭要放外
- 临潼秦俑兵马坑，气势磅礴见者惊
- 六月日日好尝新，十二月日日好娶亲
- 龙井茶叶虎跑水
- 庐山烟雨浙江潮
- 庐山之美在山南，山南之美数秀峰
- 洛川的豆腐丝，甘泉的豆腐干

- 美不美，家乡水；亲不亲，故乡人
- 米脂的婆姨绥德的汉，清涧的石板瓦窑堡的炭
- 名泉七十二，趵突天下无
- 牡丹江，稻米仓
- 牧民身上三种宝：火链、鼻烟、蒙古刀
- 男女不换烟壶，僧俗不换衣物
- 南方吃雁，北方吃蛋
- 南天春意浓，北国正冰封
- 南甜北咸，东辣西酸
- 内地苏杭，关外巴塘
- 秦岭山脉一条线，南吃大米北吃面
- 清明插柳，端午插艾
- 人都说华山高，华山达到秦岭腰
- 人家半凿山腰住，车马都在屋顶过
- 入国问禁，入里问俗
- 三峡险，剑门雄，青城幽
- 三月三跳萨满，九月九跳鹿神
- 陕北有三宝：熟米、炒面、羊皮袄
- 上有天堂，下有苏杭
- 十里温塘河，九曲十八弯
- 食在广州，穿在杭州，景在苏州
- 四川恐龙多，自贡是个窝
- 四川没川，山西没山
- 四川人不怕辣，贵州人怕不辣，湖南人辣不怕
- 四川太阳云南风，贵州下雨如过冬
- 泰山看山，曲阜看古
- 泰山天下雄
- 泰山五岳尊，不到灵岩不成游
- 天无三日晴，地无三尺平
- 吐鲁番的葡萄哈密的瓜，库尔勒的香梨人人夸，叶城的石榴顶呱呱
- 吐鲁番的葡萄哈密的瓜，库车的姑娘一枝花
- 未吃端午粽，寒衣不可送；吃了端午粽，还要冻三冻
- 无献哈达之礼，无射冷箭之仇
- 五岳归来不看山，黄山归来不看岳
- 午时水饮一嘴，较好补药吃三年
- 西安碑林大雁塔，名声赫赫传天下
- 西湖十景美，天下久闻名
- 下江敬江神，入山拜山神
- 夏天穿鱼皮，冬天穿狍皮
- 延安气候怪，早晨冻，上午晒，下午黄风刮的太
- 延安三座山：宝塔、清凉、凤凰山
- 盐池有三宝：食盐、皮毛、甜甘草
- 雁门关外野人家，朝穿皮袄午穿纱
- 阳澄湖，蟹肥美
- 也学王摩诘，也当陆放翁；也流忧国泪，也吹田园风
- 一方水土养一方人
- 一天有四季，十里不同天
- 有钱难买五月五日旱
- 雨打上元灯，云罩中秋月
- 枣园的枣儿延长的梨，洛川的苹果甜似蜜
- 镇江美味人皆晓，水晶肴肉和汤包
- 志、吴有三宝：荞面、羊肉、地椒草
- 装饰敖包越新鲜，牛马驼羊越繁衍
- 自古华山一条道
- 走千走万，不如淮河两岸

…经济生产…

- 八月栽芽，茄栽花
- 把式要有个架儿，商品要有个样儿
- 白酒红人面，黄金黑人心
- 百般生意不赚钱，不如挑粪种良田
- 百货迎百客
- 百年寿限不准有，百年计划不能无
- 百万金银财宝，不能带进棺材
- 百问不烦，百拿不厌
- 褒贬是买主，喝彩是闲人
- 薄利广销生意好
- 本钱易出，伙伴难求
- 本小利微，本大利宽
- 别让利益跑人前，别让学习落人后
- 别嫌小本利钱薄，赚点总比花点好
- 不懂生意经，买卖做不通
- 不会捕鱼的人，只会把河水弄浑
- 不会瞄准别放枪，不会买卖莫经商
- 不辛苦，怎得世间财
- 不怕不识货，只怕货比货
- 不怕不赚钱，就怕货不全
- 不怕卖不掉，就怕话不到
- 不怕念起，就怕觉迟
- 不怕生意小，就怕顾客少
- 不问时价，不成行家
- 不养猪鸭，肥料无处发

- 不要一篙打倒一船人
- 财大气粗，店大欺客，买卖没法做
- 财富不增加，就等于减少
- 裁衣先量体，经商先摸底
- 蚕老一时，麦熟一晌
- 常去邻看，生意不清淡
- 陈醋老酒，味道独有
- 诚实热情待顾客，不欺不诈搞经销
- 诚实是最好的策略
- 诚实重于珠宝
- 诚于中，形于外
- 诚招天下客，誉从信中来
- 秤平斗满尺码足
- 吃爷吃娘，莫吃种粮
- 迟干不如早干，蛮干不如巧干
- 赤脚拜观音，诚心诚意
- 锄头底下有三宝：防旱、防涝、除杂草
- 处暑处暑，处处要水
- 船不辞港，客不辞路
- 春尽杨花开，农活一齐来
- 春雨贵似油，保墒抢时候
- 春争日，夏争时，一年农事不宜迟
- 椿树盘儿大，就把秧来下
- 椿树头，一把抓，家家户户种棉花
- 刺绣文不如倚市门
- 搭伙如夫妻，同财同性命
- 打铁卖糖，各做一行
- 大买卖靠本钱，小买卖靠吆喝
- 大麦上浆，赶快下秧
- 大生意怕跌，小生意怕歇
- 德为根本，财为末端
- 店大莫欺客
- 店有回头客，买卖不会错
- 刁巧伶俐奸，不胜忠厚老实憨
- 冬耕深一寸，等于多上粪
- 斗要量，秤要校
- 独店不成市
- 多听顾客言，生意在眼前

- 多则多花，少则少花
- 多中取利，快中求赚
- 耳软眼瞎，手长智短
- 耳听六路，眼观八方
- 耳听为虚，眼见为实
- 耳闻不如眼见，能说不如能行
- 耳闻千遍，不如手过一遍
- 二人合心，黄土成金
- 二十要当家，八十要管家
- 发财不露富
- 发财一家，苦死千家
- 发了黑心财，阎王找上来
- 凡出言，信为先
- 房顶上不会掉肉包子
- 放开芝麻抱西瓜
- 放松一步，倒退千里
- 放长线，钓大鱼
- 飞杨花，种棉花
- 非理之财不取，非理之事莫为
- 肥水不流外人田
- 富贵藏在才能里，不在财产中
- 赶羊要有头羊，经商要看市场
- 赶早不赶晚
- 干得早不如干得巧
- 干活不变通，累死也无功
- 干活要多点心眼，增水要多掏泉眼
- 干一行爱一行，干一行钻一行，干一行专一行
- 钢要使在刀刃上
- 高粱熟，收稻谷
- 高山出俊鸟，石缝儿长好草
- 高山出名茶
- 隔行如隔山，改行穷三年
- 各人吃饱个人好，个人行好个人好
- 各人有各人的小九九
- 工多艺熟，熟能生巧
- 工农是主业，买卖是媒介
- 公平出于众议

- 功夫到了收效好，功夫差了办事糟
- 功无枉费，力无白出
- 谷雨前后，种瓜种豆
- 顾客开了口，生意快到手
- 顾客夸你好，胜过登广告
- 挂羊头卖狗肉，啥样招牌都会臭
- 贵中看贱，贱中看贵
- 过河看前人，生意看行情
- 旱天不旱地，旱地不旱市
- 行家看门道，外行看热闹
- 好茶不怕细品
- 好店三年不换客，好客三年不换店
- 好货不便宜，便宜没好货
- 好货不愁卖
- 好借好还，再借不难
- 好酒不怕巷子深
- 好人不怕贬，好货不怕选
- 好运不等交，等交没好运
- 和好生钱财，吵闹穷一世
- 和气生财，作逆生灾
- 和气为贵，公平为高
- 和人路路通，惹人事事难
- 荷叶如钱大，遍地种棉花
- 互助石成玉，合作土变金
- 花钱容易，挣钱难
- 花香自有蜂蝶来，货好顾客满柜台
- 话在嘴里，属于自己；话一出口，人家所有
- 荒年饿死放债的，饿不死买卖的

- 会家不忙，忙家不会
- 货比三家不吃亏
- 货次卖不出高价，胆小成不了大业
- 货换货，两头乐
- 货郎鼓好两头来
- 货买三家不吃亏，路走三遭不陌生
- 货卖用家，货卖识家
- 货有高低三等价，客无远近一样亲
- 货有好坏，价有高低
- 货中顾客意，便是好东西
- 鸡蛋换盐，两不见钱
- 家有万贯，不如开个铺店
- 假作真来终作假，虚作实来毕竟虚
- 见人三分笑，客人跑不掉
- 贱物无好货
- 交了七月节，夜寒白天热
- 街上油嘴子，离不开乡下泥腿子
- 借出钱容易，要钱难
- 金钱易得，信誉难买
- 金钱造不出好汉
- 金子可以坠死人
- 经商德为本，买卖礼为先
- 经商买卖，信誉为先
- 经商挣钱不失德，生意越做越红火
- 韭菜园，割不断
- 酒香不怕巷子深
- 君子店风，童叟无欺
- 开春一场雨，秋收万担粮
- 开店容易守店难
- 开口不骂生意人
- 砍柴要有力，经商要有钱
- 看招牌找店主
- 空口无凭，以字据为证
- 口传家书，言而无信
- 跨过门槛不认账
- 捆绑不成夫妻，强迫不成买卖
- 老少莫欺，和气生财
- 利有多大，胆就有多大

- 脸面值千金
- 柳絮落，栽山药
- 买不尽便宜，就上不了当
- 买家不如卖家精
- 买卖不成仁义在，这次不来下次来
- 买卖不算账，生意难兴旺
- 买卖讲公道，顾客做广告
- 买卖讲信誉，售货路自通
- 买卖看行情，早晚价不同
- 买卖两心眼
- 买卖钱顺手传，农业钱万万年
- 买卖切勿分大小，服务不要看衣衫
- 买卖人，无实话
- 买卖无亲疏
- 买卖中有学问，经营里有文章
- 买千买万，先要买米做饭
- 买田买地，买不了手艺
- 买主卖主，衣食父母
- 麦黄杏子，豆黄蟹子
- 麦子屁股痒，越压越肯长
- 卖得千担真，卖不得一担假
- 卖饭的不怕大肚子汉
- 卖瓜的不说瓜苦
- 卖瓜说瓜甜，卖醋说醋酸
- 卖快好赚钱
- 卖什么唱什么，装什么像什么
- 卖头不卖尾
- 漫天要价，就地还钱

- 没有顶着房子走路的人
- 没有三分利，谁起五更天
- 没有笑脸莫开店，没有知识难理财
- 棉花锄八遍，桃子结成串
- 民以食为天
- 名牌莫冒牌，冒牌毁招牌
- 莫把信誉当儿戏
- 拿着黄金当生铜，拿着珍珠当绿豆
- 哪个腹中无算盘
- 年里施肥施根浅，抵过年外施三遍
- 鸟惜羽毛虎惜皮，立足商场惜名誉
- 宁贱不能欠
- 宁可丢钱袋，不可失诺言
- 宁肯自己麻烦千遍，不让顾客稍有不便
- 宁卖九毛九，不卖一块一
- 农不经商不富
- 农而食之，虞而出之，工而成之，商而通之
- 农民不离田头，商人不离行头
- 农辟地，商致物
- 农商交易，本末两利
- 农商苦乐原不同，淮南不熟贩江东
- 农以力尽田，贾以察尽财，百工以巧尽器械
- 女儿不辞娘家，客人不辞行家
- 皮鼓一响，黄金万两
- 骗人骗自己，害人害自己
- 七成收，八成丢
- 七月十五枣红皮，八月十五枣半干
- 钱财如粪土，仁义值千金
- 欠钱不还，小辫朝南
- 敲锣卖糖，各管一行
- 巧理千家事，温暖万人心
- 巧言不如直说
- 切莫怠慢异乡人
- 侵人田土骗人钱，荣华富贵不多年
- 轻关易道，通商宽农
- 秋前田里常弯腰，迟早成熟一路收
- 求土容易求人难
- 人比人得死，货比货得扔
- 人不能一日无食，店不能一日无货
- 人好不怕贬，货好不怕选
- 人哄地皮，地哄肚皮
- 人活脸，树活皮
- 人见利不见害，鱼见食不见钩
- 人靠衣裳，货靠装潢
- 人凭一张脸，货卖一张皮
- 人清账不混，就怕昧良心
- 人为财死，鸟为食亡
- 人无外财不富，马无夜草不肥
- 人无我有，人有我好，人好我多，人多我早
- 人无信不立，店无信不兴
- 人无信用不值钱
- 人心吊吊高于天，越是钱多越爱钱
- 人有人心，地有良心
- 人有三起三落，马有三瘦三肥
- 忍为高，和气生财
- 容易承诺之人也容易忘记
- 若想赚大钱，还是货物全
- 若要虫子少，除尽田边草
- 三分天才七分学
- 三分种，七分管，十分收成才保险
- 三丈之木

- 山和山不相遇，人和人总相逢
- 闪闪发光的金子，代替不了生铁的用途
- 商场如战场
- 商店信誉赛黄金，货真价实不亏人
- 商贾之所臻，万物之所殖
- 商人靠货，说客靠说
- 商人要改错，不能不认错
- 商重利，不忘义
- 上赶子不是买卖
- 少秤一两，愿罚一斤
- 少装些门面，多存些实货
- 生意好做，伙计难搁
- 生意钱，好眼前；种田钱，万万年
- 生意人无大小
- 生意要做到同行想不到的地方
- 声誉比金子更可贵
- 十个便宜九个爱
- 实实在在做买卖，信誉赢得顾客来
- 拾到筐里才是菜
- 市场认得清，生意卖得精
- 试招回头客，广招八面风
- 说好不要锦上添花，说坏不要节外生枝
- 说尽黄河只为水，磨破口舌尽为财
- 思路广，收入多
- 四通八达，方算生意人
- 四月八，苋菜掐，四乡人家把秧插
- 四月南风大麦黄，采了蚕桑又插秧
- 桃花开，李花落，种子苞谷没有错
- 桃花落地，豆子落泥
- 桃树开花，地里种瓜
- 田里多管，仓里谷满
- 挑挑拣拣顾客喜欢，不挑不拣顾客不满
- 通货积财，富国强兵
- 铜钱眼里翻跟斗
- 头伏萝卜，二伏芥，三伏里头撒辣菜
- 头回上当，二回心亮
- 囤得千吨货，自有赚钱时
- 万选思廉德，千金重诺言
- 未病则财不出，农病则草不辟
- 问遍千家成行家
- 无本不求利
- 无利不起早
- 无名花木年年发，不信男儿一世穷
- 无农不稳，无工不富，无商不活
- 无事莫上街，上街小破财
- 物价稳定，人心安定
- 物以稀为贵
- 夏至种络麻，长似草鞋拔
- 先尝后买，方知好歹
- 消息抓不准，肯定要亏本
- 小成靠智慧，大成靠品德
- 小本经营，朝货夕卖
- 小财不出，大财不进
- 小店买个便，大店买个全
- 小孩供神佛，你哄我，我哄你
- 小钱不去，大钱不来
- 新开张香三天
- 信神信鬼难致富，要富只能靠心术
- 信息灵通，生意兴隆
- 信用重于黄金
- 信誉第一，用户至上
- 信誉好，换来宝，店在深巷客不少
- 信誉乃经商之本，质量是企业生命

- 信誉值千金
- 秀才无假客无真
- 许人一物，千金不移
- 选拔好良种，才有好收成
- 学不尽的乖，赶不尽的街
- 雪打菊花心，柴米贵似金
- 言必信，行必果
- 言无二价，童叟无欺
- 盐粮两号，各管一号
- 羊羔虽美，众口难调
- 杨叶拍巴掌，老头压瓜秧
- 杨叶钱大，要种黄瓜
- 要经商，走四方
- 要想生意长久好，售后服务不可少
- 要想销路好，信誉是个宝
- 一本无亲疏
- 一等二月过，就把犁耙摸
- 一分钱，一分货
- 一个铺店，养三辈
- 一个要锅补，一个要补锅
- 一根扁担五尺长，城乡交流架桥梁
- 一荷包金钱，一麻袋苦恼
- 一客失了信，百客不登门
- 一年不开市，开市吃一年
- 一年可发江湖客，十年难富种田翁
- 一人进货百人销
- 一日练，一日功，一日不练百日空
- 一手穿针，一手引线
- 一文钱攥出水来
- 一招鲜，吃遍天
- 衣食者，民之本
- 衣是人的脸，钱是人的胆
- 依着算，没穷汉
- 以其所有，易其所无
- 有来有往有交易
- 有钱不买半年闲
- 有钱难买一生安
- 有事多打井，无事少赶集

- 有手不打上门客
- 有水三分收，无水三分丢
- 有需求就有市场
- 有艺不愁穷
- 鱼有鱼路，虾有虾路；泥鳅黄鳝，各有一路
- 榆挂钱，好种棉；榆钱鼓，种红薯
- 愚蠢的人，幸福是钱和官；聪明的人，幸福是劳动和贡献
- 与众不同，定会取胜
- 育儿要好娘，插田要好秧
- 枣儿红肚，磨镰割谷
- 枣芽发，种棉花
- 灶前灶后千里路
- 长袖善舞，钱多善贾
- 招弓如招箭，隔行如隔山
- 真的假不了，假的真不了
- 争价不争秤
- 忠于诺言是君子，不讲信用是小人
- 种地有旱有涝，做买卖有挣有赔
- 珠玉非宝，五谷为实
- 庄户地里不打粮，万般生意死了行
- 庄稼常看，买卖常算
- 庄稼人早起，买卖人算计
- 做人讲人格，生意讲道德
- 做啥的考虑啥，卖啥的吆喝啥
- 做商变行商，财源达三江

… 文化教育 …

- 爱学习的人是聪明人，不爱学习的人是糊涂人
- 爱子当教子
- 百年大计，教育为本
- 百艺通不如一艺精
- 薄技在身，胜握千金
- 宝剑不磨要生锈，人不学习要落后
- 本领是从困难中学会的
- 本领在知识中，知识在学习中，学习在生活中，生活在实践中
- 笨鸟先飞早入林，笨人勤学早成才
- 比赛必有一胜，苦学必有一成
- 笔杆没多重，无志拿不动
- 笔情达千里
- 臂力大胜一人，知识多胜千人
- 边学边问，才有学问
- 别为利益跑人前，别将学习落人后
- 兵到战时方知穷，书到用时方嫌少
- 不吃饭则饥，不读书则愚
- 不读万卷书，不知败家史
- 不耕种耽误一年，不学习耽误一生
- 不患老而不能，只怕幼而不学
- 不经过琢磨，宝石也不会发光
- 不能则学，不知则问
- 不怕学问浅，就怕志气短
- 不踏进深山，不能得宝；不钻进书本，不能获益
- 不向前走，不知路远；不努力学习，不明白真理
- 才出于学，器出于养
- 才华如快刀，勤奋是磨石
- 才华是血汗的结晶
- 财富装潢门面，学识充实头脑
- 常说口里顺，常做手不笨
- 常问路的人不会迷失方向
- 承认自己的无知，只表现一次无知；掩饰自己的无知，就会出现几次无知
- 吃饭不嚼不知味，读书不想不知意
- 吃饭先尝一尝，做事先想一想
- 创新钻研，贵在眼前
- 春耕不好害一春，教儿不好害一生
- 赐子千金，不如赐子一艺
- 聪明不在年岁上，智慧藏在脑子里
- 聪明靠努力学习，学识靠平时积累
- 从旁人的愚行中学到聪明
- 搓绳不能松劲，前进不能停顿
- 当孩子没有为非作歹的时候，教育还来得及；等到孩子不破坏东西手就发痒的时候，教育就难了
- 刀枪是次等武器，贤明才是头等武器；百万家财是末等富翁，学识渊博才是一等富翁
- 刀要磨才锋利，人要学才聪明
- 刀在石上磨，人在苦中练
- 刀子越磨越锋利，脑子越用越灵活
- 得过且过成大祸
- 得师不得传，学会也枉然
- 德积百年元气厚，书经三代雅人多
- 德行与技艺，是子孙最美的产业
- 第一次读一本好书，就像找到一个好朋友；再一次读这本好书，就像和老朋友重逢

- 东西越用越少，学问越学越多
- 读不尽的世间书，走不尽的天下路
- 读书不知意，不如嚼树皮
- 读书破万卷，下笔如有神
- 读书全靠自用功，先生不过引路人
- 读书万卷始通神
- 读书须用心，一字值千金
- 读书有三到：心到、眼到、口到
- 读万卷书，行万里路
- 读一书，增一智
- 肚里有文化，走遍天下都不怕
- 多练多乖，不练就呆
- 儿女要教育，树木要培育
- 蜂采百花酿甜蜜，人读群书明真理
- 赶路的敌人是脚懒，学习的敌人是自满
- 跟着好人学好人，跟着老虎学咬人
- 光阴给人经验，读书给人知识
- 光阴似箭，日月如梭
- 过山要有好向导，高徒要有严师教
- 孩子不好慢慢教，哪有挖井只一锹
- 孩子橡根杨柳条，怎么栽培怎么长
- 海有边山有路，学无涯不停步
- 汗水和丰收是忠实的伙伴，勤学和知识是一对最美丽的情侣
- 好高骛远的一无所得，埋头苦干的获得知识
- 好记性不如烂笔头
- 好铁要经三回炉，好书要经百回读
- 好问不迷路，好做不受贫
- 好问无须脸红，无知才应羞愧
- 禾无土壤没处长，人无知识没作为
- 黑发不知勤学早，白首方悔读书迟
- 花有重开时，人无再少年
- 怀疑是知识之钥
- 黄金贵有价，知识无价宝
- 会挑水的不怕水荡，会走路的不怕路窄
- 活到老，学到老，难解的问题日渐少
- 积累知识，胜过积蓄金银

- 积学在身，事事好办
- 积之平时，获之瞬间
- 家富长读心莫变，家穷苦读两三春
- 家教非儿戏，宠爱害后人
- 骄傲来自浅薄，狂妄出于无知
- 经验是知识之父，记忆是知识之母
- 经验是最好的教师
- 经验学校学费高，愚人旁处学不到
- 困难是人的教科书
- 劳动是知识的源泉，知识是生活的指南
- 老兵传帮带，新兵成长快
- 立身以立学为先，立学以读书为本
- 粮食补身体，书籍丰富智慧
- 茂盛的禾苗需要水分，成长的少年需要学习
- 没有艰苦的学习，就没有最简单的发明
- 没有钱财不是穷，没有知识才是穷
- 没有种子不开花，没有文化难当家
- 瞄准还不是射中，起跑还不算到达
- 摸着石头过河，踏踏实实求学
- 鸟靠翅膀，人靠智慧
- 牛吃草，要反刍；人读书，要思考
- 平日不学，用之已晚
- 平日下了苦功夫，用时才见真学问
- 葡萄是一点一点成熟的，知识是一天一天积累的
- 前车可鉴
- 浅学误人

- 勤勉是成功之母
- 清晨不起早，误一天的事；幼年不勤学，误一生的事
- 泉水挑不干，知识学不完
- 拳不离手，曲不离口
- 拳要常练，书要常念
- 人贵有志，学贵有恒
- 人无学识，处处招难
- 人有大德，目标高远
- 日出唤醒大地，读书改变愚昧
- 日日行，不怕千万里；时时学，不怕千万卷
- 如若难把功名进，也算知书识礼人
- 入田观察，从小看大
- 若要求知识，须从勤苦得
- 三天不念口干，三天不做手生
- 山有泉水才美，人有技能才好
- 善学悌者，登高望远
- 上台阶尽管费力，却一步比一步高
- 少而不学，老而无识
- 少量的常识，当得大量的学问
- 什么钥匙开什么锁
- 圣人无定师
- 师傅领进门，修行在个人
- 手艺是活宝，天下饿不倒
- 书到用时方恨少，事非经过不知难

- 书到用时方恨少，学富五车不为多
- 书籍备而不读如废纸
- 书籍使人精神愉快
- 书籍是培植智慧的工具
- 书山有路勤为径，学海无涯苦作舟
- 熟读唐诗三百首，不会作诗也会吟
- 熟练来自经验
- 熟能生巧，巧能生精
- 树不修，长不直；人不学，没知识
- 数不尽的沙粒，渡不尽的学海
- 谁握有勤奋的钥匙，谁就会打开知识的宝库
- 谁要想有知识，就得多请教
- 水滴积聚成大海，知识积累成学问
- 天才在于学习，知识在于积累
- 天地为大，亲师为尊
- 同时赶两只兔，一只也捉不到
- 同样的米面，各人的手段
- 土地需要辛勤耕耘，知识需要反复探索
- 万般技艺，多学益善
- 为了求知识，代价虽高也值得
- 细想出智慧，细嚼出滋味
- 先当学生，后当先生
- 先学爬，后学走
- 心坚石也穿
- 心专才能绣得花，心静才能织得麻
- 新衣裙头次就要洗净，人从小就要品行端正
- 星星使天空绚烂夺目，知识使人增长才干
- 胸有千秋业，腹有万卷书
- 胸中有知识，胜过手中有财宝
- 秀才不出门，全知天下事
- 学到知羞处，才知艺不精
- 学而不思则罔，思而不学则殆
- 学而时习之，不亦乐乎？
- 学好千日不足，学坏一天有余
- 学坏三天，学好三年
- 学如逆水行舟，不进则退；心似平原野

马，易放难收
- 学无老少，能者为师
- 学无师承，终难求益
- 学无先后，达者为师
- 学习不思考，知识记不牢
- 学习好比驾车登山，不前进就后退
- 学习如赶路，不能慢一步
- 学习如钻探石油，钻得愈深，愈能找到知识的精髓
- 学在苦中求，艺在勤中练
- 言教不如身教
- 要得惊人艺，须下苦功夫
- 要想懂得一门知识，先得承认自己无知
- 要学好多动脑，要学深须认真
- 要知天下事，须读古人书
- 一个不想蹚过小河的人，自然不想远涉重洋
- 一回生，二回熟，三回过来当师傅
- 一日为师，终身为父
- 一日之计在于晨，一年之计在于春
- 一样事儿百样做
- 用宝珠打扮自己，不如用知识充实自己
- 由经验而得的智慧，胜于学习而得的智慧；一次亲身的体会，胜过两次的教师教导
- 有经验而无学问，胜于有学问而无经验
- 有知识心胸宽广，有远见路途亮堂
- 愚昧来自懒惰，聪明来自勤奋
- 与其博爱万物，不如精通一事
- 欲昌和顺须为善，想振家声在读书
- 欲高门第须行善，要好儿孙必读书
- 越是有知识的人，不懂的东西越多；越是无知的人，偏偏认为啥都知道
- 杂草铲除要趁早，孩儿教育要从小
- 站在岸上学不会游泳
- 只要脑筋动得好，不怕窍门找不到
- 知识比金子贵重，因为金子买不到它
- 知识从刻苦中得来，无知在懒惰中萌生
- 知识的根是苦的，它的果子是甜的
- 知识就是力量
- 知识可羡，胜于财富
- 知识来自积累，才能在于多学
- 知识胜过金银
- 知识是光，无知是黑暗
- 知识是头上的花环，财产是颈上的枷锁
- 知识是智慧的火炬
- 知识之于精神，一如健康之于肉体
- 知识只能循序渐进，不能跃进
- 知之为知之，不知为不知，是知也
- 智慧好比登山，登山便可望远
- 智慧里边有智慧，高山背后有高山
- 智者通权达变，愚者刚愎自用
- 钟不敲不鸣，人不学不灵
- 字无前后贤者师，学无老少能者师
- 钻研知识有益处，养成娇气害处多
- 最好的马儿要人驯，最伶俐的孩子要人训

… 珍惜时间 …

- 爱惜时间，诚如生命
- 把握一个今天，胜似两个明天
- 把一生看作一天，把一天看作一生
- 白日莫闲过，青春不再来
- 百年三万六千日，光阴只有瞬息间
- 百年随时过
- 百事宜早不宜迟
- 百岁光阴如过客
- 百岁光阴如捻指，人生七十古来稀
- 宝石易找，时间难买
- 补漏趁天晴，读书趁年轻
- 不爱护花木，看不到鲜花的美丽；不珍惜时间，提不高生命的价值
- 不贵尺璧，而重寸阴
- 不愧对今天的人，明天会对你微笑；丢失了今天的人，明天会给你烦恼
- 不怕慢，只怕站，老牛也能爬上山
- 不珍惜时间得不到生命的价值
- 尺璧非宝，寸阴是金
- 愁人苦夜长，志士惜日短
- 春光不自留，莫怪东风恶
- 春宵一刻值千金，花有清香月有阴
- 聪明的鸟儿珍惜羽毛，聪明的人儿珍惜时间
- 寸阴自惜
- 错过银钱犹之可，错过光阴无处寻
- 打得船来，过了端午
- 大豆不挤不出油，时间不挤自会溜
- 大雪可以封盖山岭，年龄能够压倒青春
- 道路依然还照旧，时光更改不似先
- 等时间的人，就是浪费时间的人
- 丢掉黄金能够找，失去光阴无处寻
- 东隅已逝，桑榆非晚
- 冬去春又来，年华似水流
- 对酒当歌，人生几何

- 凡事若能按时做，一日能顶三天用
- 飞奔不一定能得胜，及时出发才有保证
- 富贵比于浮云，光阴逾于尺璧
- 赶路赶早不赶晚，时间能挤不能放
- 赶前不赶后
- 鼓足干劲，分秒必争
- 光景不待人，须臾发成丝
- 光阴好比河中水，只能流去不流回
- 光阴似箭催人老，日月如梭赶少年
- 光阴一去不复返
- 光阴一去难再见，水流东海不回头
- 好花难种不常开，少年易老不重来
- 好景不常在，好花不常开
- 好药难医心头病，黄金难买少年时
- 河水不再倒流，人老不再黑头
- 河水泉源千年在，青春一去不再来
- 黑发不知勤学早，白首方悔读书迟
- 黑夜来临的时候，没有人能够把一角阳光继续保留
- 胡子拔不尽，根在岁月中
- 花儿凋谢春再开，光阴一去不再来
- 花开按时令，读书趁年轻
- 花开初放在春天，人的风华在少年
- 花开花谢年年有，人老何曾再少年
- 花开在春天，学习在少年
- 花有重开日，人无再少年

- 欢娱不惜时光逝
- 荒废时间等于荒废生命
- 皇帝有钱难买万万岁
- 皇皇三十载，书剑两无成
- 黄金难买少年时
- 黄金难买朱颜驻
- 黄金失落有处找，光阴失落无处寻
- 挥霍金钱是败坏物，虚度年华是败坏人
- 机不可失，时不再来
- 机会一过，永不再来
- 急急光阴似流水，等闲白了少年头
- 记得少年骑竹马，看看又是白头翁
- 季节不等人，一刻值千金
- 见缝插针，分秒必争
- 节气不饶苗，岁月不饶人
- 节约时间就是延长生命
- 节约时间胜过储存金银
- 今年不比往年，老年不如少年
- 今日事今日毕，留到明天更着急
- 今日事须今日毕，切勿拖延到明天
- 今天的事情不要等到明天去做，明天做的事，今天要去想
- 今朝有事今朝做，明朝可能阻碍多
- 金银得来太容易，时间失掉太可惜
- 紧前不紧后
- 惊风飘白日，光景西驰流
- 九十春光一掷梭，花下酌酒且高歌
- 枯木逢春犹再发，人无两度再青春
- 快乐时光去如飞
- 懒汉的嘴里“明天”多
- 懒汉可以撕掉日历，但不能留住时间
- 懒牛屎尿多，懒人明天多
- 浪费时间等于慢性自杀
- 老冉冉其将至兮，恐修名之不立
- 练到老，唱到老，学到八十不算老
- 流水源泉千年在，光阴一去不回来
- 路从脚下起，事从今日做
- 没有任何人能把昨天叫回来
- 没有时时刻刻，就没有年年月月
- 没有时时刻刻，就没有阳光的可贵
- 明日复明日，明日何其多？
- 明天如有事，今天就去做
- 莫说年纪小，人生容易老
- 莫说时间早，一去没处找
- 莫倚儿童轻岁月，丈人曾共尔同年
- 你和时间开玩笑，它却对你很认真
- 年过中秋月过半，人老不能转少年
- 年年岁岁花相似，岁岁年年人不同
- 年少力强，急需努力；错过少年，老来着急
- 宁可今天抢一秒，不可明日等一分
- 宁舍一锭金，不舍一年春
- 抛弃时间的人，时间也抛弃他
- 譬如朝露，去日苦多
- 勤勉的人，每周七个全天；懒惰的人，每周七个早晨
- 勤学的人，总是检查自己对时间抓得不紧；懒惰的人，总是埋怨时间过得太慢
- 清晨不起早，误一天的事；幼年不勤学，误一生的事
- 人间花月堂堂去
- 人生不向花前醉，花笑人生也是呆
- 人生光阴易逝，早定成器日期
- 人寿有限，学问无穷
- 人易学会爱惜金钱，难以学会珍惜时间
- 人在青春，花在盛夏

- 任何节约归根到底是时间的节约
- 日月莫闲过，青春不再来
- 日子切莫白过，青春切忌虚度
- 若使年华虚度过，到老空留悔恨心
- 三更灯火五更鸡，正是男儿读书时
- 少年辛苦终身事，莫向光阴惰寸功
- 少年易学老难成，一寸光阴不可轻
- 少壮不努力，老大徒伤悲
- 失落黄金有分量，错过光阴无处寻
- 十年老不了一个人，一天误掉了一个春
- 时光脚步轻，年岁不饶人
- 时光容易过，半点不由人
- 时光容易过，岁月莫蹉跎
- 时光易逝，切莫依赖明天
- 时间不能“增产”，却可以节约
- 时间的犁，在勤奋者的额头，开出无数条智慧之渠
- 时间给空想者痛苦，给创造者幸福
- 时间给勤勉的人留下智慧的力量，给懒惰的人留下空虚和悔恨
- 时间好比东流水，只有流去无流回
- 时间检验一切
- 时间就是知识，时间就是力量，时间就是生命
- 时间可以创造奇迹
- 时间能赚来黄金，黄金买不来时间
- 时间如流水，半点不等人
- 时间胜过宝石
- 时间是宝贵的财富
- 时间是筛子，最终会淘汰一切历史的沉渣
- 时间是伟大的导师
- 时间是一条金河，莫让它在指间流过
- 时间是最宝贵的财富
- 时间无私，历史无情
- 时间一分，贵如千金
- 时间抓起来就是黄金，抓不起来就是流水
- 时间最不偏私，给任何人都是24小时
- 时来必须要趁时，不然时去无声息
- 世间最宝贵的就是今天，最容易丧失的也是今天
- 事事及时做，一日胜三日
- 逝水不会有重归，时间不会有重返
- 守财奴说金钱就是命根，勤奋者说时间就是生命
- 守时为立业之要素
- 谁把一生的光阴虚度，便是抛下黄金未买一物
- 谁能够驾驭时间，谁就能驾驭生活
- 水流东海不回头，误了青春枉发愁
- 水泼地上难捧回，时间流逝难挽回
- 太阳落山了，人才感到阳光的可贵
- 贪睡的猫一定抓不到老鼠，浪费时间的人不会有收获
- 桃花岁岁皆相似，人面年年不相同
- 天不可违，时不可失
- 万金买爵禄，何处买青春
- 万物皆有时，时来不可失
- 为人难得十八九
- 惜春切勿误春时
- 惜时如金，持之为学
- 小洞不缝，大洞叫苦
- 修得庙来，神都老了
- 学问在于点滴勤，吾辈更应惜秒阴
- 雁来雁去换春秋
- 要珍惜时间，别相信命运
- 一寸光阴一寸金，寸金难买寸光阴

- 一点一滴汇成大海，一分一秒组成人生
- 一年的工作看春天，一天的工作看早晨
- 一年始有一年春，百岁曾无百岁人
- 一青一黄是一年，一黑一白是一天
- 一人不会活两世，一天没有两个晨
- 一日读书一日功，一日不读十日空
- 一日难再晨，岁月不待人
- 一日无二晨，时过不再临
- 一生身是寄，百岁去如飞
- 一岁年纪一岁人
- 一天能误一个春，十年能误一代人
- 一心学习与工作，时间永远不嫌多
- 一针不缝，十针难缝
- 樱花犹怕春光老，岂可教人枉度春
- 永远珍惜时间的人才能得到财富
- 犹豫是时间的盗贼
- 有钱难买二八月，黄金难买少年时
- 有钱难买少年时，鼓足干劲争上游
- 有钱难买少年时，失落光阴无处寻
- 月过十五光阴少，人到中年万事休
- 月过十五光阴少，人过三十不少年
- 在时间的大钟上，只有两个字——现在
- 早不忙，晚必慌
- 早尽午来昏又至，良宵才过又侵晨
- 早起三光，晚起三慌
- 长江后浪推前浪，黑发难留到白头
- 长江一去无回浪，人老何曾再少年
- 朝如青丝暮成雪
- 珍宝丢失了还可以找到，时间丢失了永远找不到
- 珍惜时间就是珍惜生命
- 枝上花开能几日，世上人生能几何
- 知道时间的价值，才会感到失掉时间的痛苦
- 知道一分钟如此可贵，就应该珍惜每一秒钟
- 志士惜年，贤人惜日，圣人惜时
- 志士惜日短，愁人知夜长
- 抓住今天，尽可能少依赖明天
- 抓住现实的一分钟，胜过想象中的一年
- 自来水是压出来的，时间是挤出来的
- 走远路的人爱起早，勤学习的人惜分秒
- 最大的牺牲，莫过于牺牲时间
- 最浪费不起的是时间
- 最吝啬时间的人，时间对他最慷慨
- 最明亮的是阳光，最宝贵的是时光
- 最严重的浪费就是时间的浪费
- 最珍贵的财富是利用时间，最巨大的浪费是虚度流年
- 昨日不复来
- 昨日花开满树红，今朝花落一场空
- 做事情拖泥带水是时间被偷

··· 言语技巧 ···

- 矮人面前莫说短
- 爱花花结果，爱柳柳成荫
- 爱叫的猫捉不到老鼠，好吹的人办不成大事
- 爱夸海口的人，工作往往落空
- 爱徒如爱子，尊师如尊父
- 爱惜衣裳要从新的时候起，爱惜名誉要从幼小时候起
- 白酒红人面，黄金黑人心
- 办事要细审三次，说话要深思三遍
- 办事最宝贵的是经验，说话最要紧的是根据
- 半夜说起五更走，天亮还在大门口
- 棒打痛的是肉体，话说伤的是人心
- 饱食伤神，忠言逆耳
- 暴躁的人跳着叫，有智的人坐着笑
- 鞭子使人肉疼，好言叫人心服
- 辩论时胆子要大，牵马时缰绳要长
- 别在人前夸自己，别在背地论人非
- 病从口入，祸从口出
- 不吃过头饭，莫说过头话
- 不合辙的车会把路搞坏，不合理的话会把事情搞乱
- 不能同时坐两条船，不能同时讲两句话
- 不怕生得拙，只要听人说

- 不怕先告状，就怕后无理
- 不要原谅自己，但对别人应宽容
- 不要指责别人，多多自责
- 菜无盐无味，话没理无力
- 常在河边走，贵在不湿鞋
- 秤能量轻重，话能量人品
- 吃菜吃心，听话听音
- 吃饭不能没有勺，说话不能不思考
- 吃亏不算傻，让人不算痴
- 出口须诚实，口舌是祸根
- 出笼的鸟儿难找回，出口的语言难收回
- 出门只说三分话
- 出在你口，入在人耳
- 传来之言不可听，便宜之事不可贪
- 传言过话，自讨挨骂
- 刺耳的话冷静听，奉承的话警惕听，反对的话分析听，批评的话虚心听
- 聪明的人想了才说，愚蠢的人说了才想
- 聪明人一言，快马只一鞭
- 聪明人用成果说话，傻瓜才用舌头吹牛
- 聪明人责备自己，愚蠢人埋怨朋友
- 打开天窗说亮话，关起门来说真话
- 打空拳费力，说空话劳神
- 打铁看火候，说话看眼色
- 大话莫听，大恩莫忘
- 大酒醉人，大话恼人
- 大欺小，不公道；大帮小，呱呱叫
- 大人不记小人过，宰相肚里好撑船
- 大人争理，小孩争嘴
- 大水没有杂音，贤人没有狂言
- 当你毁坏别人的时候，就已经毁坏了你自己
- 当你轻视幼苗的时候，请望一望那参天大树
- 挡得住枪口，挡不住人口
- 刀利割手，话利伤心
- 刀子嘴，豆腐心
- 道理讲得通，口服心也服

- 得了奖赏不要只想到自己，出了差错不要埋怨别人
- 得意妄言，无所不谈
- 灯不拨不亮，话不说不明
- 灯不明，要人拨；人不明，要人说
- 灯花不拨灯不亮，人有过失须人帮
- 丢掉包袱，轻装前进
- 东西不可乱吃，闲话不能乱讲
- 对症下药，治病救人
- 多看事实，少听虚言
- 多下及时雨，少放马后炮
- 多言不如少言，少言不如实干
- 恶言恶语伤人骨肉，好言好语说软石头
- 风能摧毁山岳，话能鼓舞人心
- 逢人莫乱讲，遇事莫乱闯
- 高尚是受人尊敬的源泉
- 歌无曲调难唱，语无伦次难表
- 隔墙须有耳，窗外岂无人
- 根不正，苗必歪
- 恭敬不如从命
- 恭可平人怒，让可息人争
- 恭维是覆盖着鲜花的深渊，批评是跌倒爬起来的拐杖
- 怪人不知礼，知礼不怪人
- 观其行而知其言，闻其言而知其心
- 光说不算，做了再看
- 过目之事犹有假，背后之言未必真
- 害人的话只要一句，闹人的药只要一粒
- 含血喷人，先污己口
- 好话三句暖人心
- 好人不说骗人话，明人不做暗事情
- 好人难做，好话难听
- 好言好语事事通
- 好言一句三冬暖，恶语伤人六月寒
- 喝酒不过量，玩笑要适当
- 和蔼可亲的态度是永远的介绍信
- 壶小易沸，量小易怒
- 花花轿子抬活人，花花言语哄死人
- 话不要说死，路不要走绝
- 话多无人信，雨多会滞田
- 话没有笼头，风没有缰绳
- 话说三遍淡如水
- 话要想着说，不要抢着说
- 会说的不如会听的，会听的不如会做的
- 火车不是推的，泰山不是堆的，牛皮不是吹的
- 即使双腿能跨过方桌，粗心时也会被矮凳绊倒
- 记住别人给我的好处，忘掉自己给人的恩情
- 既往不咎，来者可追
- 见人施一礼，少走十里路
- 见着秃子不讲疮，见着瞎子不讲光
- 谨言不会出错，慎行不会摔跤
- 君子不记小人过
- 君子动口不动手
- 君子一言，驷马难追
- 空口说空话，终究是枉然
- 空勺塞到嘴边没味道，空话听到耳里没味道
- 枯树无果实，空话无价值
- 苦海无边，回头是岸
- 快腿会失足，快嘴会失信
- 宽恕一切人，只是别宽恕自己

- 蜡烛燃尽，照亮了别人；春蚕吐丝，并不为自身
- 浪子回头金不换
- 劳动暖身，空话冷心
- 礼到人心暖，无礼讨人嫌
- 礼多人不怪，油多不坏菜
- 礼貌经常可以代替最高贵的感情
- 礼貌要靠双方维持
- 礼貌造就文明人
- 礼尚往来，友谊长在
- 理不短，嘴不软
- 良言不易听进，恶语终生不忘
- 良药苦口利于病，忠言逆耳利于行
- 邻里和气，万事如意
- 林中没有不弯的树，天下没有十全的物
- 毛毛细雨湿衣服，流言蜚语伤好汉
- 没有礼义廉耻，人必愚昧无知
- 每个人的荣誉都操纵在自己手里
- 美德可贵，缺德可悲
- 美德是无价之宝
- 美言美语受人敬，恶言恶语伤人心
- 莫说闲言是闲语，往往事从闲话来
- 莫做花刺插在人脚里，要做花朵插在人胸前
- 耐心即良药
- 泥人经不起雨淋，假话经不起对证
- 你对人无情，人对你无义
- 你敬人一尺，人敬你一丈
- 你敬人一分，人敬你十分
- 宁可吃亏，不可食言
- 宁可穿上破衣，不可蒙上耻辱
- 宁可认错，不可说谎
- 宁可说不透，不可夸大口
- 宁伸扶人手，莫开陷人口
- 宁愿听痛苦的实话，不要听甜蜜的谎言
- 牛无力拉横耙，人无理说横话
- 批评别人要诚恳，听取意见要虚心
- 批评人当面好，夸奖人背地好

- 批评是团结的纽带，互助是友谊的桥梁
- 劈柴看纹理，讲话凭道理
- 贫贱不能移，富贵不能淫，威武不能屈
- 瓶口可盖，众口难堵
- 欺人不是事，让人不是非
- 棋逢对手，先礼后兵
- 千日行善不足，一日作恶有余
- 巧言不如直道
- 茄子不开虚花，真人不说假话
- 却之不恭，受之有愧
- 让礼一寸，得礼一尺
- 人，应该比石头还坚硬，比花还温柔
- 人恶礼不恶
- 人讲礼义为先，树讲花果为原
- 人靠心好，树靠根牢
- 人们喜爱花，因为它无私地为美化人间而盛开；人们赞美花，因为它无畏地为人间丰收而自落
- 人们喜爱太阳，是因为它永远消耗自己，无偿地供给光和热
- 人怕话刚，马怕人骑
- 人无笑脸别开店
- 人应为生而食，不可富而失节
- 人在甜言上易栽跟头，马在软地上易失前蹄
- 人嘴两层皮，言是又言非
- 容不下拳头的嘴巴，却能吞掉整个牛头

- 若要好，大让小
- 三寸舌头害了六尺身
- 沙粒虽小伤人眼，小错不改遭灾殃
- 山美不在高，而在景物；人美不在貌，而在思想
- 山中盗寇易克，心中盗贼难制
- 善必寿长，恶必早亡
- 善不可失，恶不可长
- 善恶到头终有报，只争来早与来迟
- 善人流芳百世，恶人遗臭万年
- 伤心时别太难过，快乐时别高兴过头
- 舌头没有骨头，但比铁还硬
- 舌长事多，夜长梦多
- 射出的箭抓不住，说出的话收不回
- 深山的猛虎容易捕，众人的嘴巴不好堵
- 生命谱成的歌儿最甜，心血浇灌的花儿最香
- 声誉比金子更可贵
- 实话驳不倒，谎话怕追究
- 事莫做绝，话莫说尽
- 是话有因，是草有根
- 受到表扬不要笑，挨了批评不要跳
- 树叶当不了烟草，漂亮话当不了粮食
- 谁如果追求美丽的蜃景，谁就可能被引进沙漠

- 说话不在多和少，说在点子上就好
- 说话的人心短，记话的人心长
- 说话防打转，走路防摔跤
- 说话声放低，走路脚抬高
- 说话细思量，吃饭要细嚼
- 说话要算数，做事要彻底
- 说话要细心，工作要小心
- 说起话来没个完，一见干活就摇头
- 说者无心，听者有意
- 思想是根子，作风是花朵
- 死要面子活受罪
- 损坏你名声的不是别人的谗言，而是你自己的行为
- 太阳之所以伟大，在于它永远消耗自己
- 提醒你当心是最好的劝告
- 先说断，后不乱
- 小人言语多，坏人主意多
- 言不乱发，笔不妄动
- 言之有物，言之有理，言之有度
- 盐巴水不解渴，漂亮话不管用
- 游泳知河深，谈话知人心
- 有斧砍得倒树，有理说得倒人
- 有理不在声高，有才不在自夸
- 有志不在年龄大，有理不在会说话
- 长期饶舌招损，不如缄口不言
- 真话一句值千金，谎话千句如粪土
- 知无不言，言无不尽
- 忠于诺言是好人，不讲信用是小人
- 煮饭要放米，说话要讲理
- 自己批评自己明智，自己夸奖自己愚昧
- 自私者总说别人，骄傲者只见己长
- 字不可重写，话不可乱传
- 纵有万只手，难捂千人口
- 嘴上的高楼大厦，倒不如用手盖起来的茅屋
- 嘴甜心苦，两面三刀

··· 意志毅力 ···

- 安不可忘危，治不可忘乱
- 安乐时头要低，困难时头要高
- 百尺竿头，更进一步
- 百战成勇士，苦练出精兵
- 扳到门槛人，不算有志人
- 榜上无名，脚下有路
- 豹子斑纹在身外，男儿志气在胸内
- 暴风吹不倒昆仑山，困难吓不倒英雄汉
- 暴风雨折不断雄鹰的翅膀
- 暴雨洗山山更秀，乌云压城城不摧
- 笔勤能使手快，多练能使手巧
- 别因河深不渡河，别因困难不进取
- 不当水上瓢，要做水下锚
- 不敢翻越高山，哪能到达平地
- 不见黄河心不歇，不到长江步不停
- 不健康者面无血色，没理想者身无光彩
- 不进深山挖不到珍宝，不下苦功找不到真理
- 不经风霜，不知甘苦
- 不经风雨不成材，不经高温不成钢
- 不经霜打的柿子不甜，不经严寒的梅花不香
- 不经一事，不长一智
- 不经琢磨，宝石也不会发光
- 不磕不碰，骨头不硬
- 不磨不练，难成好汉
- 不怕百战失利，就怕灰心丧气
- 不怕起点低，就怕不到底
- 不怕人老，就怕心老
- 不怕山高，就怕脚软
- 不怕事难，只怕志短
- 不怕手粗怕心粗，不怕知短怕志短
- 不怕铁硬，只怕心坚
- 不怕无能，就怕无恒
- 不学燕雀巢中栖，要学鸿鹄高空飞
- 不学杨柳随风摆，要学青松立山冈
- 不以穷变节，不以穷失志
- 菜无心死，人无志亡
- 参天大树从种子开始
- 草若无根不发芽，人若无志不奋发
- 草无雨露会干枯，人无志向要落伍
- 潮有涨有落，人有盛有衰
- 车无轮子路难行，倚赖他人事难成
- 成见不可有，主见不可无
- 成人不自在，自在不成人
- 吃不穷，用不穷，人无志气一世穷
- 船不到岸不松桨
- 船大不怕浪高，志大不怕艰险
- 船的力量在帆上，人的力量在心上
- 船烂钉子在，肉烂骨头在
- 船破有底，车破有辕
- 船无方向难航行，人无理想无前程
- 吹尽狂沙始到金
- 春到百花开，草死芽还在
- 从小无志，到老无奇
- 挫折能丰富经验，经验能增长智慧
- 大丈夫起家容易，真君子立志不难
- 刀无钢就不锋利，人无意志就不坚定
- 刀在石上磨，人在世上练
- 道是人走出来的，辙是车轧出来的
- 滴水可以穿石，铁杵可以磨针
- 地要靠人种，事要在人为

- 顶峰属有志之人，困难欺无能之辈
- 冻死迎风站，饿死不弯腰
- 断粮不卖磨，断炊不卖锅
- 凡事预则立，不预则废
- 风吹不动泰山，雨打不弯青松
- 风吹日晒的脸皮，不怕灼热的阳光
- 风吹云动天不动，水涨船高岸不移
- 风浪里试舵手，困难中识英雄
- 斧头劈开新世界，镰刀割断旧乾坤
- 父母生下地，各人长志气
- 富裕时不浪费，贫穷时不丧气
- 钢不压不成材
- 钢铁怕火炼，困难怕志坚
- 高山遮不住太阳，困难压不倒好汉
- 根浅路边草，风一吹就倒
- 工作没贵贱，志气有高低
- 功夫不负有心人
- 功夫到家，石头开花
- 谷怕八月风，人怕志气穷
- 好汉面前无困难，困难当中出英雄
- 好汉凭志气，好马凭力气
- 好马不吃回头草，好蜂不采落地花
- 好马不在鞍鬐，有志不在年高
- 好马无蹄难行走，好人无志难出头
- 好马走路平稳，好人做事坚韧
- 恒心架起通天路，勇气打开智慧门
- 虎瘦雄心在，人穷志不衰
- 花盆里长不出苍松，鸟笼里飞不出雄鹰
- 黄瓜无架瘫地上，人缺志气躺床上
- 激流之下必有深潭，高丘之下必有幽谷
- 急纺没好纱，急蒸没好馍
- 计利当计天下利，求名应求万世名
- 家贫不为贫，心贫贫死人
- 艰难的时候要坚定，顺利的时候要谨慎
- 将相本无种，男儿当自强
- 教的话语不会说，有钱难买自主张
- 借的盐不咸，借的醋不酸
- 经不起风吹浪打，算不得英雄好汉

- 经霜甘蔗老来甜
- 决心要成功的人，已经成功了一半
- 开弓没有回头箭，好马崖前不低头
- 砍不尽的南山竹，烧不尽的芭蕉根
- 砍柴不断不丢刀，打鱼不着不收网
- 靠金山银山，不如靠双手
- 靠亲戚吃饭饿死，靠朋友穿衣冻死
- 靠山山倒，靠墙墙崩，靠个石头打脚后跟
- 靠兄靠妹，不如靠手心手背
- 枯树不回春，无志被人轻
- 困难像弹簧，看你强不强；你强它就弱，你弱它就强
- 立志无恒，终身无成
- 两个肩膀一双手，自力更生样样有
- 两脚站得牢，不怕大风摇
- 劣汉争食，好汉争气
- 留得青山在，不怕没柴烧
- 路是人走出来的，办法是人想出来的
- 路要自己走，关要自己闯
- 没有过不去的河，没有翻不上的坡
- 没有松柏性，难得雪中青
- 没有铁锨难挖洞，没有志气难创业
- 苗凭肥长，人凭气活
- 哪里有困难，哪里就有力量
- 耐得穷来守得富，有志三年开当铺
- 耐心和持久胜过激烈和狂热
- 男儿膝下有黄金

- 男儿志在四方，处处黄土埋人
- 能力同肌肉一样，锻炼才能生长
- 能挑千斤担，不挑九百九
- 年轻饱经风雨，老来不怕冰霜
- 鸟贵有翼，人贵有志
- 鸟有翅膀，人有理想
- 宁吃笑脸粥，不吃垮脸肉
- 宁叫三声有，不叫一声穷
- 宁可穷而有志，不可富而失节
- 宁可身冷，不可心寒；宁可人穷，不可志短
- 宁肯砍脑壳，不愿割耳朵
- 宁死不悖理，宁贫不堕志
- 宁在阵前死，不在阵后亡
- 宁做泥中藕，不做水上萍
- 牛怕无力，人怕无志
- 牛有力身大，人有志心大
- 怄气不如争气
- 爬山怕脚懒，做事怕志短
- 脾气赶不到力气，力气赶不到志气
- 千金难买一寸志
- 千首歌始于开头一句，千里路始于最初一步
- 千主张，万主张，不如有个自主张
- 桥高通四海，志短寸步难
- 穷当益勤，老当益壮
- 穷莫失志，富莫癫狂
- 求来的雨水下不大

- 人不挺胸就驼背
- 人贵有志，学贵有恒
- 人贵自立
- 人活志，树活皮
- 人家锅里一丈，够自己一望；自己锅里一尺，够自己一吃
- 人家有不如自己有，丈夫有还隔一道手
- 人怕无志气，屋怕断房脊
- 人怕心老，树怕根老
- 人凭志气虎凭威，没有志气肉一堆
- 人穷志要坚，家贫手不懒
- 人是三节草，无志富不了
- 人往明处走，鸟往高处飞
- 人无百年拙，心坚石也穿
- 人无志气不上进，树不括枝不成材
- 人小心莫小，人老心莫老
- 人要心强，树要皮硬
- 人有出头志，鸟有出林心
- 人有恒心万事成，人无决心万事崩
- 人有脸，树有皮，不争名利争志气
- 人有志，百事成
- 人争上游，水奔下流
- 日落西山还见面，水流东海不回头
- 三军可以夺帅，匹夫不可夺志
- 三天不提笔，秀才手也生
- 山高不算高，人登山顶比山高
- 山高挡不住南来雁，坡高挡不住北来风
- 山高高不过脚心，山硬硬不过决心
- 山高脚更高，河宽桥更宽
- 山高专欺软脚汉
- 山立在地上，人立在志上
- 扇子烂了骨架在，菊花泡茶又开花
- 射出去的子弹不晓得转弯
- 射虎不成重练箭，斩龙不断再磨刀
- 身经百战，浑身是胆
- 湿柴怕的烈火烧，困难怕的有心人
- 石看纹理山看脉，人看志气树看材
- 世上无难事，只怕有心人

- 事业要成，立志要长
- 柿子树上挂灯笼，人不争气一世穷
- 输人不输志
- 树立干，人立志
- 树无根不发，人无志不立
- 抬头不弯腰，为人有志气
- 塘里毛壳鲤，也想跳龙门
- 讨的食不香
- 天上无云不下雨，人无志气事不成
- 天有心，地有胆，人无志气见识短
- 铁怕落炉，人怕落套
- 为人不争气，到老都受欺
- 为人能立三分志，不怕龙门万丈高
- 桅杆不硬，文索硬不起
- 无钱逞不起硬汉，无志讲不起大话
- 无志无力，伴篮讨乞
- 小时无志气，老了饿得叽
- 心如磐石固，志比松柏高
- 胸有凌云志，无高不可攀
- 牙齿缝里的食吃不饱
- 严师出高徒，艺精靠磨炼
- 要的不甜，争的不香
- 一滴露水一根草，一堆黄土养一人
- 英雄志坚，懦夫舌软
- 鹰飞高空鸡守笼，两者理想各不同
- 勇将不怕死，壮士不变节
- 有心拜佛去西天，不怕路程万里远
- 有心拜菩萨，不怕山难爬
- 有心不怕在天边，无心哪怕在锅边
- 有心打石石可穿，无心打井井难圆
- 有心大海能捞针，无心小事也难成
- 有心摘日月，不怕上九天
- 有意烧香壁也灵
- 有志儿子不要老子的产，有志老子不要儿子的板
- 有志男儿走四方
- 有志能搬山，无志草压头
- 有志年长三十岁，无志百岁难成人
- 有志漂洋过海，无志寸步难行
- 有志穷不久，无志久久穷
- 有志上京门，无志蹲灶门
- 有志驮得泰山走，无志天井凼里淹死人
- 有志养千口，无志难养己
- 有志站山顶，无志站山腰
- 有志者事竟成
- 有志争气，无志争吃
- 有志之人立长志，无志之人常立志
- 月缺不改亮，箭折不改钢
- 长江后浪推前浪，一代更比一代强
- 争得一口气，舍得房和地
- 只要意志坚，不怕山路险
- 只有不快的斧，没有劈不开的柴
- 知事需要头脑，成事需要恒心
- 志大者胸宽，志小者怀狭
- 志高品高，志下品下
- 志在山尖上，不在半坡停
- 竹没节没叶，人没节凉血
- 壮士穷途不卖剑，秀才饿死不卖书
- 捉鱼不怕水深，打虎不怕林密
- 坐等一杯茶，不如自己拿

··· 品格修养 ···

- 傲不可长，志不可满
- 百心不能得一人，一心可以得百人
- 半瓶水总是会溅，骄傲的人总是会吹
- 豹子文采在表皮，人的本色在内心
- 背信弃义的人，不是真朋友
- 别人的缺点是自己的镜子
- 别人夸，一枝花；自己夸，烂冬瓜
- 不怪自家麻绳短，只怪他家古井深
- 不喝酒的脸不红，不做贼的心不惊
- 不尽人之欢，不竭人之忠
- 不怕人不敬，就怕己不正
- 不说刀不快，却怨肉没熟
- 不要光叫手干净，还要使心灵纯洁
- 不要为美的容颜陶醉，要为正直的心灵歌唱
- 不责人所不及，不强人所不能，不苦人所不好
- 不知羞耻的人不会有美德
- 不知自己的无知，等于双倍的无知
- 不专心，不成事；不虚心，不知事
- 不自恃而露才，不轻试以幸功

- 不做贼，心不惊；不吃鱼，嘴不腥
- 布用线缝，木用胶粘，心用诚连
- 残花没人戴，自夸没人爱
- 常怀克己心，法度要谨守
- 常在河边站，哪能不湿鞋
- 唱戏的不瞒打锣的
- 沉着不等于胆小，勇敢不等于冒失
- 成就是谦虚者前进的阶梯，也是骄傲者后退的滑梯
- 成人易，做人难
- 丞相头上能跑马，宰相肚内能行船
- 吃饭吃米，说话说理
- 吃了人的嘴软，拿了人的手软
- 吃蜜不忘黄连苦，富时别忘穷时难
- 船靠舵正，人靠心正
- 慈悲为怀，与人为善
- 聪明的人自认一无所知，蠢家伙觉得无所不知
- 从来得荣耀，莫不由勤劳
- 答应别人的事就一定要做到
- 大海有底，贪心无底
- 大河是安静的，有学问的人是谦虚的
- 大人不见小人怪，神仙不见凡人怪
- 胆怯离你越近，胜利离你越远
- 胆子小的人爱猜忌，无信用的人爱发誓
- 但得一步地，何须不为人
- 当面说话无是非
- 当言不言，谓之懦
- 道路可以弯，人心不可弯
- 得人点水之恩，须当涌泉相报
- 得忍且忍，得耐且耐，不忍不耐，小事成大
- 德胜才为君子，才胜德为小人
- 低着头的麦子麦穗大，仰着头的麦子麦穗小
- 多一分智慧，少一分私心
- 恶人胆大，善人福大
- 凡事从实，积福自厚

- 凡是自是，便少一是
- 放着鹅毛不知轻，顶着磨盘不知重
- 盖得住火，藏不住烟
- 敢干是英雄，能忍是贤哲
- 根深不怕风摇动，树正何愁月影斜
- 攻人之过毋太严，教人之善毋太高
- 光明磊落真君子，暗箭伤人是小人
- 广知世事少开口，纵会人前只点头
- 行不更名，坐不改姓
- 好事不瞒人，瞒人没好事
- 好言难得，恶语易施
- 好自夸的人无本事，有本事的人不自夸
- 猴子装人，忘了自己长尾巴
- 狐狸扮不成观音
- 胡琴怕断弦，英雄怕自满
- 虎老牙不黄，人老志不衰
- 火要空心，人要虚心
- 击石原有火，逢仇莫结怨
- 疾风知劲草，板荡识忠臣
- 捡到的帖子做不得客
- 捡到人情做，得休且罢休
- 见怪不怪，怪乃自败
- 骄傲跌在门口，谦虚走遍天下
- 骄傲是胜利的敌人，努力是成功的朋友
- 脚脚踏在路中央，不怕别人说短长
- 结有德之朋，绝无义之友
- 谨慎应酬无懊恼，耐烦做事好商量
- 尽管肩不宽，心胸不能窄
- 静坐常思自己过，闲时莫论他人非
- 君子爱财，取之有道
- 君子量大，小人气大
- 君子以功报德，小人记仇忘恩
- 君子有容人之量，小人存忌人之心
- 刻薄不赚钱，忠厚不蚀本
- 口角言语，贤不责愚
- 蜡头不高两头点
- 来说是非事，便是是非人
- 老当益壮，穷切益坚
- 老来傲骨犹然在，岂肯折腰媚权君
- 老鼠爱打洞，坏人爱钻空
- 乐不可极，欲不可纵
- 礼多人不怪，话多人不爱
- 力能胜贫，谨能防祸
- 良心要像清水一样亮，骨头要像柚木一样硬
- 马至滩，不加鞭
- 骂人的不高，挨骂的不低
- 满瓶不响，半瓶晃荡
- 满遭损谦受益，寡欲益延年
- 没有好品行，难有好人缘
- 免人怨恨，总要温良
- 名山不在高而在景，人美不在貌而在心
- 明人不做暗事，行事要按规矩
- 莫学杨柳半年绿，要学松柏万古青
- 能耐苦方为志士，肯吃亏并非痴人
- 鸟伴鸾凤飞行远，人随圣贤品德高
- 宁当英雄的马，不当懦夫的狗
- 宁喝开心粥，不吃皱眉饭
- 宁可简简朴朴，不可偷偷摸摸
- 宁可直中取，不可曲中求
- 宁让天下人负我，我绝不负天下人
- 宁为短命全贞鬼，不做偷生失节人
- 宁为玉碎，不为瓦全
- 宁愿站着死，绝不跪着生
- 宁做老实人，不装聪明人

- 宁做蚂蚁腿，不做麻雀嘴
- 宁做他不是，莫做我不贤
- 牛马羊群肥壮的好，品质性格诚实的好
- 怕就不要说，说了就别怕
- 怕走崎岖路，莫想攀高峰
- 贫而无怨难，富而无骄易
- 平生不做亏心事，半夜敲门心不惊
- 千里送鹅毛，礼轻仁义重
- 谦虚产生智慧，骄傲使人愚蠢
- 枪法不准怪子弹
- 强者不必怕，弱者不可欺
- 强中更有强中手，一山还比一山高
- 切莫知法犯法，慎毋当做不做
- 轻听发言安知非人之谮诉，当忍耐三思；因事相争焉知非我之不是，须平心暗想
- 穷人不穷志，穷理不穷词
- 劝人终有益，退步自然宽
- 让青春的魅力，在自信中显示
- 人爱己，己爱人
- 人过留名，雁过留声
- 人害人害不倒，天害人草不生
- 人没一样的人，木没一样的木
- 人怕心坏，树怕根坏
- 人欺不是辱，人怕不是福
- 人亲财不亲，人熟礼不熟
- 人人为我，我为人人
- 人生何处不相逢，莫因小怨动声色
- 人是实的好，姜是老的辣
- 人太紧则无智，水太清则无鱼
- 人无廉耻，百事无为
- 人要礼貌好，狗要尾巴好
- 人有三句硬话，树有三尺绵头
- 人有喜庆，不可生嫉妒心
- 人争闲气一场空
- 人正不怕影斜，脚正不怕鞋歪
- 人直无财，树直无桠
- 忍得一时之气，免得百日之忧

- 忍又忍摇又摇，忍字就比摇字高
- 忍字头上一把刀
- 若不与人行方便，念尽弥陀总是空
- 若要不怕人，不做怕人事
- 洒下一片爱心，将获终生幸福
- 三代为官，不可轻师慢匠
- 三思而后行
- 杀头不要紧，只要主义真
- 山外青山楼外楼，英雄前面有英雄
- 少年休笑白头翁，花开能有几时红
- 施恩图报非君子
- 施恩无念，受恩莫忘
- 十年树木，百年树人
- 是非只因多开口，烦恼皆因强出头
- 是金子在哪都会发光
- 守口如瓶，防意如城
- 受人点水之恩，应以涌泉相报
- 树靠人修，人靠自修
- 树以结果出名，人以奉献出名
- 说话要诚实，办事要公道
- 死要面子活受罪
- 随方就圆，能尊能卑
- 贪花费尽采花心，身损精神德损阴
- 天不言己高，地不言己厚；人不言己能，水不言己流
- 天气阴了总会晴，名誉脏了洗不净

- 听到坏话莫生气，听到好话莫发昏
- 听人劝吃饱饭
- 玩人丧德，玩物丧志
- 万变不离其宗
- 无功受禄，寝食不安
- 无益世言休着口，不关己事少当头
- 毋私小惠而伤大体，毋借公论而快私情
- 毋恃势力而凌逼孤寡
- 毋因己拙而嫉人之能
- 勿任己意而废人言
- 勿因群疑而阻独见
- 先公后私，先人后己
- 先为其国，后为其家
- 相敬相让吃不了，争争抢抢不够吃
- 小人好夸己长，又好扬人短
- 小时摸针，大来偷金
- 心地坦荡，睡得稳当
- 心要热，头要冷
- 休争三寸气，白了少年头
- 虚心使人进步，骄傲使人落后
- 许人一物，千金不移
- 言多语失皆因酒，义断亲疏只为钱
- 痒要自己抓，好要别人夸
- 要想挤狮子的奶，就得有斗狮子的胆量
- 一不怕苦，二不怕死
- 一步两脚窝
- 一毫之恶劝人莫作，一毫之善与人方便
- 一马不背双鞍，一女不嫁二夫
- 一日克己复礼，天下归仁焉
- 以细行律身，不以细行取人
- 议论他人也要看看自己
- 英雄不怕死，怕死不英雄
- 英雄出少年
- 萤仅自照，雁不孤行
- 用心计较般般错，退步思量事事宽
- 有短护短，更添一短
- 有福不可享尽，有话不可说尽
- 有话说在当面
- 有钱须念无钱苦，得意还防失意时
- 有势不可使尽，有谋不可用尽
- 有无不争家之乐，贫富不欺国乃安
- 玉不琢，不成器；人不修，不成才
- 栽了跟头，别怪石头
- 宰相肚里能行船
- 在家莫做贪酒人，出外莫做贪财人
- 再好的射手也有射不中的时候，出色的鼓手也有打错拍子的时候
- 糟糠之妻不下堂，贫贱之交不可忘
- 责人之心责己，爱己之心爱人
- 毡袋子的灰尘多，学问浅薄的人傲气大
- 珍珠藏在海底，腐肉浮在上面
- 真金不怕火炼
- 知过必改，得能莫忘
- 知天高地厚
- 知之为知之，不知之为不知之
- 直率坦白真君子，笑里藏刀是歹人
- 重财轻义非君子
- 竹可折而不可曲，士可杀而不可辱
- 装葫芦里圆，装筒里则长
- 自称好，烂稻草
- 自私者不体谅人，自大者看不起人
- 自尊不可自大，自谦不可自卑
- 走正路的人不怕迷失方向
- 做人难，做好人更难

··· 为人处世 ···

- 矮檐之下出头难
- 按人口做饭，量身体裁衣
- 把蛇装进袖筒里，好心不会得好报
- 白日不做亏心事，半夜不怕鬼敲门
- 白天有眼，黑夜有耳
- 百病从口入，百祸从口出
- 百根柳条能扎笤帚，五个指头能握拳头
- 搬起石头砸自己的脚
- 帮理不帮亲
- 帮助别人的人，能得到别人的帮助
- 包子有肉，不在皮上；人有学问，不挂嘴上
- 饱谙世事懒开口，会尽人情只点头
- 背后不商量，当面无主张
- 背靠大树好乘凉
- 笨嘴拙舌事难办，口齿伶俐路路通
- 别把自己比作柱石，别把他人比作茅草
- 别看人的容颜，要看人的心灵
- 别看人的衣服，要看人的肺腑
- 别看人家笑话，家家都有难唱曲
- 别靠拳头取胜，要靠道理取胜
- 别人的错误最容易发现，自己的一切却很难看见
- 别人求我三春雨，我去求人六月霜
- 别问客人何时走，要问客人何时来
- 兵来将挡，水来土掩
- 兵马未动，粮草先行
- 博览见识广，寡交少见闻
- 不会评价自己，就不会评价别人
- 不会烧香得罪神，不会讲话得罪人
- 不卷裤腿不过河，不摸底细不开腔
- 不可以年少而自恃，不可以年老而自弃
- 不怕不懂，只怕装懂；不怕不足，只怕满足
- 不怕鬼吓人，就怕人吓人

- 不怕虎狼当面坐，只怕人前两面刀
- 不怕虎长三层皮，只怕人有两条心
- 不怕明处枪和棍，只怕阴阳两面刀
- 不怕明拳打斗，只怕暗掌伤人
- 不怕怒目金刚，只怕眯眼菩萨
- 不怕人有错，就怕不改过
- 不怕一万，就怕万一
- 不破不立
- 不砌一面墙，不听一面话
- 不入虎穴，焉得虎子
- 不深知，不结交
- 不实心，不成事；不虚心，不知事
- 不贪财，祸不来
- 不听老人言，吃亏在眼前
- 不要看果树高矮，要看果实味道好坏
- 不要苛求朋友，否则你会孤独
- 不要骑两头马，不要喝两头茶
- 不知道渡口，千万别下水
- 草原没有一样的马，花园没有一样的花
- 茶越泡越浓，人情越交越厚
- 察言观色，见机而作
- 柴多火好，人多计巧
- 谗言败坏君子，冷箭射死忠臣
- 车不横推，理无曲断
- 趁热打铁，趁水和泥
- 秤平斗满不亏人
- 撑船撑到岸，帮人帮到底
- 秤砣小，压千斤；胡椒小，辣人心

- 吃菜要吃心，听话要听音
- 吃饭防噎，走路防跌
- 吃亏不算傻，让人不算痴
- 吃人一口，报人一斗
- 吃人嘴短，拿人手软
- 吃水不忘掘井人
- 吃一堑，长一智
- 痴汉不让人，让人不痴汉
- 池里无鱼虾为大，山中无虎猴称王
- 出门带盘缠，做事打算盘
- 出门看天色，进门看脸色
- 出门看天色，说话看脸色
- 出门人，处处让三分
- 初生之犊不惧虎
- 锄一恶，扬一善
- 处世让一步为高，待人宽一分是福
- 船到江心补漏迟
- 打狗也要看主人
- 打虎要力，捉猴要智
- 打人不打脸，骂人不揭短
- 打蛇打七寸，挖树先挖根
- 大处着眼，小处着手
- 大恩不言谢
- 大行不顾细谨，大礼不辞小让
- 大理莫让，小理莫争
- 大路有草行人踩，心术不正旁人说
- 大人不记小人过，宰相肚里能撑船
- 大事化小，小事化了
- 大事讲原则，小事讲风格
- 大意失荆州，骄傲失街亭
- 大鱼吃小鱼，小鱼吃虾虾，虾虾吃泥巴
- 但知口中有剑，不知袖里藏刀
- 当断不断，反受其乱
- 到什么时候说什么话，到什么山上唱什么歌
- 得不足喜，失不足忧
- 得理让三分
- 得势休笑失势人
- 得之不为喜，失之不为忧
- 得放手时须放手，得饶人处且饶人
- 灯蛾扑火，惹火烧身
- 登门请客意才真
- 滴水之恩，当以涌泉相报
- 敌不可纵，友不可欺
- 钓鱼要忍，捉鱼要狠
- 对己要严，待人要宽
- 对症下药，治病救人
- 多个朋友多条路，少点对头少堵墙
- 多行不义必自毙
- 多深的根基，筑多高的墙
- 多下及时雨，少放马后炮
- 鹅毛飞上天，必有落地时
- 凡事应量力而行
- 芳香的花不一定好看，能干的人不一定会说
- 防在前头，少吃苦头
- 风大就凉，人多就强
- 父子不和家不旺，邻里不和是非多
- 富贵深山有远亲，贫穷对面不相认
- 刚则易折，柔则常存
- 公道自在人心
- 功不独居，过不推诿
- 恭可平人怒，让可息人争
- 瓜田不纳履，李下不整冠
- 瓜无滚圆，人无十全
- 观其行而知其言，闻其言而知其心
- 惯骑马的惯跌跤，河里淹死会水人

- 锅不打不漏，话不说不透
- 过了河就拆桥，吃了果子忘了树
- 害人之心不可有，防人之心不可无
- 行船趁顺风，打铁趁火红
- 好汉不吃眼前亏
- 好汉不提当年勇
- 好话不在多说，有理不在声高
- 好聚不如好散
- 好拳不在花样巧
- 话多了伤人，食多了伤身
- 黄金有价，信誉无价
- 会说的惹人笑，不会说的惹人跳
- 货比三家不吃亏，路走三遭不陌生
- 教子成人传千古，纵子作恶落骂名
- 骏马不配金鞍，照样日行千里
- 看菜吃饭，量体裁衣
- 看人挑担不吃力，自己挑担步步歇
- 快马不用鞭催，响鼓不用重捶
- 露水夫妻过不长，酒肉朋友好不久
- 马行软地易失蹄，人听甜言栽跟斗
- 马跑了，能抓住；话跑了，抓不住
- 慢步跌不倒，小心错不了
- 明白好惹，糊涂难缠
- 泥人经不起雨打，假话经不起调查
- 鸟惜羽毛虎惜皮，为人处世惜脸皮
- 宁可荤口念佛，不可素口骂人
- 宁可明枪交战，不可暗箭伤人
- 宁可认错，不可说谎
- 宁可无钱，不可无耻
- 宁可正而不足，不可邪而有余
- 宁可做过，不可错过
- 宁走十步远，不走一步险
- 劈柴不照纹，累死劈柴人
- 平路跌死马，浅水溺死人
- 千金难买心，万金不卖道
- 强中还有强中手，莫在人前夸海口
- 巧干来自熟练，熟练来自实践
- 劝架不能劝一边，看人不能看一面
- 人不在大小，要有本事；山不在高低，要有景致
- 人活七十稀，请教不为低
- 人急办不好好事，猫急逮不住耗子
- 人外有人，天外有天
- 人无远虑，必有近忧
- 忍得一时气，免得百日灾
- 忍一时风平浪静，退一步海阔天空
- 入乡问俗，入国问禁，入家问忌
- 失败为成功之母，骄傲是失败之根
- 十句好话能成事，一句坏话事不成
- 识人多处是非多
- 实干能成事，虚心能添智
- 世上若要人情好，赊去物件莫收钱
- 事莫做绝，话莫说尽
- 是亲三分相，是火热层炕
- 树大招风，气大遭凶
- 水打低处过，话从好处说
- 水拿杖探，人拿话探
- 水深流去慢，智人话语迟
- 水有源头树有根，葫芦有藤话有因
- 顺藤摸瓜，顺水求源
- 速效莫求，小利莫争
- 谈吐柔和，朋友众多
- 天有不测风云，人有旦夕祸福

- 听话听音，交人交心
- 头雁先飞，群雁齐追
- 万事尽从忙里错，一着不慎满盘输
- 万事开头难
- 未晚先投宿，鸡鸣早看天
- 无病不死人
- 无风三尺浪
- 无规矩不成方圆
- 无巧不成书
- 先下手为强，后下手遭殃
- 先栽秧，后吃米，万丈高楼从地起
- 相见易得好，久住难为人
- 小家雀难斗老家贼
- 小人记仇，君子感恩
- 小事须细心，大事要谨慎
- 心屈明不屈
- 心软面矮受祸害
- 心有灵犀一点通
- 心专才能绣得花，心静才能织得麻
- 休争闲气，日有平西
- 秀才不怕衣衫破，就怕肚里没有货
- 虚心的人学十当一，骄傲的人学一当十
- 烟酒不分家，烧饼子不过五服
- 言多语失，食多伤心
- 一层火炉一层炕，半由天子半由臣
- 一打三分低
- 一个巴掌拍不响
- 一个鸡蛋吃不饱，一身臭名背到老
- 一个巧皮匠，没有好鞋样；两个笨皮匠，彼此有商量；三个臭皮匠，胜过诸葛亮
- 一个师傅一个令，一个和尚一个磬
- 一个钥匙开一把锁
- 一根竹竿容易弯，三缕丝线扯断难
- 一好遮不了百丑，百好遮不了一丑
- 一人为私，二人为公
- 一日不见当刮目相看
- 一山出虎，百家猪死
- 一手捉不住两条鱼，一眼看不清两行书
- 一朝被蛇咬，十年怕井绳
- 一只眼，看不远；千只眼，看穿天
- 一字两头平，戥秤不亏人
- 用人不疑，疑人不用
- 有人有世界，结亲结义气
- 有一兴必有一败，有一利必有一弊
- 与人方便，自己方便
- 遇事多商量，赛过诸葛亮
- 越是无能的人，越喜欢挑别人的错儿
- 在菜园里不要相信羊，在羊圈里不要相信狼
- 在家不行善，出门挨大风灌
- 在家不理人，出门人不理
- 在家千般好，出门处处难
- 张网提纲，拿衣提领
- 这山望到那山高，到了那山无柴烧
- 只见别人眉毛短，未见自己头发长
- 只可救苦，不可救赌
- 只可劝人家圆，不可劝人家离
- 只有千里的名声，没有千里的威风
- 只有修桥铺路，没有断桥绝路
- 只有在人群中间，才能认识自己
- 众怒难犯，专欲难成
- 竹子表面是一根，里面节节都不通
- 助人一分，胜过劝人十分
- 自知之明是最难得的知识

… 生活哲理 …

- 挨金似金，挨玉似玉
- 爱美之心，人皆有之
- 八九不离十
- 巴掌再大也遮不住太阳，手指再尖也戳不穿青天
- 把缺点装在口袋里的人，绝不会克服自己的缺点
- 白米饭好吃，五谷田难种
- 百日连阴雨，总有一朝晴
- 百闻不如一见，百见不如一干
- 百密也有一疏
- 百足之虫，死而不僵
- 败家子挥金如粪，兴家人惜粪如金
- 伴君如伴虎
- 帮人要帮到底，救人要救到头
- 帮助别人要忘掉，别人帮己要记牢
- 饱带饥粮，晴带雨伞
- 暴饮暴食易生病，定时定量保康宁
- 笨人先起身，笨鸟早出林
- 笨鸭子上不了架
- 边学边问，才有学问
- 鞭打的快马，事找的忙人

- 别因水深不过河，别因困难不进取
- 病从口入，寒从脚起
- 病好不谢医，下次无人医
- 病急乱投医，逢庙就烧香
- 病人心多，忙人事多
- 不比不知道，一比吓一跳
- 不打不相识
- 不担三分险，难练一身胆
- 不到江边不脱鞋，不到火候不揭锅
- 不管白猫黑猫，抓住老鼠就是好猫
- 不会烧香得罪神，不会讲话得罪人
- 不会做小事的人，也做不出大事来
- 不见棺材不落泪
- 不见兔子不撒鹰
- 不讲规矩，不成方圆
- 不经冬寒，不知春暖
- 不看僧面看佛面
- 不可不算，不可全算
- 不离酒瓶的人，不会富裕；回避批评的人，不能进步
- 不摸锅底手不黑，不拿油瓶手不腻
- 不磨不炼，不成好汉
- 不怕百事不利，就怕灰心丧气
- 不怕不识货，就怕货比货
- 不怕贼偷，就怕贼想
- 不如意事常八九，可与人言无二三
- 不是冤家不聚头
- 不受千般苦，不懂得幸福的可贵
- 不挑担子不知重，不走长路不知远
- 不下水，一辈子不会游泳；不扬帆，一辈子不会撑船
- 不要把甜言蜜语当作可口的糖，不要把忠告良言当作刺耳的针
- 不要人夸颜色好，只留清气满乾坤
- 不在被中睡，不知被儿宽
- 不知者不罪
- 不撞南墙不回头
- 才高要语谦，力大要助人

- 苍蝇不叮无缝蛋
- 曹操背时遇蒋干，胡豆背时遇稀饭
- 草动知风向
- 草无根子随风倒，话无根据瞎胡闹
- 草遮不住鹰眼，水遮不住鱼眼
- 茶要人烧，水要人挑
- 柴经不起百斧，人经不起百语
- 车到山前必有路，船到桥头自然直
- 车行到山前，必然会有路
- 城门失火，殃及池鱼
- 吃得苦中苦，方为人上人
- 吃不穷，穿不穷，铺张浪费大受穷
- 吃尽天下自吃自，话尽天下自话自
- 吃亏就是占便宜
- 吃了五谷想六谷
- 吃小亏，得大便宜
- 吃一回亏，学一回乖
- 尺有所短，寸有所长
- 赤脚的不怕穿鞋的
- 丑媳妇早晚也得见公婆
- 出水才见两腿泥
- 船到弯处须转舵
- 春花有意，流水无情
- 春华秋实，各有其时
- 此处不留人，自有留人处
- 聪明反被聪明误
- 聪明一世，糊涂一时
- 打柴问樵夫，驶船问艄公
- 打开天窗说亮话
- 打蛇打七寸，捉贼要拿赃
- 打铁的要自己把钳，种地的要自己下田
- 大海不嫌水多，大山不嫌树多
- 大路朝天，各走半边
- 大难不死，必有后福
- 大厦将倾，非一木可支
- 大树下面好乘凉
- 大鱼吃小鱼，小鱼吃虾米
- 当家才知盐米贵，出门才晓路难行

- 道高一尺，魔高一丈
- 东方不亮西方亮
- 多锉出快锯，多做长知识
- 躲得了初一，躲不了十五
- 躲得了和尚，躲不了庙
- 恶人自有恶报
- 耳听为虚，眼见为实
- 二虎相斗，必有一伤
- 发回水，积层泥；经一事，长一智
- 翻手为云，覆手为雨
- 饭后百步走，活到九十九
- 放下屠刀，立地成佛
- 放长线，钓大鱼
- 官大有险，树大招风，权大生谤
- 光看人家短，不把自己量
- 光说不练假把式，光练不说真把式，连说带练全把式
- 广积不如教子，避祸不如自省
- 广交不如择友，投师不如访友
- 害人终害己，报应最公平
- 长风破浪会有时，直挂云帆济沧海
- 好了伤疤不忘疼，生活富了不忘穷
- 湖里游着大鲤鱼，不如桌上小鲫鱼
- 鸡大飞不过墙，灰多筑不成墙
- 经得广，知得多
- 经一番挫折，长一番见识
- 静以修身，俭以养德，非淡泊无以明志，非宁静无以致远

- 久住坡，不嫌陡
- 骏马也有失蹄时，勇士也有失误时
- 砍柴砍小头，问路问老头
- 砍柴上山，捉鸟上树
- 口说不如身到，耳闻不如目睹
- 口说无凭，事实为证
- 老姜辣味大，老人经验多
- 老马识路数，老人通世故
- 老牛肉有嚼头，老人言有听头
- 老人不讲古，后生会失谱
- 力是压大的，胆是吓大的
- 临渊羡鱼，不如退而结网
- 乱丝难理，泼妇难治
- 麻雀落出要吃谷，狐狸进屋要偷鸡
- 麻雀虽小，五脏俱全
- 马好不在叫，人美不在貌
- 马看牙板，人看言行
- 骂人骂脏口，打人打伤手
- 骂人无好口，打人无好手
- 买不懂行，瞎子撞南墙
- 买瓜看皮，扎针看孔
- 买鸡看爪，买鸭看嘴
- 买锣要打，买伞要撑
- 买时得买，卖时得卖
- 卖瓜不说瓜苦，卖盐不说盐淡
- 卖主怪脚，买主怪鞋
- 慢病在养，疾病在治
- 猫跟饭碗，狗跟主人
- 猫怕过冬，狗怕过夏
- 毛毛雨，打湿衣裳；杯杯酒，吃垮家当
- 没钱时挨饿，有钱时摆阔
- 没有不上钩的鱼，没有不上竿的猴
- 没有大粪臭，哪来五谷香
- 蜜多不甜，油多不香
- 苗多欺草，草多欺苗
- 苗好一半谷，妻好一半福
- 明枪好躲，暗箭难防
- 磨刀不用看，全仗一身汗
- 男怕入错行，女怕嫁错郎
- 千里之行，始于足下
- 千难万难，有志不难；千易万易，无志不易
- 千人千品，万人万相
- 千学不如一看，千看不如一练
- 饶人不是痴呆汉，痴呆汉子不饶人
- 人不经百语，柴不经百斧
- 人不知己过，牛不知力大
- 人不知自丑，马不知脸长
- 人到事中迷，就怕无人提
- 人钝世上磨，刀钝石上磨
- 人行千里路，胜读十年书
- 人家跌倒莫伸拳头，人家求救莫抛石头
- 人美在心里，蛇美在皮面
- 人怕人求，米怕过筛
- 人群里有聪明人，高山上有金和银
- 人心不足，欲海难填
- 人心不足，蛇吞象
- 人心隔肚皮，看人看行为
- 人誉我谦增一美，自吹自擂增一丑
- 人在旅途，难免会遇到荆棘和坎坷，但风雨过后，一定会有美丽的彩虹
- 认理不认人，帮理不帮亲
- 三天不念口生，三年不做手生
- 沙粒虽小伤人眼，小错不改遭灾殃
- 砂锅不捣不漏，木头不凿不通

- 山高挡不住行人，水深挡不住渡船
- 山高高不过脚板心，水大淹不死岸边柳
- 山高还有天更高，河深还有海更深
- 山里孩子不怕狼，城里孩子不怕官
- 山上不会没隘口，地上不会没河流
- 山是一步一步登上来的，船是一橹一橹摇出去的
- 伸手挡不了风，扯耳遮不住雨
- 伸手容易缩手难，张嘴容易闭嘴难
- 十年练得好文秀才，十年练不成田秀才
- 世上无难事，只怕有心人
- 是非之地莫踏，灾祸临头莫怕
- 是蛇一身冷，是狼一身腥
- 树老根多，人老识多
- 衰为盛之终，盛为衰之始
- 水大漫不过船，手大遮不住天
- 水大没不了大船，火大烧不破铁锅
- 水落现石头，日久见人心
- 水深莫怕难渡，事难莫停脚步
- 水至清则无鱼，人至察则无徒
- 桃花要趁东风开，幸福要靠劳动来
- 天变一时，人变一世
- 天不从人愿，事不由己望
- 天凭日月，人靠良心
- 天上下雨地下滑，自己跌倒自己爬
- 天下没有无刺花，世上没有容易事
- 万句言语吃不饱，一捧流水能解渴
- 威武面前不屈膝，困难面前不折腰
- 香从辛里得，甜由苦中求
- 香花不一定好看，会说不一定能干
- 小病不治大病难医，小错不改大错成灾
- 小来偷针，长大偷金
- 小人得志便猖狂
- 小事糊涂，大事清楚
- 小心行得万年船
- 小雨下久会成灾，防微杜渐祸不来
- 笑一笑，少一少；恼一恼，老一老
- 心软不能治事，面慈不能治家
- 心再大也装不下月亮，口再大也添不下太阳
- 幸福来时要警惕，灾难来时要坚强
- 幸运没有临到一个人，这没有什么可羞；只有自动放弃努力的人，才最可悲
- 秀才遇到兵，有理说不清
- 雪中要学山上松，风里不做墙头草
- 药农进山见草药，猎人进山见禽兽
- 一天不练手脚慢，两天不练丢一半，三天不练门外汉，四天不练瞪眼看
- 樱桃好吃树难栽
- 有福同享，有难同当
- 灾荒不为灾，灰心灾上灾
- 早饭吃得饱，午饭吃得好，晚饭吃得少，不用大夫瞧
- 责己则攻短，论人则取长
- 责人要准，对己莫昏
- 长痛不如短痛
- 真金不怕烈火炼，磐石不怕暴雨淋
- 只要肯勤学苦练，哪怕困难如泰山
- 知足常乐，活在当下
- 执掌事物须谨慎，克服困难须坚韧
- 珠宝越磨越发光，男儿越苦越长智
- 自夸者无功，自矜者不长
- 走平地，防摔跤，顺水船，防暗礁

… 人间真情 …

- 爱是微笑，爱是关怀，爱是你我相互的付出和扶持
- 百行孝为先
- 百年眷属三生定，千里姻缘一线牵
- 百年修得同船渡，千年修得共枕眠
- 卑鄙与狡诈的开始，就是友谊的终结
- 被关爱时的笑容最灿烂
- 碧海蓝天，人心最宽阔，关爱暖心窝
- 别来无一日，不见如三秋
- 别以阔父亲自傲，要以好儿子自豪
- 病贫知朋友，乱离识爱情
- 不记当初娘养我，但看今朝自养儿
- 不经一师，不长一艺
- 不能够相信曾经伤害过你的人
- 不求同日生，只愿同日死
- 不是因为温暖才关爱，而是因为关爱才温暖
- 不要“关”起心扉，不要把“爱”隐藏，真情流露，才是幸福
- 不要夫妻千担粮，只要夫妻能商量
- 不要金玉重重贵，但愿儿孙都成人
- 不要选择房屋，而要选择邻居
- 不愿意关爱别人的人，也得不到别人的关爱
- 不知其心，不交朋友
- 不做异乡人，不知故土亲
- 财富不是朋友，朋友才是财富
- 赤诚招来飞鸿落，深情激得玉石开
- 除了一个真心的朋友之外，没有一样药剂是可以通心的
- 穿破才是衣，到老才是妻
- 从小不知老娘亲，育儿才知报娘恩
- 得好乡邻胜过亲
- 得意客来情不厌，知心人到话投机
- 敌人的微笑是伤害，朋友的责难是友爱
- 弟兄三人一条心，黄土也能变成金
- 点滴关爱，幸福海洋
- 爹娘养身，自己长心
- 爹养儿小，儿养爹老
- 东西越新越好，友谊愈老愈好
- 对你严肃的面孔，那是一盏明灯
- 儿不嫌母丑，狗不怨家贫
- 儿大不由父，女大不由娘
- 儿女好坏父母难评，父母好意儿女难解
- 儿女情长，英雄气短
- 放牧需要有草地，谈心需要有朋友
- 飞得最高的是山鹰，爱得最深的是母亲
- 非亲有义当可敬，是友无情不可交
- 愤怒中看出智慧，贫困中看出朋友
- 夫妻和睦，吃饱穿暖
- 夫妻之间和睦的好，待人接物公道的好
- 父母和睦，全家温暖
- 父母是孩子的镜子
- 富贵好，不如子孙好
- 甘蔗从顶往下越吃越甜，友谊的时间越长越诚挚
- 高朋满座，胜友如云
- 各个师父各传授，各有把戏各变手
- 给人关爱，幸福自己
- 给是人情，不给是本分
- 更好地关爱他人，就是更好地关爱自己
- 狗记路，猫记家，小孩只记吃奶妈

- 关爱，撑起心灵的蓝天
- 关爱，脆弱背后坚强的后盾
- 关爱，让距离消失
- 关爱，使世界变得更美好
- 关爱，是生活美好的源泉
- 关爱，是心的清泉，是灵魂的圣坛
- 关爱，温暖了别人，升华了自己
- 关爱别人，就是尊重他人
- 关爱不是沙漠的海市蜃楼，关爱应是身边的绿洲
- 关爱的拼图，需要你手中的一块
- 关爱教育，心的延续
- 关爱具有巨大的魔力，它可化腐朽为神奇
- 关爱来自点点滴滴
- 关爱每一天，关爱每个人
- 关爱你我的今天，就是为我们的未来“植树造林”
- 关爱你我他，人间幸福洒
- 关爱洒一路，幸福伴一生
- 关爱身边的一切，让生命绽放光彩
- 关爱使人美丽
- 关爱是不需要开关的灯
- 关爱是人呼吸的第二种空气
- 关爱是融化冰山的力量
- 关爱是维系心灵的纽带
- 关爱是心灵的相知，若能相知是缘是福
- 关爱是心灵的阳光
- 关爱是一个人内在美的体现
- 关爱他人，净化自己
- 关爱他人，善待自己
- 关爱他人的人，永远是最幸福的人
- 关爱他人等于成就自己
- 关怀至诚，温情至浓
- 关心他人解近忧，爱护团队谋远虑
- 关心在左手，关爱在右手，牵起两只手，困难都溜走
- 观其外知其内，观其友知其人
- 广交不如择友，投师不如访友

- 贵易交，富易妻
- 海内存知己，天涯若比邻
- 寒暑易节，关爱永驻
- 互相帮助，共同进步
- 黄金有价，情谊无价
- 活着记在心，死了记在骨
- 家和日子就旺，心离意也难留
- 家有一老，犹有一宝
- 假朋友比真敌人还危险
- 健妇持门户，胜过一丈夫
- 交浅不可言深，交深不可言浅
- 交情深重金相似，诗韵铿锵玉不如
- 交以诚接以礼，近者悦远者来
- 交友莫交财，交财两不来
- 交友应学人长，处事当克己短
- 交友在贤德，岂在富与贫
- 交友择人，切莫交财
- 浇树浇根，交友交心
- 矫木趁幼，育人趁少
- 节令不到，不知冷暖；人不相处，不知厚薄
- 结交不嫌贫，嫌贫友不成
- 今天你放弃关爱，明天关爱放弃你
- 金家银家，不如自己的家
- 近朱者赤，近墨者黑
- 敬父别忘叔，敬母别忘舅
- 酒逢知己千杯少，话不投机半句多
- 酒朋饭友，没钱分手
- 酒肉朋友易找，患难之交难逢
- 居必择其邻，交必择其友

- 君子之交淡如水，小人之交甘若醴
- 快乐溶于甜蜜中，幸福源于关爱间
- 炼铁需要有硬火，交友需要有诚心
- 劣马能把骑士抛下马鞍，坏朋友会把你出卖
- 邻居好，无价宝
- 林之葱郁源于紧密相连，人之感动基于互相关爱
- 路遥知马力，日久见人心
- 路直有人走，人直有人交
- 骂在嘴上，爱在心上
- 买马要看看口齿，交朋友要摸摸心底
- 买铁锅必须敲打敲打，交朋友必须了解了解
- 漫游天下景，广交天下人
- 没有关爱，世界将变成坟墓
- 没有木头，支不起房子；没有邻居，过不好日子
- 没有友情的生活就像生活中没有了太阳
- 没有子女的人觉得房子空，没有朋友的人觉得心里空
- 蜜糖算最甜，友谊比蜜糖还甜
- 莫道浮云终蔽日，人间总有关爱在
- 母亲是一个，子女各不同
- 泥泞知马，患难识人
- 你的微笑让世界如此美丽
- 宁和直人动刀，不和刁人相交
- 朋友的深情，刀子砍不断
- 朋友千个少，冤家一个多
- 朋友是第二个自我
- 欺骗朋友是一次，害了自己是终生
- 骑快马的，感觉不到路远；朋友多的，感觉不到困难
- 千个朋友嫌少，一个敌人嫌多
- 千金买户，八百买邻
- 千千万万匹走马，换不来真正的友情
- 亲不亲，故乡人；美不美，乡中水
- 亲戚是上帝安排的，朋友是自己挑选的
- 秦桧也有三个臭朋友
- 情深恭敬少，知己笑谈多
- 情愿挨一刀，不和秦桧交
- 穷家难舍，熟地难离
- 去时留人情，转来好相见
- 染于苍则苍，染于黄则黄
- 人到难处邻里来
- 人非贤莫交，物非义莫取
- 人好凭心，树好凭根
- 人间岁月闲难得，天下知交老更亲
- 人交往一次不能说好坏，马驰骋一次不能定优劣
- 人看一颗心，鼓打两张皮
- 人亲财不亲，人熟礼不熟
- 人情有厚薄，水流有深浅
- 人人献出爱，世界更美好
- 人生何处不相逢，相逢何必曾相识
- 人相互支撑的结构，“爱”就是黏结剂
- 人心换人心，四两换半斤
- 人心难测，海水难量
- 人之相知，贵在知心
- 人重感情，狗恋吃食
- 如果缺少爱，一切的美妙景象都将黯然失色
- 如果想了解一个人，就先看看他的朋友
- 如同阳光温暖身体，关爱温暖心灵
- 三人行，必有我师

- 砂锅不打不漏，朋友不交不透
- 上路前先找好同伴
- 少年夫妻老来伴，老年情比少年浓
- 生活因爱而绚丽，世界因爱而美好
- 生命之爱，感因心怀；点滴付出，善意永在
- 生前不把父母敬，死后何必哭亡灵
- 生死之交，其贵无比
- 失去爱，天地黯然失色；拥有爱，就拥有了世界
- 师以质疑，友以析疑
- 士为知己者死
- 事事关己，博爱众人
- 是亲必有顾，是亲三分向
- 手心手背都是肉
- 守道不封己，择交如求师
- 树高千尺，落叶归根
- 树直用处多，人直朋友多
- 谁不懂得友谊，谁就不会生活
- 水草肥美的地方牛羊多，心地善良的人朋友多
- 水有源，树有根，不认爹娘如畜生
- 斯爱未复，此世未尽

- 松竹梅岁寒三友，桃李杏春暖一家
- 岁寒知松柏，患难见交情
- 损友敬而远，益友敬而亲
- 所谓友谊，就是一颗心在两个身体里
- 甜不过蜂蜜，亲不过母女
- 同道者相爱
- 万两黄金容易得，知心一人世难求
- 为报答社会的关爱，请关爱你身边的每一个人
- 为朋友而死不难，难在找一个值得为之而死的朋友
- 唯有付出真爱，才能收获真情
- 闻见广则聪明辟，胜友之而学易成
- 先有亲，后有邻
- 鲜花要用水浇灌，友谊要靠人珍爱
- 鲜花因阳光雨露而美丽，生命因关心呵护而灿烂
- 相处是好是亲家，相处不好是冤家
- 相马以舆，相士以居
- 相识满天下，知心有几人
- 向你的朋友学好，对着你的影子整装
- 小孩想妈，游子想家
- 小两口一条心，日子过得赛黄金
- 心与心相连，天涯若咫尺；心与心相隔，咫尺若天涯
- 新结同心香未落，长守山盟情永鲜
- 幸福的家庭都是相似的，不幸的家庭各有各的不幸
- 兄弟同心金不换，妯娌同心家不散
- 虚伪的朋友，遇事常点头哈腰
- 学贵得师，亦贵得友
- 学问难穷，帮亲师取友
- 雪雁双飞严霜退，红梅并开坚冰融
- 鸭子不和鸡合伙
- 严师出高徒
- 阳光普照万物，关爱给周围的每一个人
- 要像对自己孩子一样对待每个学生
- 要知父母恩，怀里抱儿孙

- 一份关爱，留住永远的春天
- 一个篱笆三个桩，一个好汉三个帮
- 一个朋友一条路，一个冤家一堵墙
- 一个人没有好朋友，就不会看到自己的缺点
- 一家之计在于和，家庭分裂苦恼多
- 一日夫妻百日恩
- 一日朋友，百日相助
- 一日为师，终生为父
- 衣服新的好，朋友老的好
- 以势交者，势尽则疏；以利合者，利尽则散
- 以文会友，以友辅仁
- 益友百人少，损友一人多
- 英雄见了英雄爱，虎豹见了虎豹欢
- 婴儿是屋子里的明灯，友谊是幸福的明灯
- 拥有友情是一件很美好的事，就算是身在地狱
- 用关爱战胜冷漠，携手共建爱的家园
- 用蜜来诱你的不是好朋友，用忠言逼谏你的才是好朋友
- 用心关爱每一个人
- 友谊是没有爱情的翅膀
- 友谊要用真理来巩固
- 友谊中的小争吵如在食物中加些胡椒粉一样好
- 有爱心就有希望
- 有朋友的人，像草原一样宽广；没有朋友的人，狭窄如同巴掌
- 鱼交鱼，虾结虾，蛤蟆找的蛙亲家
- 在安乐中谁都可以和你称兄道弟，在患难中真正的朋友才会和你站在一起
- 在家靠父母，出外靠朋友
- 责备是朋友的礼物
- 赠人玫瑰，手留余香，关爱教育，让你我的生活更美好
- 丈夫会应有知己，世上悠悠安足论
- 找朋友的最好方法，就是先去做别人的朋友
- 珍珠挂在颈上，友谊嵌在心上
- 真朋友，同打虎，同吃肉；假朋友，见利来，见害走
- 真朋友遇难就帮，假朋友遇难就嚷
- 真正的友情，是一株成长缓慢的植物
- 只顾自己的人跟邻居合不来
- 只管读书不玩耍，聪明孩子也变傻
- 只有过河，才能知道水的深浅；只有长期相处，才能了解人的心地
- 只有掏出心来，才能心心相印
- 知子莫若父
- 直干的树用处多，真心的人朋友多
- 直言朗语的人好办事情，不言不语的人难打交道
- 至亲不如好友，严师不如益友
- 挚友背后赞扬你，坏人当面吹捧你
- 智慧不凭年龄凭心灵，友谊不在一时在平时
- 珠玉不如善友，富贵莫如仁友
- 蛛需网，鸟需巢，人需友情
- 竹本无心皮外多生枝节，藕自有窍腹内满藏情丝
- 拄棍要拄长的，找伴要找强的
- 壮心剖出酬知己
- 自己如何对待父母，儿女也一样对待自己

第三章

歇后语

… 谐音类 …

- 阿公吃黄连——苦也（爷）
- 矮子吃粉丝——好场（长）面
- 矮子过河——安（淹）心
- 八百个铜钱穿一串——不成调（吊）
- 八斤半的王八中解元——规矩（龟举）不小
- 八十岁的老太太打哈欠——一望无涯（牙）
- 八十岁老太太戴耳环——爱那个调调（吊吊）
- 八十岁学郎中——真诡（诊鬼）
- 八仙桌上加一个——久违（九位）
- 八月的核桃——挤满了人（仁）
- 八月十五吃月饼——上下都有缘（圆）
- 八月十五的月亮——好缘（圆）
- 八月十五会朋友——节约（月）
- 八只朝靴几人蹬——四川（穿）
- 八字没一撇——哪能成事（字）
- 扒了锅的稀饭——胡诌（糊粥）
- 扒着锅沿喝粥——等不得成（盛）了
- 白菜叶子炒大葱——亲（青）上加亲（青）
- 白脚布里的白虱——老角（脚）色（虱）
- 白酒泼在蜘蛛网上——罪（醉）不容诛（蛛）
- 百日不下雨——久情（晴）
- 扳不倒掉井——劳（捞）不起
- 搬进大观园——都姓假（贾）
- 半空中点灯——高招（照）
- 半两棉花——免谈（弹）
- 爆竹上天——想（响）得高
- 被面蒙桌子——作为（桌围）很大
- 鼻孔穿草绳——自谦（牵）
- 鼻孔里的汗毛——了（燎）不起

- 鼻孔里放软枣——小事（柿）
- 鼻孔里挂柏树花——心里有数（树）
- 鼻梁骨上推小车——走投（头）无路
- 鼻头上挂鲞鱼——休想（嗅鲞）
- 鼻子里灌醋——酸溜溜（流流）
- 鼻子上挂钉锤——可耻（磕齿）
- 鼻子眼里插大葱——装相（象）
- 鼻子眼里插管子——修养（嗅氧）
- 篦匠赶场担一担——前后为难（篮）
- 鞭炮两头点——想（响）到一块儿
- 裱糊店里的蛀虫——吃人家的话（画）
- 裱糊匠开箱子——打开话（画）匣子了
- 裱糊匠开糟坊——酒少话（画）多
- 裱糊匠上天——胡（糊）云
- 裱画店里失火——自己丢出话（画）来
- 瘪瓜子——不诚（成）实；没人（仁）
- 玻璃碴子掉油缸——又奸（尖）又滑
- 玻璃菩萨——明白人（神）
- 菠菜煮豆腐——清清（青青）白白
- 补锅匠栽筋斗——倒贴（铁）
- 不倒翁盖被子——人小辈（被）儿大
- 不放酱油烧猪蹄——白提（蹄）
- 不三的弟弟——不是（四）
- 布袋里的菱角——乱出风（锋）头
- 裁缝戴眼镜——认真（针）
- 裁缝的本事——真（针）好

- 裁缝的家当——真正（针挣）的
- 裁缝的肩膀——有限（线）
- 裁缝的戒指——顶真（针）
- 裁缝的脑壳——当真（挡针）
- 裁缝的针箍——顶真（针）
- 裁缝丢了剪刀——只有吃（尺）
- 裁缝铺倒闭——当真（针）
- 裁缝铺里的掌柜——左也依（衣）右也依（衣）
- 裁缝师傅丢了剪刀——只有吃（尺）了
- 裁缝想买地——千真（针）万真（针）
- 裁缝做衣裳——要良心（量身）
- 踩上了西瓜——狡猾（脚滑）
- 踩上了香蕉皮——狡猾（脚滑）
- 踩着石头过河——兢兢业业（惊惊孽孽）
- 踩着庄稼走路——暴损天良（粮）
- 蚕肚子里的东西——尽是私（丝）
- 苍蝇飞进牛眼里——找累（泪）吃
- 苍蝇生蛋——准有屈（蛆）
- 草把作灯——粗心（芯）
- 草帽子当锣——想（响）不起来
- 草泥塘里翻泡——发笑（酵）
- 草滩失火——留情（青）
- 茶馆里招手——胡（壶）来
- 茶壶煮饺子——道（倒）不出
- 茶食店里失火——果然（燃）
- 长虫戴草帽——细高挑（条）儿
- 长虫过道——莽（蟒）行
- 长虫没眼睛——盲从（虫）
- 长虫蜕皮——节节退（蜕）
- 朝天放枪——空想（响）
- 朝廷吃煎饼——均（君）摊
- 炒咸菜放盐——太闲（咸）了
- 车上的轮子——不妨（方）
- 车上拉客——宰（载）人
- 扯胡子过河——谦虚（牵须）过度（渡）
- 扯铃扯到半空中——空想（响）
- 成都走华阳——现过现（县过县）
- 成天想蚕茧——只顾私（丝）
- 城隍老爷戴孝——白跑（袍）
- 城隍老爷的胡豆——鬼吵（炒）
- 城隍老爷的马——不见奇（骑）
- 城隍庙的鼓——鬼瞧（敲）
- 秤锤落在井里——不等（噗通）
- 秤砣掉在大海里——富（浮）不起来
- 秤砣过河——不服（浮）
- 吃冰棍拉冰棍——没话（化）
- 吃葱吃蒜——不吃将（姜）
- 吃的葱胡子，忌的蒜皮子——你还记（忌）着啥
- 吃饭不饱肚子——宝贝（饱背）
- 吃瓜子嗑出个臭虫来——假充人（仁）来了
- 吃饺子不吃馅——调（挑）皮
- 吃了秤杆——肚子心（星）眼
- 吃人参——候（后）补
- 吃生盐聊天——讲闲（咸）话
- 虫吃梨子——心里肯（啃）
- 臭虫钻进花生壳——硬充好人（仁）
- 出了题就交卷——糟糕（早稿）
- 出门落个雨淋头——失意（湿衣）得很
- 出门没车——不（步）行

- 出门遇到出殡的——见财（材）
- 初八当重阳——不久（九）
- 厨房阶砖——闲事（咸湿）
- 厨师回家了——不跟你吵（炒）
- 船板做棺材——漂流了半辈子，老来才成（盛）人
- 船上人上岸——不（步）行
- 船头上跑马——走投（头）无路
- 窗户上洒水——格式（湿）多
- 床底下点蚊香——没下文（蚊）
- 吹鼓手掉进井里——想（响）着想（响）着下去了
- 吹鼓手进机房——想（响）到一块儿了
- 锤子打钎——想（响）在一个点上
- 春秋望田头——专门找差（岔）儿
- 春天的果园——有道理（桃李）
- 从河南到湖南——难（南）上难（南）
- 从景德镇买来的——新词（瓷）
- 从盐堆里爬出来的——闲（咸）话不少
- 醋瓶子打酒——满不在乎（壶）
- 错过了客店——无处寻书（宿）
- 错贴的门神——翻（反）脸啦
- 打灯笼搬石头——照办（搬）

- 打破砂锅——问（瓮）到底
- 大车拉煎饼——贪（摊）多了
- 大虫打架——苦（虎）斗
- 大船出海——外行（航）
- 大船载太阳——度（渡）日而已
- 大葱拌豆腐——一清（青）二白
- 大风刮羊圈——飞扬（羊）跋扈（户）
- 大公鸡对着麦克风叫——名（鸣）声更高
- 大公鸡闹嗓子——别提（啼）了
- 大河里淌下卧单来——刘备（流被）
- 大胡子——难题（剃）
- 大酱拌咸菜——言（盐）重
- 大街上掉裤子——会计（快系）
- 大老爷下轿——不（步）行
- 大路边打草鞋——说（索）长道短
- 大路边的马——谁爱欺（骑）谁欺（骑）
- 大路边的水盂——谈（痰）吐自如（入）
- 大萝卜割口——白问（纹）
- 大麦掉在乱麻里——忙（芒）无头绪
- 大麦去了两层皮——成人（仁）了
- 大麦去了皮——白人（仁）
- 大门板改棺材——屈才（材）
- 大门里种南瓜——难（南）上加难（南）
- 大门上挂扫帚——臊（扫）脸
- 大胖子上动物园——想瘦（兽）
- 大炮打群狼——一哄（轰）而散
- 大炮弹掉河里——想（响）不起来
- 大蛇过街——莽（蟒）行
- 大蛇碰墙——莽（蟒）撞
- 大水冲走土地庙——留（流）神
- 大蒜拌豆腐——难办（拌）
- 大轴子裹小轴子——话（画）里有话（画）
- 呆子不识元宵——白玩（丸）
- 带马桶坐大堂——赃（脏）官

- 戴上口罩打嗝——想（响）不开
- 弹花匠的女儿——只会谈（弹）
- 弹花匠进宫——有功（弓）之臣
- 刀剁自己的脚趾头——自觉（脚）自愿
- 刀挂在鼻子上——寡（剐）嘴
- 刀尖上翻跟头——亡（玩）命之徒
- 刀切莲藕——思（丝）不断
- 刀刃上踩高跷——玩玄（悬）的
- 刀子切元宵——不愿（圆）
- 倒背手看鸡窝——不简单（捡蛋）
- 道上舞大钳——少见（剑）
- 道士捉妖——有福（符）
- 稻草城——假惊（京）
- 灯草拐杖——做不了主（拄）
- 灯笼失火——拉（蜡）倒
- 灯影子打哈欠——脾（皮）气大
- 灯盏无油——火烧心（芯）
- 灯盏无油——枉费心（芯）
- 地瓜去皮——白数（薯）
- 靛青洗澡——一身轻（青）
- 雕花匠的行头——动手就错（锉）
- 掉下井的秤砣——扶（浮）不起来
- 跌倒在粪坑边——离死（屎）不远
- 跌跤捡铜板——有德（得）
- 跌进竹园里——该千（签）死
- 钉满刺的椅子——难做（坐）
- 钉碗匠——专找茬（碴）
- 钉掌的敲耳朵——离题（蹄）太远
- 冬瓜皮做甑子——不争（蒸）气
- 冬水田里种麦子——怪哉（栽）
- 冻豆腐——难办（拌）；没法办（拌）
- 斗大的元宵——难玩（丸）
- 斗笠出烟——冒（帽）火
- 豆腐堆里一块铁——数他（它）最硬
- 豆腐干煮肉——有份数（荤素）
- 豆腐乳做菜——哪还要言（盐）
- 豆腐渣炒藕片——迷（弥）了眼
- 豆腐渣贴对联——不沾（粘）边

- 豆箕柴着火——着急（箕）
- 豆芽炒蚂蚱——两不值（直）
- 豆渣贴门神——不沾（粘）
- 独头蒜——没伴（瓣）儿
- 肚脐眼上挂钥匙——开味（胃）
- 肚脐眼上贴膏药——铁（贴）了心
- 肚脐眼说话——谣（腰）言
- 肚子里撑船——内行（航）
- 肚子里行船——大人大度（肚）
- 端着鸡蛋冰上走——提心吊（掉）胆（蛋）
- 端着酒壶打架——豁（喝）着干
- 对着窗户吹喇叭——名（鸣）声在外
- 鹅蛋石下油锅——扎实（炸石）
- 额头上放爆竹——头饷（响）；有个大想（响）头
- 耳朵上挂马勺——逞（盛）脸
- 二百亩地——两清（顷）
- 二百钱买个犁弯——不值（直）
- 二饼看五——齐（七）瞪眼
- 二饼碰八万——斜（邪）不对眼
- 二分钱的茶壶——粗词（瓷）
- 二分钱买个羊头——了（燎）不起
- 二个盘子三条鱼——多余（鱼）
- 二姑娘梳头——不必（篦）
- 二胡琴——扯扯谈谈（弹弹）
- 二斤面掉井里——怎么活（和）
- 二斤七两分三下——久仰（九两）

- 二斤肉换只虾米——不直（值）
- 二郎神的外甥——不爱旧（舅）
- 二郎神缝皮袄——神聊（缭）
- 二郎爷放爆竹——精（惊）神
- 二郎爷滑冰——留（溜）神
- 二愣子拉胡琴——自顾自（吱咕吱）
- 二两茶叶泡一碗——老实（色）
- 二两米熬一大锅粥——不愁（稠）
- 二两棉花打絮——谈（弹）不上
- 二两棉花四张弓——细谈（弹）
- 二两重的猪——够受（瘦）的
- 二亩地不耕——罢（耙）了
- 二三四五——缺衣（一）
- 二三四五六七八九——缺衣（一）少食（十）
- 二十九过年——小劲（进）
- 二十七注钱分三份——久闻（九文）
- 二十五两——半疯（封）
- 二踢脚——两想（响）
- 二踢脚不抹泥——嘛（麻）做的
- 二踢脚上天——空想（响）
- 二月的春雷——想（响）得很
- 二月二吃煎饼——闲磨（咸馍）
- 二月二的元宵——聋（龙）蛋
- 反转龟——猛扒（爬）
- 饭锅里冒烟——迷（米）糊了
- 饭笼里的点心——熟悉（食）
- 放牛的吃螃蟹——不待言（带盐）
- 飞机撒网——无限（线）上网
- 飞机上插柳枝——高知（枝）
- 飞机上吃饭——高参（餐）
- 飞机上吹喇叭——空想（响）
- 飞机上吊红灯——大大有名（明）
- 飞机上放鞭炮——想（响）得高
- 飞机上放大炮——想（响）头不低
- 飞机上放广播——想（响）得远
- 飞机上放鱼钩——高调（钓）
- 飞机上挂口袋——装疯（风）
- 飞机上挂暖瓶——高水平（瓶）
- 飞机上扔报纸——空头（投）理论
- 飞机炸茅坑——激起公愤（粪）
- 粉白墙上挂草席——不像话（画）
- 粉球滚芝麻——多少沾（粘）点儿
- 风吹马尾——乱思（丝）
- 风沙地里吃炒面——有口难言（咽）
- 风筝点火——飘飘然（燃）
- 佛爷脸上刮金子——浅薄（剥）
- 夫子的徒弟——闲（贤）人
- 斧子破毛竹——着急（斫节）
- 富家小姐——千斤（金）
- 赶鸭子上树——难为他（它）
- 干咸菜拌豆腐——有言（盐）在先
- 高个子爬山——高尚（上）
- 高泥墩失火——谣言（窑烟）
- 高山滚鼓——不通不通（扑通扑通）
- 高山坡上滚锣——不通不通（噗咚噗咚）
- 高山上打鼓——名（鸣）声在外
- 高山上打鼓——远近闻名（鸣）
- 高山上打锣——四方闻名（鸣）
- 高山上点灯——名（明）头大
- 哥哥不在家——少（嫂）来
- 哥俩耙地——对喽（搂）
- 哥俩上茅房——对啦（拉）

- 胳膊肘挂掌——离题（蹄）太远；走题（蹄）了
- 胳肢窝里夹柿子——没有你这么懒（漤）的
- 隔年蚕做茧——无心思（新丝）
- 隔年的核桃——旧时人（仁）
- 隔墙扔簸箕——反（翻）正不知道
- 隔墙扔盒子——非（飞）礼
- 隔墙烧辣椒——有点像（呛）
- 隔着门缝吹喇叭——名（鸣）声在外
- 耕地里甩鞭子——吹（催）牛
- 弓起腰杆淋大雨——背时（湿）
- 公鸡戴帽子——官（冠）上加官（冠）
- 狗吃豆腐脑——闲（衔）不着
- 狗吃黄瓜——错了时（食）
- 狗吃青草——装样（羊）
- 狗长犄角——洋（羊）气
- 拐子进医院——自觉（治脚）
- 观音堂里着火——妙哉（庙灾）
- 龟盖量米——什么声（升）
- 锅里的包子——争（蒸）上了
- 锅里煮稀饭——糜（米）烂
- 锅台裂了缝——坏兆（灶）
- 锅台上的油渣——练（炼）出来的
- 锅堂里的饼——老交（焦）
- 锅腰子上山——钱（前）上紧
- 裹脚布补阳伞——一步（布）登天
- 蛤蟆生气——干咕嘟（鼓肚）
- 蛤蟆跳井——不懂（扑通）
- 孩子的脊梁——小人之辈（背）
- 海儿接弟弟——胡（湖）来
- 海里的水——到哪儿哪嫌（咸）
- 海外来的和尚——洋参（僧）
- 旱魅拜夜叉——尽（精）见鬼
- 航空兵翻筋斗——颠倒是非（试飞）
- 耗子掉到水缸里——时髦（湿毛）
- 耗子啃皮球——客（嗑）气
- 耗子偷秤砣——倒贴（盗铁）

- 耗子钻在书箱里——蚀（食）本
- 喝盐水聊天——尽讲闲（咸）话
- 喝盐水说话——闲（咸）言闲（咸）语
- 何家姑娘给郑家——正合适（郑何氏）
- 和尚打伞——无法（发）无天
- 和尚的房子——妙（庙）
- 和尚的脑壳——没法（发）
- 和尚分家——多事（寺）
- 和尚拖木头——出了事（寺）
- 和尚坐岩洞——没事（寺）
- 河边洗黄连——何（河）苦
- 河里长菜——不焦（浇）
- 荷花池里打架——没得你的偶（藕）
- 荷花塘里拍照——偶（藕）像
- 荷花塘里着火——偶然（藕燃）
- 黑糯米做酒——龌龊（乌糟）
- 黑瞎子吃酸枣——不在乎（核）
- 黑瞎子掉膘——受（瘦）熊
- 喉咙里安雷管——一谈（弹）就崩
- 喉咙里使勺子——淘（掏）气
- 喉咙里装火药——一谈（痰）就崩
- 猴子吃生姜——辣喉（猴）
- 猴子舂米——乱冲（舂）
- 猴子骑骆驼——高棋（骑）
- 猴子学走路——假惺惺（猩猩）
- 后边扎小辫——违法乱纪（尾发乱系）

- 狐狸吵架——一派胡（狐）言
- 狐狸骑老虎——狐假（驾）虎威
- 胡萝卜拴驴——当不了庄（桩）
- 胡屠户的女婿——犯劲（范进）
- 葫芦掉下井——不成（沉）
- 葫芦瓢——理（里）虚
- 护国寺买骆驼——没那个事（市）
- 护国寺西口——狗势（市）
- 花椒不叫花椒——麻利（粒）
- 花椒大料——两位（味）
- 花椒掉进大米里——麻烦（饭）了
- 花椒木雕孙猴儿——麻木不仁（人）
- 花生不叫花生——难斗（南豆）
- 花生壳里的臭虫——冒充好人（仁）
- 画上的马——不奇（骑）
- 怀儿婆过独木桥——铤（挺）而（儿）走险
- 怀里揣篦子——舒（梳）心
- 怀里揣铃铛——想（响）得美
- 怀里揣马勺——诚（盛）心
- 怀里揣棉花——暖（软）心
- 怀里揣小拢子——舒（梳）心
- 坏掉根的茄苗——不成个样（秧）子
- 荒地隔儿的兔子——单崩（蹦）儿
- 黄飞虎反五关——稀奇（西歧）
- 黄河的水——难请（清）
- 黄酒铺搬家——痰（坛）堵门儿
- 黄连木做手板——苦胚（拍）子
- 黄连酿成酒——苦打成招（糟）
- 黄连水洗头——苦恼（脑）
- 黄雀撞倒百灵——巧（雀）碰巧（雀）
- 黄鳝的尾巴——又奸（尖）又滑
- 黄鳝爬犁头——狡猾（绞铧）
- 黄鼠狼戴牛铃——担（叮）当不起
- 黄鼠狼钻鸡笼——投机（偷鸡）
- 火车拉汽笛——名（鸣）声挺大
- 火上浇油——忘（旺）了
- 火烧红莲寺——妙哉（庙灾）
- 火烧胡子——练（炼）嘴
- 火烧旗杆——长叹（炭）
- 货轮出了海——外行（航）
- 鸡蛋上吹风——没空（孔）
- 鸡公戴帽子——官（冠）上加官（冠）
- 鸡公头上的肉——大小是个官（冠）
- 鸡脑袋上磕烟灰——几（鸡）头受气
- 鸡头上插鹅毛——一语（羽）双关（冠）
- 鸡啄蚂蚁——正合适（食）
- 贾家嫁给贾家——假（贾）门假事（贾氏）
- 架豆没水——蔫逗（豆）
- 架起锅子等豆子——准备吵（炒）一吵（炒）
- 肩膀上放烘笼——恼（脑）火
- 江中的鲤鱼——油（游）惯了
- 酱坊里的老板——闲（咸）人儿
- 酱缸里冒泡——闲（咸）气
- 酱缸里泡石头——一言（盐）难尽（进）
- 酱瓜煮豆腐——有言（盐）在先
- 酱萝卜——没影（缨）儿
- 酱油泡稀饭——图的姿（滋）色
- 胶鞋渗水——纰（皮）漏
- 脚板上拴大锣——走到哪里想（响）到哪里
- 脚板下长草——慌（荒）丫子了

- 脚底下的燎煎泡——走出的人缘（圆）
- 脚后跟朝北——难（南）走
- 脚盆里撑船——内行（航）
- 叫花子过年——穷讲究（将就）
- 街上拖皮线——应该（印街）
- 街头上贴膏药——铁证（贴镇）
- 紧口坛子盛檐水——乐（落）在肚里
- 荆棘里栽桑——没人睬（采）
- 荆条棵上挂鞋底——扯（刺）皮
- 精装茅台——好久（酒）
- 井底里响鞭炮——有原因（圆音）
- 井口接电线——机警（井）
- 井里丢石头——不懂（扑通）
- 井里救皇上——劳（捞）驾
- 井水浇坟——欺（沏）祖
- 景德镇的瓷器——词（瓷）好
- 景德镇的媒人——满嘴的好词（瓷）
- 景德镇改行——没词（瓷）儿了
- 景山的歪脖树——掉价（吊驾）
- 景山上磨刀——高峰（锋）
- 九毛加一毛——时髦（十毛）
- 九月初八问重阳——不久（九）
- 韭菜炖蛋——冒充（葱）
- 韭菜煮豆腐—— 一清（青）二白
- 酒杯掉进酒坛里——罪（醉）上加罪（醉）
- 酒杯量米——小气（器）
- 酒壶里吵架——胡（壶）闹
- 酒糟炒鸡丝——乱吵（炒）
- 酒桌上的盘子——喋喋（碟碟）不休
- 开花不结果——无子（籽）
- 砍柴的扛扁担——担心（薪）
- 砍柴人下山——两头担心（薪）
- 砍倒的樟树——死不甘（干）心
- 炕上安锅——改造（灶）
- 嗑开的瓜子儿——明摆着的人（仁）儿
- 空棺材出殡——目（木）中无人
- 空梭子补网——没法治（织）

- 空蒸笼上锅台——争（蒸）气
- 空中布袋——装疯（风）
- 空中挂灯笼——玄（悬）了
- 空中抹浆子——胡添（糊天）
- 孔夫子搬家——尽输（书）
- 孔夫子的口袋——书呆（袋）子
- 孔夫子的徒弟——闲（贤）人
- 苦水里泡大的杏核儿——苦人（仁）儿
- 筷子顶豆腐——树（竖）不起来
- 垃圾堆里的连环画——废话（画）
- 拉胡子过大街——谦虚（牵须）
- 拉马不骑——玩谦（牵）；过谦（牵）了
- 腊肉上席——自不待言（盐）
- 腊肉汤里下面条——有言（盐）在先
- 腊月的萝卜——动（冻）了心
- 腊月里喝凉水——点点滴滴记（结）在心里
- 腊月里生孩子——动（冻）手动（冻）脚
- 蜡台上无油——空费心（芯）
- 癞蛤蟆不长毛——无法（发）治
- 癞蛤蟆跳水井——不懂（扑通）
- 烂颈蓑衣——批（披）不得
- 烂泥巴糊墙——扶（糊）不上去
- 狼头上长草——装样（羊）
- 老电线杆——闲（线）话多
- 老公公给媳妇拜年——岂有此理（礼）

- 老和尚住山洞——没事（没寺）
- 老虎吃豆腐——口诉（素）
- 老虎洞里菩萨堂——没人敢进（敬）
- 老虎驾辕——哪个敢（赶）呀
- 老虎拉车——没人敢（赶）
- 老九的弟弟——老实（十）
- 老龙王搬家——厉害（离海）
- 老母鸡抱空窝——不简单（见蛋）
- 老奶奶的发髻——输（梳）定了
- 老牛拉车——灾祸（载货）
- 老婆掉进冰河里——凄（妻）凉
- 老三错了骂兄弟——怪事（四）
- 老寿星骑狗——没路（鹿）
- 老鼠啃碟子——口口是词（瓷）
- 老鼠跳到钢琴上——乱谈（弹）
- 老鼠拖葫芦——病（柄）在后头
- 老太婆开了口——一望无涯（牙）
- 老太婆上鸡窝——笨（奔）蛋
- 老太太拄拐杖——夫（扶）人
- 老头儿吃柿子——挑软的欺（吃）
- 老王掉到酒缸里——成了罪（醉）人
- 老鸦站树头——刮刮（呱呱）叫
- 老爷下轿——不（步）行
- 老鹰捕食——见机（鸡）行事
- 老蜘蛛的肚子——净是私（丝）
- 烙饼卷大葱——算（蒜）没他的事
- 雷公喝酒——胡批（劈）乱打
- 冷锅炒热豆子——越吵（炒）越冷淡
- 犁地的甩鞭——吹（催）牛
- 理发店的刀子——需（须）要
- 理发师的剪刀——检（剪）人不检（剪）己
- 鲤鱼戴斗笠——愚（渔）人
- 莲蓬杆打人——私（丝）情不断
- 凉粉儿刮到碗里——妥（坨）了
- 凉水沏茶——硬充（冲）
- 梁山上的军师——无（吴）用
- 粮仓搬家——亮（晾）底
- 两把号吹成一个调——想（响）到一块儿来了
- 两百钱的花生——有得驳（剥）
- 两个胖子吵架——谁（肥）也别说谁（肥）
- 两个琵琶一个调——谈（弹）到一块儿去了
- 两口子锄地——不顾（雇）人
- 两毛钱的火柴——有几何（盒）
- 两手捧寿桃——有理（礼）
- 两手伸进染缸——左也难（蓝）右也难（蓝）
- 拎条泥鳅办宴席——小题（提）大做
- 临下水才学游泳——有何（河）过不去
- 铃铛掉了舌头——没想（响）头了
- 柳树上打饼——好高傲（鏊）
- 柳树叶子——奸（尖）得很
- 六必居的伙计——犟（酱）小子
- 六七八九——没食（十）
- 六月里吃薄荷——好良（凉）心
- 六月里吃生姜——服啦（伏辣）
- 六月里穿皮袄——武汉（捂汗）
- 六月里戴手套——保守（手）
- 六月里的火炉——谁想（向）你
- 六月里的腊肉——有言（盐）在先
- 六月里的蚊子——钉（叮）死了
- 六月里的鱼汤——不动（冻）
- 六月天的剩饭——要搜（馊）

- 砻糠搓绳——难做人（绳）
- 聋子放炮仗——没影（音）响
- 聋子玩鸟——没听提（啼）
- 炉子翻身——倒霉（煤）
- 鲁班的锯子——不错（锉）
- 轮胎上安高音喇叭——想（响）得远
- 萝卜不大——在辈（背）上
- 罗锅扒铁轨——死了也不值（直）
- 罗锅下山——钱（前）紧
- 锣鼓两叉——想（响）不到一块儿
- 骆驼放屁——想（响）得不低
- 骆驼蹄上挑刺——大题（蹄）小做
- 落花生不叫落花生——难斗（南豆）；难逗（南豆）
- 落了三年黄梅雨——绝情（晴）
- 落雨出太阳——假情（晴）
- 驴皮贴墙上——不像话（画）
- 吕洞宾打摆子——占先（颤仙）
- 吕蒙正盖房子——造谣（窑）
- 绿头苍蝇坐月子——抱屈（蛆）
- 妈妈的众姐姐——多疑（姨）
- 麻布袋草布袋——一代（袋）不如一代（袋）
- 麻布洗脸——初（粗）会面
- 麻袋片上绣花——一代（袋）不如一代（袋）
- 麻子打呵欠——全面动员（圆）
- 马背上打掌子——离题（蹄）太远
- 马车跑到路沟里——胡干（赶）
- 马打架——看题（蹄）
- 马蜂的儿子——歹（带）毒
- 马蜂过河——歹（带）毒
- 马褂上穿背心——格（隔）外一套
- 马腿上钉掌子——离题（蹄）太远
- 马尾作琴弦——不值一谈（弹）
- 蚂蟥见血——盯（叮）住不放
- 蚂蚁出窝——寻事（食）
- 买个炮没捻——咋想（响）

- 麦柴秆吹火——小气（器）
- 卖布不带尺——存心不良（量）
- 卖草帽的丢扁担——留神（绳）
- 卖鸡子儿的换筐篮——捣（倒）蛋
- 卖煎饼的说梦话——贪（摊）多了
- 卖了白面买笼屉——不争（蒸）馒头争（蒸）口气
- 卖萝卜的跟着盐担子走——闲（咸）操心儿
- 卖米不带升——居心不良（量）
- 卖虾的不拿秤——抓瞎（虾）
- 卖鸭蛋的换筐——捣（倒）蛋
- 卖油的不打盐——不管闲（咸）事
- 卖油条的拉胡琴——游（油）手好闲（弦）
- 卖砖头砌砖窑——专（砖）款专（砖）用
- 满口金牙——开口就是谎（黄）
- 盲人戴眼镜——聪（充）明
- 盲人做油条——瞎咋呼（炸糊）
- 猫见到鱼——求婚（荤）
- 猫头鹰报喜——丑名（鸣）在外
- 猫咬皮球——客（嗑）气
- 帽子里藏蝉——头名（鸣）
- 没角的牛——假骂（马）
- 没钱买海螺——省些（吸）
- 没弦的琵琶——从哪儿谈（弹）起
- 没有底的棺材——不成（盛）人
- 没有赶庙会——莫急（挤）

- 眉毛上打秋千——玄（悬）而又玄（悬）
- 眉毛上放爆竹——祸（火）在眼前
- 眉毛上涂水彩——有眼（颜）色
- 媒人婆跟着食盒走——有理（礼）
- 煤油炉生火——心（芯）眼不少
- 门板盖棺材——屈才（材）
- 门洞里敲锣——里里外外名（鸣）声大
- 门缝里吹喇叭——名（鸣）声在外
- 门角落里的秤砣——死（实）心眼
- 门神老爷吃甘蔗——指教（纸嚼）
- 门神里卷灶神——话（画）里有话（画）
- 门头沟打官司——没（煤）的事
- 门头沟的财主——摇（窑）头
- 门头上挂席子——不像话（画）
- 孟良摔葫芦——散伙（火）
- 米店卖盐——多管闲（咸）事
- 棉花店关门——甭谈（弹）了
- 棉花掉下水——谈（弹）不成
- 面条点灯——犯（饭）不着
- 庙背后看神——妙（庙）透了
- 庙里放鞭炮——精（惊）神
- 磨眼里放碗片——推辞（瓷）
- 拿着棒槌缝衣服——啥也当真（针）
- 纳鞋底不用锥子——真（针）好
- 男人不打老婆——好福气（夫妻）
- 南天门上挂镜子——赵（照）云
- 泥匠拿瓦刀——到处找气（砌）
- 泥菩萨身上长草——慌（荒）了神
- 泥鳅打鼓——乱谈（弹）
- 泥水匠不砌墙——专（砖）等着
- 泥水匠的瓦刀——光图（涂）表面
- 泥水匠无灰——专（砖）等着
- 泥水匠招手——要你（泥）
- 泥水匠整耗子——敷衍（眼）了事
- 年初一吃酒酿——头一遭（糟）
- 年画上的春牛——离（犁）不得
- 牛角尖对牛角尖——对奸（尖）
- 牛角上抹油——又奸（尖）又滑
- 牛蹄子上供——就显你角（脚）大
- 弄堂里跑马——题（蹄）难出
- 藕炒黄豆——钻空（孔）子
- 藕丝炒韭菜——清清（青青）白白
- 排队进茅房——伦敦（轮蹲）
- 皮皇帝的妈妈——皮太厚（后）
- 皮匠不带锥子——真（针）行
- 婆媳俩守寡——没工（公）夫
- 破旧的庙宇——老实（寺）
- 破琵琶——不好谈（弹）
- 扑在床上数蚂蚁——从长（床）计议（蚁）
- 七十岁配眼镜——老话（花）
- 七月十五吃月饼——赶先（鲜）
- 旗杆顶上插鸡毛——好大的胆（掸）子
- 旗杆上挂地雷——空想（响）
- 旗杆上挂剪刀——高才（裁）
- 旗杆上放鞭炮——想（响）得高
- 骑在房脊上吹喇叭——名（鸣）声在外
- 千年的枯庙——没声（僧）
- 千年的石佛像——老实（石）人
- 《千字文》缝褂子——内外皆湿（诗）
- 牵着胡子过河——谦虚（牵须）过度（渡）
- 牵着羊进照相馆——出洋（羊）相
- 钱铺里的幌子——好大调（吊）门

- 强盗来了开大门——不多（躲）
- 强盗眉毛上放鞭炮——现眼现报（爆）
- 强盗走了房还在——不少（烧）
- 墙角上开口——邪（斜）门歪道
- 墙上挂草荐——不是话（画）
- 墙上挂狗皮——不像话（画）
- 墙上挂明弦——不谈（弹）
- 墙上贴草纸——没了话（画）
- 墙上种花——高中（种）
- 墙头上耕地——没几厘（犁）
- 墙头上挂镜子——赵（照）云
- 墙头上栽大蒜——混（荤）上去了
- 墙头上种白菜——难交（浇）
- 墙头上种菜——没缘（园）
- 墙头上种麦子——捧（榜）不得
- 墙嘴上抹石灰——白说（刷）白话（活）
- 敲锣紧跟打鼓的——想（响）到一个点上
- 敲锣碰到放炮的——想（响）到一块儿
- 荞麦皮打浆糊——两不沾（粘）
- 巧他爹打巧他娘——巧极（急）了
- 切菜刀剃头——玄（险）得厉害
- 怯木匠——就是一句（锯）
- 窃贼进学堂——摸到就是输（书）
- 秦桧的后代——尖（奸）子
- 青蛙跳在大鼓上——懂懂（咚咚）
- 清水煮挂面——有言（盐）在先
- 晴天打雷——不妨（防）
- 晴天里下雹子——才（灾）到
- 穷木匠开张——只有一句（锯）
- 穷人买米——声（升）头
- 缺牙齿吃豆——原（圆）进原（圆）出
- 瘸驴的屁股——邪（斜）门歪道
- 染房的姑娘不穿白鞋——自然（染）
- 人贩子数钱——转（赚）人
- 绒球打鼓——不想（响）
- 肉骨头打鼓——昏（荤）冬冬
- 肉骨头下锅——肯（啃）定了

- 肉锅丢进河——昏昏（荤荤）沉沉
- 肉汤里煮元宵——混（荤）蛋
- 三百斤的乌龟——赛阔（壳）
- 三朝的牛痘——溜（瘤）起来了
- 三尺长的梯子——答（搭）不上言（檐）
- 三斧头砍不入的脸——太后（厚）
- 三个菩萨堂——妙妙妙（庙庙庙）
- 三个钱买个牛肚子——尽吵（草）
- 三更半夜出世——害死（亥时）人
- 三合面沾起了面起子——发笑（酵）了
- 三节棍上天——诽谤（飞棒）
- 三九天出生——动（冻）手动（冻）脚
- 三九天穿单衣——威（畏）风
- 三九天穿裙子——美丽动（冻）人
- 三九天光脑袋——大动（冻）脑筋
- 三九天生的孩子——愣（冷）娃
- 三毛加一毛——时髦（四毛）
- 三十年的纺织娘——老油（蚰）嘴
- 三十年开花，三十年结果——老哥哥（果果）
- 三十晚上熬菜汤——没有（肉）
- 三十晚上洗被褥——不尴（干）不尬（盖）
- 三堂会审——要饭（犯）
- 三仙姑讲道情——尽是闲（仙）话

- 三月的杨柳——分外亲（青）
- 扫把写字——大话（划）
- 扫帚顶门——净岔（杈）儿
- 沙石打青石——实（石）打实（石）
- 沙滩上行船——搁（起）浅了
- 山沟里的杏子——苦人（仁）儿
- 山沟里敲鼓——回想（响）
- 山间种棵葱——阴险毒（独）辣
- 山里红包粽子——少找（枣）
- 山林中烧火——就地取材（柴）
- 山上打钟——有名（鸣）声
- 山上滚石头——实（石）打实（石）
- 山头上吹喇叭——名（鸣）声远扬
- 山湾里打锣——别提多想（响）了
- 山西的胡桃——瞒人（仁）
- 山崖上滚石头——实（石）打实（石）
- 扇着扇子说话——疯（风）言疯（风）语
- 上鸡窝摔筋斗——笨（奔）蛋
- 上弦的月亮——两头奸（尖）
- 绱鞋不用锥子——真（针）行
- 烧饼铺的耗子——次（吃）货
- 烧红的铁不打——还愣（冷）什么
- 烧金簪子——两头忙（芒）
- 深山里的坟堆——久慕（墓）
- 深山里敲钟——名（鸣）声在外
- 生花生——非吵（炒）不可
- 湿水炮仗——死硬（湿引）

- 十八个钱放两下——久闻久闻（九文九文）
- 十八岁的宫娥——正享福（想夫）
- 十二个时辰占三个字——身（申）子虚（戌）
- 十二月间的桑叶——谁人睬（采）你
- 十两纹银——一定（锭）
- 十六个人走路——巴（八）前巴（八）后
- 十文钱掉了一文——久闻（九文）
- 十五的月光——大量（亮）
- 十五的月亮——原谅（圆亮）
- 十五的蜘蛛结夜网——团圆无份暗中思（丝）
- 十月的萝卜——动（冻）了心
- 十月里的桑叶——谁来睬（采）你
- 十月倭瓜——满肚私（丝）
- 十字加两点——抖（斗）起来了
- 十字路口打铜锣——四方闻名（鸣）
- 石头蛋子腌咸菜——一言（盐）难尽（进）
- 守着厕所睡觉——离死（屎）不远
- 寿星打靶——老腔（枪）
- 寿星弹琵琶——老生常谈（弹）
- 寿星骑仙鹤——没路（鹿）了
- 书店失火——自然（纸燃）
- 书生打架——未必（为笔）
- 梳头姑娘吃火腿——游（油）手好闲（咸）
- 属蜘蛛的——满肚子私（丝）
- 树倒了——没影（荫）
- 树小荫凉少——照应（罩影）不到
- 数九天不戴帽——动动（冻冻）脑子
- 霜打的柿子——不懒（烂）
- 水池里长草——荒唐（塘）
- 水桶没把——不成体统（提桶）
- 丝瓜烧豆腐——清清（青青）白白
- 丝瓜藤牵在桃树上——专靠巴结人（仁）

- 四金刚弹琵琶——谈（弹）也不要谈（弹）
- 四棱子的元宵——不是玩（圆）的
- 四两豆腐半斤盐——贤惠（咸烩）
- 四两挂面——半疯（封）
- 四两棉花八张弓——细谈（弹）细谈（弹）
- 四两棉花——谈（弹）不上
- 四两棉花一张弓——从何谈（弹）起
- 四月的冰河——开动（冻）了
- 四月的果园——有理性（李杏）
- 四月里的梅子——多少带点亲（青）
- 寺后有个洞——妙（庙）透了
- 宋江的军师——无（吴）用
- 蒜苗做拐杖——混账（杖）
- 蒜苔子炒豆渣——光棍落难（烂）
- 孙猴子坐金銮殿——不像仁（人）君
- 唢呐吹出笛子调——想（响）的不一样
- 檀香木当柴烧——屈才（缺柴）
- 堂屋门前放爆竹——想（响）得宽
- 唐朝的茶杯——老古词（瓷）
- 唐僧念经——一本正（真）经
- 唐山的大车——倒霉（煤）
- 躺在粪坑边睡觉——不知丑（臭）
- 剃头的不用刀子——忒（推）好
- 天亮公鸡叫——白提（啼）
- 天上的蜘蛛网——高师（丝）
- 天师过河不用船——自有法度（渡）
- 挑棉花过刺林——走一步挂（刮）一点
- 挑水的回头——过了境（井）了
- 跳蚤钻进袜筒里——角色（脚虱）
- 铁匠扒炉火——散伙（火）
- 铁匠的腰围——近视（尽是）眼
- 铁匠拉风箱——柔能制刚（钢）
- 铁锹挖荸荠——不用告（镐）
- 铁掌钉敲在马腿上——离题（蹄）
- 偷食的猫儿——不甘（改）心
- 头发里找粉刺——吹毛求疵（刺）
- 头发上拴大钱——随便（辫）吧
- 秃子打伞——无法（发）无天
- 秃子脱帽子——头名（明）
- 土蚕钻进花生壳——假充好人（仁）
- 土地老爷穿素——白跑（袍）
- 土地老爷的内脏——实（石）心实（石）肠
- 土地堂里填窟窿——不妙（补庙）
- 土地爷掉井——劳（捞）不起大驾
- 土地爷洗脸——失（湿）面子
- 土地爷坐班房——劳（牢）神了
- 土地爷坐秤盘——志诚（自称）
- 土豆变地瓜——白数（薯）了
- 土杏儿——苦孩（核）子
- 土做的人——实（石）心眼
- 推小车捡褡裢——有了盼（伴）啦
- 腿肚子上贴灶王爷——人走家（驾）也搬
- 脱了旧鞋换新鞋——改邪（鞋）归正
- 挖了眼的判官——瞎管（鬼）
- 娃娃的衣服——少见（小件）
- 瓦罐脱坯——土著（铸）
- 瓦匠的婆娘——多疑（泥）
- 瓦匠拿瓦刀——默契（抹砌）
- 袜筒里点灯——小伙（火）子
- 歪头和尚拜忏——不对劲（颈）
- 歪嘴吹喇叭——一股邪（斜）气
- 外甥出差——有救（舅）了
- 外甥打灯笼——照旧（舅）
- 碗底的豆子——历历（粒粒）在目

- 王八肚里插鸡毛——归（龟）心似箭
- 王八睡觉——归（龟）宿
- 王羲之看鹅——渐渐消磨（墨）
- 韦驮扔兵器——抛主（杵）
- 桅杆上扎鸡毛——好大的胆（掸）子
- 莴笋炒蒜苗——亲（青）上加亲（青）
- 乌龟拜年——规规（龟龟）矩矩（鞠鞠）
- 乌龟变黄鳝——解甲归（龟）田
- 乌龟爬门槛——就看此一番（翻）
- 乌龟上岸遭雹打——缩手（首）缩脚
- 乌龟锁到鸟笼里——大概（盖）出不去
- 乌龟抬轿子——硬做（坐）；硬抗（扛）
- 屋檐上种菜——无缘（园）
- 屋檐下吊石磙——严（檐）重
- 五件夹衣——实践（十件）
- 五人加一人——遛（六）人
- 五圣堂里遭火烧——妙哉（庙灾）
- 五十两元宝——一定（锭）
- 雾里看花——辨（瓣）不清
- 西北风刮蒺藜——连讽（风）带刺
- 西瓜地里散步——左右逢源（圆）
- 稀饭泡米汤——亲（清）上加亲（清）
- 锡茶壶——没词（瓷）
- 膝盖上打马掌——不对题（蹄）
- 膝盖上挂掌——离题（蹄）太远
- 喜马拉雅山上盖房——高见（建）
- 喜马拉雅山上鸡叫——高名（鸣）；高题（啼）
- 戏台上的鞭子——加码（假马）
- 戏台上的垛口——不成（布城）
- 瞎子进烟馆——摩登（摸灯）
- 瞎子跷了脚——没（摸）路走
- 下雪天穿裙子——美丽动（冻）人
- 下雨不打伞——临（淋）到头上了
- 下雨天不打伞——吝啬（淋湿）
- 下雨天不戴帽——临（淋）到头上
- 下雨天出太阳——假情（晴）
- 咸菜烧豆腐——有言（盐）在先
- 咸菜蘸大酱——太严（盐）重了
- 咸菜煮豆腐——不必多言（盐）
- 咸肉汤下面——不用言（盐）
- 咸盐吃多了——尽管闲（咸）事
- 线板上的针——憋（别）着
- 响鼓不用重锤——一点就明（鸣）
- 小葱拌豆腐——一清（青）二白
- 小豆做干饭——总闷（焖）着
- 小姑娘梳头——自便（辫）
- 小鬼赌钱——压（押）死人
- 小孩不识乌龟——何必（河鳖）
- 小和尚的头——没法（发）儿
- 小和尚头上拍苍蝇——正大（打）光明
- 小老鼠钻进水壶里——光顾了游湖（壶）玩景啦
- 小炉匠戴眼镜——找咱（碴）
- 小炉灶翻身——倒霉（煤）
- 小猫掉进面缸里——白唬（虎）
- 小苏他爹——老输（苏）
- 小秃子脱帽子——头名（明）
- 小腿肚上捆瓶子——水平（瓶）比较（脚）高
- 小碗吃饭——靠天（添）
- 小子打老子——岂有此理（礼）
- 蝎子不咬——这（蜇）就是了

- 蝎子跑到刺猬身上——怎么着（蜇）
- 鞋里长草——慌（荒）了脚
- 心口上搭热敷——置之度（肚）外
- 心里头长草——慌（荒）啦
- 心头上打锣鼓——想（响）开了
- 刑部的后身——老（牢）眼
- 胸口放炮仗——心里想（响）
- 胸口长草——心慌（荒）
- 熊瞎子吃梨——不在乎（核）
- 秀才作诗——有两手（首）
- 许由下箕山——不要管（官）
- 盐倒在酱缸里——闲（咸）搭闲（咸）
- 盐店里的老板——闲（咸）人
- 盐店里卖气球——闲（咸）极生非（飞）
- 盐堆上安喇叭——闲（咸）话不少
- 盐罐头里装鳖——闲员（咸圆）
- 盐井不出卤水——出言（盐）不逊
- 盐坛子冒烟——嫌弃（咸气）
- 阎王吃栗子——鬼吵（炒）
- 阎王爷拙麻绳——急（结）鬼
- 羊头插到篱笆里——伸手（首）容易缩手（首）难
- 摇船右转弯——一般（板）
- 药店里的甘草——少不了的一位（味）
- 药铺里开抽屉——找玩（丸）
- 一百斤面蒸一个寿桃——废（费）物点心
- 一百里走了九十九——差一礼（里）
- 一辈子当寡妇——老手（守）
- 一辈子守寡——没福（夫）
- 一辈子做寡妇——老手（守）
- 一层布做夹袄——反正都是理（里）
- 一串钱九百九——不成调（吊）儿
- 一斗炒米泡一斗——没账（胀）
- 一顿能吃三升米——度（肚）量大
- 一二三四——刚到午（五）
- 一二三四五六七——王（忘）八
- 一二三五六——没事（四）

- 一分钱买酱油——难会（烩）
- 一个核桃砸两半——图个人（仁）
- 一个墨斗弹出两样线——思（丝）路不对
- 一个指头和面——青岛（轻捣）
- 一根肠子通到底——只会说实（直）话
- 一根灯草点灯——无二心（芯）
- 一根麦秆打鼓——不想（响）
- 一货纳两税——不合理（利）
- 一跤跌在灰地上——真晦（灰）气
- 一跤跌在青云里——好运（云）气
- 一脚踢翻煤油炉——散伙（火）
- 一斤面粉摊张饼——落后（烙厚）
- 一口吃了个和尚——心里有事（寺）
- 一篮茄子一篮豆——两难（篮）
- 一塘鸭子下锅——都是主（煮）
- 一条腿的裤子——成了群（裙）
- 一头栽到炭堆里——霉（煤）到头了
- 一丈二加八尺——仰仗（两丈）
- 阴沟里的小鸡——学油（游）啦
- 阴天出太阳——假情（晴）
- 萤火虫的屁股——没大量（亮）
- 油浇蜡烛——一条心（芯）
- 渔场起火——枉然（网燃）
- 鱼池里下网——多余（鱼）
- 渔网打疙瘩——急（结）上加急（结）
- 雨打黄梅头——倒霉（梅）
- 园外竹笋——外甥（生）

- 月半前一天——失事（十四）
- 云彩翻花——添（天）美
- 云彩上点灯——空挂名（明）
- 宰相肚里能撑船——度（肚）量大
- 枣核截板——没几句（锯）
- 灶神上贴门神——话（画）中有话（画）
- 粘窝窝掺黄连——年年（粘粘）苦
- 张果老的驴——不见奇（骑）
- 张天师跪在泥水里——求情（晴）
- 张天师下海——莫（摸）怪
- 掌柜的喝凉水——没查（茶）
- 掌鞋不用锥子——真（针）棒
- 丈八的灶台——高照（灶）
- 丈二宽的褂子——大摇（腰）大摆
- 丈夫扇扇子——凄（妻）凉
- 赵匡胤流鼻血——正（朕）在红
- 赵匡胤卖包子——御驾亲征（蒸）
- 蜘蛛害尾巴——没事（丝）
- 蜘蛛拉网——自私（丝）
- 蜘蛛烂屁股——无私（丝）
- 纸糊的凳子——不能做（坐）
- 纸糊的炉子——过（锅）来就不行
- 纸糊的琵琶——谈（弹）不得
- 纸做的栏杆——不能依（倚）靠
- 中秋节的月亮——原谅（圆亮）
- 猪八戒摆手——不伺候（猴）
- 猪八戒背媳妇——不是（识）时候（是猴）
- 猪八戒吃磨石刀——内秀（锈）
- 猪八戒吃胰子——有点内秀（锈）
- 猪八戒的脊梁——无（悟）能之辈（背）
- 猪八戒喝磨刀水——内秀（锈）
- 猪八戒啃蹄爪——自残（餐）骨肉
- 猪八戒领个牛儿子——独（犊）大
- 猪八戒拍照——自找难堪（看）
- 猪八戒直转弯——找不到靶（耙）子
- 猪蹄子不放盐——旦角（淡脚）
- 竹林里栽柏树——亲（青）上加亲（青）
- 竹筒里倒豆子——有啥道（倒）啥
- 竹做篱笆——结缘（园）
- 拄拐杖下煤窑——步步倒霉（煤）
- 煮鸡加味精——现（鲜）兑（对）现（鲜）
- 抓蜂吃蜜——恬（甜）不知耻（刺）
- 锥子上抹油——又奸（尖）又滑
- 自行车下坡——不睬（踩）
- 嘴上抹石灰——白说（刷）
- 醉雷公——胡批（劈）
- 做好饭不吃——干闷（焖）着
- 做梦变蝴蝶——想入非非（飞飞）
- 做贼的偷锣——不敢当（铛）

…喻事类…

- 矮子坐在后面看戏——随人家喝彩
- 按着葫芦挖籽——挖一个少一个
- 按着牛头喝水——勉强不得
- 暗地里耍拳——瞎打一阵
- 暗室里穿针——难过
- 八个人抬大轿——步调一致
- 八九不离十——差不多
- 八十岁比高低——老当益壮
- 八十岁公公耍猴子——老把戏
- 八十岁老倌学吹笙——上气不接下气
- 八十岁老翁挑担子——心有余而力不足
- 八十岁留胡子——大主意自己拿
- 八十岁奶奶抹粉——老俏皮
- 八十岁婆婆戴刺梅花——别人不夸自己夸
- 八十岁学吹打——出息不大
- 八仙桌上摆夜壶——不是个家伙
- 八月十五看灯笼——迟了大半年
- 八月十五面朝火——渐渐冷了
- 八月十五捉只兔子——有你过节，无你也过节
- 八字没见一撇——所求无效
- 八字写一撇——少一半
- 巴掌生毛——老手
- 芭蕉结果——一条心
- 芭蕉敲锣——面面点到
- 疤瘌眼照镜子——自找难看
- 疤上生疮——原来就坏
- 把鼻涕往脸上抹——寻着难看
- 把镰刀卡在喉咙里——吞又吞不下，吐又吐不出
- 把手插在磨眼里——自找苦吃
- 把珍珠当泥丸——真不识货
- 白布掉到染缸里——洗不净
- 白纸头上落黑字——更改不掉
- 搬不倒坐席——不是稳当客
- 搬不倒做烧饼——面上人
- 搬起石头打天——办不到的事
- 搬起石头砸自己的脚——自作自受
- 搬石头进山——有劲没处使
- 搬着梯子上天——没门；瞎折腾
- 半道上拔去气门芯——有意为难
- 半江中盖房子——怎个起法
- 半空里骑仙鹤——远走高飞
- 半路上留客人——嘴上的热情
- 半晌打不出喷嚏来——干难受
- 半身子躺在棺材里——等着死
- 半天云里飞雕溜溜——一声好叫唤
- 半天云中打算盘——算得高
- 半天云中扭秧歌——空欢喜
- 半天云中伸巴掌——高手
- 半夜里扯脚布——想起一条是一条
- 半夜里鸡叫——不知分晓
- 半夜里叫城门——自找钉子碰
- 半夜里梦见做皇帝——快活一刻是一刻
- 半夜里起来烧水——渴急眼了
- 半夜里收玉米——瞎掰
- 半夜里要饭——向哪儿去讨
- 半夜里摘茄子——不论老嫩
- 半夜里涨水——没人见
- 半夜里捉麻雀——掏窝儿

- 半夜敲门心不惊——问心无愧
- 半夜睡磨盘——想转了
- 扮关公的没卸装——好个红脸大汉
- 扮秦桧的没卸装——谁没见那二花脸
- 棒槌吹火—— 一窍不通
- 棒槌打孩子——手里掂轻重
- 棒槌当针——粗细不分
- 棒槌上天——总有一头落地
- 棒打鸳鸯——两分离
- 棒子面抻面条——要的就是那股歪
- 磅秤称重载——码码加高
- 包脚布当领带——臭了一大圈儿
- 包脚布当孝帽——一步登天
- 包子吃到豆沙边——才尝到甜头
- 包子出了糖——露了馅儿
- 雹子砸棉花——光棍司令
- 保险柜里安家——图个安全
- 保险柜里结婚——绝对可靠
- 爆竹店着火——一响全响
- 北京鸭吃食——全靠手填
- 北京鸭走路——摇摇摆摆
- 背鼓进庙门——挨打的相
- 背锅翻筋斗——两头不落实
- 背起碓臼跳钟馗——费力不好看
- 背起棺材跳水——安心寻死
- 背起磨石唱戏——自讨苦吃
- 背石头上山——硬吃亏
- 背着棺材上阵——豁上命
- 背着喇叭坐飞机——吹上天了
- 背人偷喝酒——冷暖自知
- 背上背镜子——只照别人，不照自己
- 背着丈夫打酒喝——招待外人
- 笨鼻子戴眼镜——没着落
- 逼着牯牛生子——强人所难
- 逼着生蚕做硬茧——如何使得
- 鼻头上搽白粉——一副奸相
- 鼻烟壶掉在醋缸里——酸得闻不得
- 鼻子上挂秤砣——抬不起头来
- 鼻子上落马蜂——明摆的威胁
- 鼻子眼里插葱——充象
- 鼻子眼里穿绳子——不老实不行
- 壁虎子掀门帘——露一小手
- 臂上抹胭脂——图个好手
- 鞭炮插在泥里放——有气响不出
- 鞭炮店失火——恭维自己
- 兵来将挡，水来土掩——自有办法
- 兵马司倒了墙——贼走了
- 玻璃掉在镜子上——明对明
- 玻璃滚鸡蛋——光对光
- 玻璃建房——八面见光
- 玻璃人掉进冰窖里——凉透心了
- 脖子上套绳子——自找没命
- 补锅戴眼镜——尽找碴儿
- 补锅匠揽瓷器——假充内行
- 捕风捉影——有假无真
- 不吃河豚——不晓得鱼滋味
- 不倒翁掉在血盆里——红人儿
- 不倒翁摔跟斗——两边倒
- 不倒翁坐火车——不稳重
- 不够十两——强装一斤
- 不恨绳短只怨井深——错怪了人家
- 不见棺材不落泪——死心眼
- 不见兔子不撒鹰——做事把稳
- 不拉胡琴只吹箫——光在眼里出气
- 不请自来坐——不知羞

- 不识字人看布告——一抹黑
- 不是撑船的乱弄竿——冒充内行
- 不听曲子听评书——说得倒比唱得好
- 不在一条道上跑到底——自谋出路
- 布袋里装钉子——个个想出头
- 布袋里装拐杖——上头有弯
- 布袋里装猫——尽抓迷糊
- 财迷转向——走路算账
- 财神爷放账——无利
- 财神爷招手——来福了
- 裁缝打狗——有尺寸
- 裁缝当剪子——没活了
- 裁缝做龙袍——格外小心
- 踩两头船——三心两意
- 踩着鼻子上脸——欺人太甚
- 踩着凳子摘月亮——手太短
- 踩着高跷扇扇子——大摇大摆
- 踩着麻绳当蛇——大惊小怪
- 踩着乌龟叫出头——越逼越不行
- 踩着西瓜打球——能推就推，能滑就滑
- 菜篮子装泥鳅——走的走，溜的溜
- 苍蝇不抱没缝的蛋——到底有影儿
- 苍蝇碰上蜘蛛网——有去无来
- 长虫吃扁担——直棍一条
- 长虫过门坎——不怕折腰
- 长虫爬树——专绕弯
- 长衫子改夹袄——取长补短
- 长添灯草满添油——做好准备
- 长竹竿进城门——转不过弯
- 长竹竿进巷道——直来直去
- 唱戏的吹胡子——假生气
- 唱戏的打转——走过场
- 唱戏的喝彩——自吹自擂
- 唱戏装大官——乐一回是一回
- 潮来不开船——等渡
- 扯起眉毛哄眼睛——自己骗自己
- 扯着虎尾巴——抖威风

- 扯着虎尾喊救命——找死
- 痴情碰冷遇——伤透心肝
- 赤膊捅马蜂窝——不惜血本
- 赤膊钻进麦秸堆——浑身是刺
- 赤脚拜观音——真心诚意
- 赤脚戴纱帽——上下不相称
- 丑媳妇儿见公婆——迟早有一次
- 出东门，往西拐——糊涂东西
- 出洞老鼠见了猫——又缩回去
- 出了灯火钱，坐在暗里头——明吃亏
- 出门见花轿——抬头见喜
- 出门摔跟头——倒霉
- 出门坐飞机——远走高飞
- 出太阳走雪地——伤脸
- 楚霸王种蒜——栽到家了
- 船到桥头——不顺也得顺
- 船底下放炮仗——闷声不响
- 船老大坐后艄——看风使舵
- 船上打伞——没天没地
- 船上失火——有底
- 船头上散步——路子越走越窄
- 串门聊大天——游手好闲
- 床底下拜年——伸不直腰
- 床底下放风筝——飞不高
- 床底下造塔——高也有限
- 床上放枕头——置之脑后

- 吹灯念古词——瞎叨叨
- 吹鼓手背号筒——专门寻事
- 吹鼓手吃饭——顾吃不顾吹
- 吹鼓手赶集——无事找事
- 吹鼓手排队——挨不上号
- 吹火筒跌下井——两头进
- 吹火遇上了窜浓烟——够呛
- 吹了灯瞪眼睛——出了气又不得罪人
- 吹灭灯挤眼儿——后来的事看不见
- 吹气入竹笼——徒劳无功
- 吹糖人出身——口气怪大
- 吹糖人改行——不想做人
- 锤打锣鼓—— 一撞就响
- 醋缸子种庄稼——怎么长
- 醋娘子吃乌梅——酸上加酸
- 错把李逵当张顺——皂白不分
- 打半边鼓——旁敲侧击
- 打不着狐狸——反惹一身臊
- 打掉门牙往肚里吞——有苦说不出
- 打翻测字摊——不识相
- 打翻醋瓶子——酸溜溜的
- 打翻五味瓶——说不上是啥滋味
- 打呼噜听见放炮仗——吓了一大跳
- 打酒只问提壶人——错不了
- 打开棺材治好病——起死回生
- 打开脑袋不喊痛——死撑好汉

- 打开天窗——说亮话
- 打猎的不说渔网，卖驴的不说牛羊——三句不离本行
- 打猫儿吓贼——虚张声势
- 打拳师教徒弟——留一手
- 打上黑脸照镜子——自己吓唬自己
- 打蛇打到七寸上——恰到好处
- 打碎牙齿咽肚里——干吃哑巴亏
- 打破脑袋拿扇子扇——豁出去了
- 打油钱不买醋——专款专用
- 打鱼得钱抽大烟——水里来，火里去
- 打着灯笼照火把——亮对亮
- 打针眼儿里往外望——小瞧人
- 打肿脸充胖子——冒充富裕；死要脸面
- 大肚子罗汉写文章——肚里有货
- 大风吹倒帅字旗——出师不利
- 大风吹倒梧桐树——自有旁人说短长
- 大风里吃炒面——张不了嘴
- 大风里吹牛角——两头漏声
- 大黑天开车没灯——难行
- 大街得讯小巷传——道听途说
- 大口啃住包子馅——抓到重点了
- 大懒使小懒——白瞪眼
- 大力士扔鸡毛——有劲使不上
- 大力士绣花——干不了这种细活
- 大路边打草鞋——有的说长，有的说短
- 大门外挂纱灯——好名在外
- 大年初一吃饺子——家家如此
- 大年初一见了人——尽说吉利话
- 大年初一看历画——日子长哩
- 大年夜看日历——没日子
- 大年夜晒衣服——今年不干明年干
- 大石头沉海—— 一落千丈
- 大水淹了龙王庙——自家人不认得自家人
- 大腿绑铜锣——走到哪，响到哪
- 大腿上搭脉——胡来；不是地方
- 大腿上挂铜铃——走一步响一步

- 大雾里看天——迷迷糊糊
- 大象逮跳蚤——有劲使不上
- 戴上红缨帽上树——红到顶了
- 戴上石臼唱戏——吃力不讨好
- 戴着斗笠打伞——多此一举
- 戴着眼镜卖车轴——各对其眼
- 蛋壳里发面——没有大发头
- 刀架心头上——忍吧
- 刀尖上打拳——站不住脚
- 刀尖上跳舞——危险
- 刀切豆腐——两面光
- 刀刃上耍把戏——不是玩的
- 刀削铅笔——要的就是尖
- 刀子嘴豆腐心——嘴硬心软
- 稻草人救火——自顾不暇；引火上身
- 稻草绳担石灰——两头断
- 稻草绳做裤腰带——尴尬
- 稻柴敲金箩——不响
- 得了皇上想成仙——痴心妄想
- 得了雨衣还要伞——贪心不足
- 滴水穿石——非一日之功
- 掂上喇叭下乡——无事找事
- 雕塑匠不给神像磕头——知道老底子
- 掉下树叶怕打了脑壳——胆小鬼
- 掉下锥子用针接——尖对尖，硬对硬
- 碟子里扎猛子——不知深浅
- 碟子盛水——一眼看到底
- 鼎锅煮鱼——难得翻身
- 东按葫芦西按瓢——碰到什么抓什么
- 东耳朵进，西耳朵出——耳边风
- 东街发货西街卖——不图赚钱只图快
- 冬瓜爬在葫芦上——胡搅蛮缠
- 冬瓜藤缠到茄地里——东攀西附；东拉西扯
- 堵住笼子抓鸡——稳拿
- 端起葫芦瓢——泼冷水
- 端水缸泼水——费力无用
- 端午节拜年——不是时候
- 对门吹笛——斗气
- 对着窗户吹喇叭——响得远
- 对着灰堆打喷嚏——碰一鼻子灰
- 对着镜子作揖——自己恭维自己
- 对着镜子做鬼脸——自己吓唬自己
- 对着镜子做戏——咋好看咋比画
- 对着酸菜缸呐喊——瓮声瓮气
- 对着舞台搞对象—— 一厢情愿
- 对着砚台梳妆——没影子
- 对着月亮攀谈——说空话
- 对着张飞骂刘备——找气惹
- 躲过棒槌挨榔头——祸不单行
- 躲过野牛碰上虎——一个更比一个强
- 额角上顶扁担——头挑
- 额角上生疖子——触霉头
- 额角上栽牡丹——花了眼
- 额角上长眼睛——眼界高
- 额角头碰着天花板——真高
- 鳄鱼上岸——来者不善
- 鳄鱼淌眼泪——可怜不得
- 二齿钉耙锄地——有两下子
- 二分钱开当铺——周转不开
- 二虎相争——必有一伤
- 二牛打架——角顶角了

- 《二十四史》搁在面前——不知从哪里说起
- 二十五个老鼠下肚——百爪挠心
- 二十一天孵不出小鸡——坏蛋
- 二下五去三—— 一个不留
- 二一添作五—— 一人一半
- 二月份穿单衣——为时过早
- 发菜炒粉丝——纠缠不清啦
- 翻起麻秆找油——寻事做
- 反穿皮袄喝烧酒——里外发烧
- 反贴门神——不对脸；左右为难
- 反转葫芦，倒转蒲扇——出尔反尔
- 飞蛾撵蜘蛛——自投罗网
- 飞蛾扑火——咎由自取；自取灭亡
- 飞机打飞机——空对空
- 飞机离跑道——没辙了
- 飞机上唱歌——高调
- 飞机上挂眼镜——眼光太高
- 飞机上看报纸——高见
- 飞机上聊天——空谈
- 飞机上说评书——空话连篇
- 飞机拖火炮——跑不快，飞不起
- 飞来燕子想吃当地鹌鹑——没那么便宜
- 飞了鸭子打了蛋——两头落空
- 风吹墙头草——两边倒
- 风口上点灯——吹了吧
- 风扫杨花——不知下落

- 风扇动嘴——都是风凉话
- 风箱板打棺材——气死人
- 风箱板修锅盖——受了冷气受热气
- 风筝断线——摇摇欲坠
- 凤凰落在梧桐上——自有旁人论长短
- 夫妻俩唱小调—— 一唱一和
- 夫妻俩打铁——对手
- 夫妻俩演戏——夫唱妇随
- 甘蔗地里栽葱——比人家矮一截
- 敢在太岁头上动土——胆子不小
- 橄榄头上插针——尖上加尖
- 擀面杖吹火——一窍不通
- 擀面杖当笛子吹——没眼儿
- 擀面杖分长短——大有大用，小有小用
- 擀面杖敲鼓——抡的哪一槌
- 干草把吊草帽——吓唬小麻雀
- 干打雷不下雨——咋呼
- 干萝卜丝熬汤——清淡无味
- 高价买来低价卖——尽做赔本事儿
- 高粱秆剥掉皮——光棍一条
- 高粱秆当柱子——支撑不起
- 高粱秆上结茄子——不可思议
- 高粱秆拴骡子——拉倒
- 高粱秆挑水——担当不起
- 高山滚石头——大翻身
- 高山摔茶壶——只剩个嘴了
- 高射炮打坦克——降低水平
- 高字边上加一手——你想搞啥
- 鸽子带风铃——虚张声势
- 鸽子上天——绕圈子；兜圈子
- 搁下拐棍作揖——老兄老弟
- 割韭菜，剥麻秆—— 一码是一码
- 割了猫尾巴拌猫食——自己吃自己
- 割碎了鱼胆——暗暗叫苦
- 隔层玻璃瞧戏—— 一眼看穿
- 隔船对烟——差一层儿
- 隔河走路——清清楚楚两条道

- 隔河作揖——承情不过了
- 隔墙果子分外甜——别人家的好
- 隔着锅台上炕——非迈大步不可
- 隔着门缝瞧人——把人看扁了
- 古井里插竹竿——清水光棍
- 古装穿皮鞋——不协调
- 鼓槌打石榴——敲到点上了
- 鼓楼上挂肉——好大的架子
- 瓜熟蒂落——时机成熟
- 瓜田里挑瓜——挑得眼花
- 瓜子敬客——一点小心意
- 罐子里捣蒜——一锤子买卖
- 罐子里无油——空熬
- 罐子里栽花——活不长
- 罐子里掷骰子——没有跑的
- 罐子没鼻儿——别提啦
- 广场上翻跟头——天宽地阔
- 广东人唱京剧——南腔北调
- 滚水锅里煮鸭子——突出一张嘴
- 滚水浸脚——不耐久
- 滚水烫臭虫——不死也发瘟
- 滚油锅里加把盐——炒翻了天
- 锅底坐在罗圈上——大圈套小圈
- 锅里炒石头——不进油盐
- 锅台上种地——没有几分

- 裹脚布做衣领——臭一圈
- 哈巴狗见主人——摇尾乞怜
- 哈巴狗上轿——不识抬举
- 哈巴狗舔脚后跟——亲的不是地方
- 哈巴狗咬月亮——不识高低
- 哈巴狗捉老鼠——没有猫的本事
- 哈巴狗坐门墩——硬充当家人
- 蛤蟆打哈欠——好大口气
- 蛤蟆跳到鏊子上——欢乐一时是一时
- 蛤蟆跳到秤盘里——不知自己究竟有几两肉
- 蛤蟆想吃天鹅肉——想得美；妄想
- 孩子考妈妈——小题大做
- 海底捞月——望空扑影
- 海底捞针——枉费心机
- 海底栽葱——根底深
- 寒天吃冰棍——心里有火
- 寒天喝凉水——点滴在心头
- 焊条当筷子——封口
- 焊条碰钢板——冒火了
- 号筒里塞棉花——吹不响
- 耗子出洞——先听动静
- 耗子掉进面缸里——白眼看人
- 耗子逗猫——没事找事
- 耗子给猫捋胡子——溜须不要命
- 耗子滑冰——溜之大吉
- 耗子啃猫鼻子——盼死等不到天亮
- 耗子拉萝卜——堵自己
- 耗子爬竹竿——一节一节来
- 耗子上鸡窝——脑袋就不像黄鼠狼
- 耗子偷秤砣——力不从心
- 耗子追猫——找别扭
- 喝了烧酒烤火——浑身发热
- 喝了羊肉汤——咋能没腥气
- 喝凉水栽跟头——装晕
- 禾草里头藏龙身——农家出英才
- 荷花灯点蜡——心里亮

- 荷叶包钉子——个个想出头
- 荷叶做雨伞——遮盖不过来
- 黑灯笼里点蜡烛——有火发不出
- 黑天捉老鼠——找不着窟窿
- 黑夜吃黄瓜——不知头尾
- 黑夜里走路——没影子
- 黑影里点灯——只看脚下
- 恨虱子烧棉袄——不值得
- 横着扁担走路——霸道
- 哄瞎子过河——千万莫为
- 哄着孩子买月亮——全是假的
- 喉咙里吞了一群萤火虫——口中不响肚里明
- 喉咙眼里撒胡椒面——够呛的
- 猴儿带胡子——没那一出
- 猴儿拉弓——不是样子
- 猴儿拉稀——坏了肠子
- 猴子吃核桃——全砸了
- 猴子吃辣椒——抓耳搔腮
- 猴子吃仙桃——不知好歹
- 猴子穿汗衫——半截不像人
- 猴子戴草帽——看人干啥它干啥
- 猴子戴凉帽——不知儿品
- 猴子看镜子——得意忘形
- 猴子看桃园——全叫它吃完
- 猴子爬石崖——显出你的能耐了

- 猴子爬樱桃树——想吃高口味
- 猴子耍把戏——老一套
- 厚纸糊窗户——一点不露风
- 胡豆地里种芝麻——杂种
- 胡萝卜就烧酒——找个干脆
- 胡敲梆子乱击罄——一时高兴
- 胡同里逮猪——两头堵
- 胡子上贴膏药——毛病
- 壶里煮粥——不好搅
- 葫芦锯了把儿——没嘴儿
- 葫芦里卖药——不知底细
- 葫芦里装上糯米饭——进去容易出来难
- 葫芦里装水——为的是嘴
- 葫芦落水——吞吞吐吐
- 葫芦蔓缠上了南瓜藤——难解难分
- 猢狲戴帽子——假装人形
- 猢狲画像——一副猴相
- 猢狲扫地——只顾眼前
- 湖里看天——把它翻在底下
- 皇帝打架——争天下
- 皇帝打猎狗——气急了
- 皇帝面前比武——各显神通
- 皇帝请客——主人在上
- 皇后娘娘盼吃蒿菜饭——专想野味
- 黄豆芽炒藕——尽钻空子
- 黄瓜敲锣——越敲越短
- 黄瓜水泡苦瓜——苦里有苦
- 黄河看成一条线——多大的心
- 黄连炒苦瓜——苦上加苦
- 黄连甘草挑一担——一头苦来一头甜
- 黄连木刻猴子——苦孙子
- 黄连木刻寿星——苦老头
- 黄连木做图章——刻苦
- 黄连烧苦胆——苦不堪言
- 黄连树下吃桂圆——只知甜来不知苦
- 黄连树下弹琴——苦中作乐
- 黄连水沐浴——浑身苦

- 黄连蘸蜂蜜——甜一口，苦一口
- 黄毛鸭子下水——不知深浅
- 黄米煮红薯——糊里糊涂
- 黄牛吃草——吞吞吐吐
- 黄牛钻狗洞——不顾身材
- 黄鳝钻洞——顾头不顾尾
- 黄鼠狼吃刺猬——无从下口
- 黄鼠狼吃鸡毛——能填肚子就行
- 黄鼠狼打洞——小打小闹
- 黄鼠狼吊孝——装什么蒜
- 黄鼠狼剁掉尾巴——皮肉不值钱
- 黄鼠狼和鸡结老表——不是好亲
- 黄鼠狼进鸡笼——大祸临头
- 黄鼠狼看鸡——越看越稀
- 黄鼠狼上鸡窝——有空就钻
- 黄鼠狼拖着鸡毛掸——空欢喜
- 黄鼠狼戏小牛——大的没有小的凶
- 黄鼠狼下耗子——一代不如一代
- 黄鼠狼站在鸡棚上——不偷也是偷
- 馄饨皮包鱼刺——骨头全露出来了
- 浑水摸鱼——大小难分
- 豁牙骡子卖了个驴价钱——坏在嘴上
- 豁牙咬牛筋——难嚼难咽
- 急惊风碰到慢郎中——急煞；怨煞
- 蒺藜伴草——不是好料
- 蒺藜沙上野花开——英才埋没
- 家有十五口——七嘴八舌
- 甲鱼翻筋斗——四脚朝天
- 捡来的麦子打烧饼——没本净利
- 箭在弦上——一触即发
- 将军不下马——自奔前程
- 姜太公做买卖——样样赔本
- 姜子牙担着笊篱进城——没人买你的货
- 姜子牙开酒饭馆——卖不出去自己吃
- 姜子牙娶媳妇——老来喜
- 姜子牙下山——九死一生
- 酱瓜子撒盐——咸上加咸
- 酱油碟当盘子——小手小脚
- 胶皮轱辘放炮——气崩了；泄气了
- 教牛上树——哪能做到
- 蛟龙翻大海——四方要成灾
- 蛟龙困在沙滩上——威风扫地
- 狡兔撞鹰——以攻为守
- 饺子破了皮——露馅了
- 脚板上扎刺——存心不让走
- 脚踩跷跷板——一上一下
- 脚底抹石灰——白跑
- 脚底抹油——溜之大吉
- 脚底下踩棒槌——胡滚；站不稳
- 脚底下长疮，头顶上冒脓——从底坏到梢
- 脚跟牵绳——拉倒
- 脚跟拴石头——进退两难
- 脚拐上抹眼泪——哭得好伤心
- 脚后跟朝前——走回头路
- 脚盆里洗脸——没上没下
- 脚上扎刀子——离心远着
- 脚踏棒槌，头顶西瓜——两头耍滑
- 脚踏两只船——一个也不落实
- 脚踏梯子——步步高升
- 脚踏西瓜皮——滑到哪里是哪里
- 轿子里打拳——不识抬举
- 街道司衙门——唬得过谁

- 街头上要把戏——说得多，做得少
- 结巴说绕口令——支支吾吾
- 截了袍子做褂子——图短哩
- 借了一角还十分——分文不差
- 借钱做衣穿——浑身尽债
- 借债买藕吃——窟窿套窟窿
- 锦鸡进铁笼——由不得你了
- 颈窝上插蒲扇——走上风
- 镜子里瞪眼睛——跟自己生气
- 镜子里看花——好看不好拿
- 揪下茄子拔了秧——连根收拾
- 揪住不放——歪缠揪
- 九曲桥上拖毛竹——拐弯抹角
- 九十岁老太太做饭——手脚不利落
- 九十岁老翁学打拳——心有余力不足
- 九头鸟戴帽子——这头要来那头要
- 久旱逢甘霖——喜煞人；点点入土
- 久旱无雨——水落石出
- 久居监狱中——不知春秋
- 韭菜下锅——一捞就熟
- 酒杯里洗澡——小人
- 酒里放蒙汗药——存心害人
- 酒醒不见烤鸭子——恨之晚矣
- 酒盅子搬家——离壶了

- 救火没水——干着急
- 救火踢倒煤油罐——火上浇油
- 就地弹雀——必死
- 就坡骑驴——好下台阶
- 就热锅炒热菜——一勺烩
- 就汤下面——随机应变
- 就着凉水吃大蒜——一点滋味也没有
- 舅舅打外甥——理直气壮
- 舅老爷请春客——奉陪到底
- 举重比赛——斤斤计较
- 绝户头得个败家子——明看不成器，丢了舍不得
- 开菜园里吃青菜——新鲜
- 开弓不放箭——诓人；虚张声势
- 开门就是人家的地——穷到家了
- 开水里捞肥皂——全凭手快
- 开水泼老鼠——不死也脱层皮
- 砍倒大树捉鸟——呆子
- 砍断水桶箍——散了板
- 看见蚊子拔出剑——小题大做
- 看人上菜——势利眼
- 看戏挑媳妇——一头满意
- 看衣裳行事——狗眼看人
- 糠筛筛了用绢筛——过得真细
- 磕磨道上寻驴踪——步步不缺
- 瞌睡遇着枕头——正是时候；凑巧
- 客店里摆戏台——操啥腔的都有
- 客气碰着老实——虚情当成真意
- 口吃报纸——咬文嚼字
- 口吃秤砣——心落实
- 口吃黄连——苦在心头
- 口吃青果——先苦后甜
- 口传家书——言而无信
- 口袋布做大衣——横竖不够料
- 口袋里装猫——不知黑白
- 口袋里装茄子——叽里咕噜
- 口含盐巴望天河——远水不解近渴

- 口渴喝盐卤——饮鸩止渴
- 口渴喝盐汤——后悔无穷；徒劳
- 口渴碰到山泉水——刚刚合适
- 口里吞了个毛杏子——心里酸酸的
- 筷子穿针眼——过不去；难啊
- 筷子夹骨头——光棍对光棍
- 筷子里拔旗杆——没高的
- 拉白灰的大车遇上倾盆雨——心急火燎
- 拉琴的丢唱本——没谱了
- 喇叭匠扬脖子——又起高调
- 喇叭筒堵棉花——闷了
- 腊月底看黄历——没日子了
- 腊月二十三送灶君——只能说好，不能说坏
- 腊月里打雷——罕见
- 腊月里扇扇子——火气太大
- 蜡台上无油——空焚心
- 蜡烛点火——越点越缩
- 辣子拌老姜——辣对辣
- 癞蛤蟆吃骰子——满肚点子
- 癞蛤蟆垫台脚——吃不住
- 癞蛤蟆趴在脚面上——不咬人，倒吓人
- 癞蛤蟆爬门槛——内外一跳
- 癞蛤蟆爬香炉——触一鼻子灰
- 癞蛤蟆牵在鳖腿上——跳不高，爬不快
- 癞蛤蟆上葡萄树——粗人吃细粮
- 癞蛤蟆上蒸笼——气鼓气胀
- 癞蛤蟆想吃天鹅肉——想得倒美
- 癞痢头上打苍蝇——百发百中
- 蓝靛染平布——一物降一物
- 懒大嫂赶集——中间不忙两头忙
- 懒老婆坐轿——愿上不愿下
- 懒驴子拉磨——打一鞭走一步
- 烂草绳绊人——当心
- 烂柴打狗——亏了半截
- 烂番茄满街送——不识时务
- 烂麻袋滤豆腐——渣子

- 烂泥坯子贴金身——坏了胎
- 烂泥田插竹竿——越插越深
- 烂泥土打土块——成不了坯子
- 烂泥土下窑——不成东西
- 烂袜子改背心——小人得志
- 狼不吃死孩子——活人惯的
- 老鳖拴在驴尾巴上——上不连天，下不着地
- 老大懒汉老二勤——一不做二不休
- 老黄牛拖水牛——原地打转
- 老米饭捏不成团——强合无益
- 老乌龟甩掉大石碑——浑身上下猛一轻
- 老鸦身上插花翎——自充孔雀；自以为美
- 老鹰抓小鸡——一个忧愁一个喜
- 姥姥疼外甥——自然的事
- 雷公打豆腐——专拣软的欺
- 雷公喝了酒——胡劈乱打
- 雷公进庙堂——万念俱灰
- 雷公劈蚂蚁——以大欺小
- 肋骨边上插刀子——离心远着呢
- 离娘的娃娃见了娘——喜笑颜开
- 理发师带徒弟——从头学起
- 理发师绱鞋子——从头包到脚
- 莲藕炒粉条——无孔不入
- 莲藕吹风——半通不通

- 脸上贴膏药——破相
- 脸上写字——表面文章
- 凉锅贴饼子——蔫溜了
- 两个风筝一起飞——胡搅蛮缠
- 两个肩膀扛张嘴——不愁吃
- 两个人盖一床被子——顾了这头顾不了那头
- 两个人捉蛐蛐——你听听，我听听
- 两个铜板做明镜——明见是钱
- 两个秀才当文书——字字推敲
- 两个羊羔打架——对头了
- 两个醉汉睡觉——东倒西歪
- 两狗打架——你咬我，我咬你
- 两口子唱《夫妻桥》——真真假假
- 两口子打官司—— 一言难尽
- 两亲家打架——为儿女的事
- 两手架鼓——等着挨敲
- 两只公鸡打架——谁也不让
- 两只麻雀打架——只为一粒米
- 量体裁衣——正合身
- 晾衣竹竿勾月亮——差得远
- 烈马扬蹄子——哒哒响
- 临到上轿穿耳朵眼儿——匆忙
- 临老学吹打——心有余而力不足
- 临阵磨枪——不快也光
- 菱角包饺子——戳穿
- 留得和尚念不得经——留也没用
- 流水簿子做袍子——满身都是账
- 琉璃瓦盖鸡窝——大材小用
- 柳条篮子打水—— 一场空
- 柳条篮子摇元宵——滚蛋
- 六个指头打耳光——加倍奉承
- 六个指头抓脑门——眼前尽是岔儿
- 六个指头攥拳头——有一个算一个
- 六粒骰子掷五点——出色
- 六十岁学吹鼓手——赶时髦
- 六月间抓汤圆——有点烫手

- 六月里穿皮袄——自找难受
- 六月里借扇子——等着吧
- 六月里贴对子——还差半年
- 六月里围炉——冒火；莫动火
- 六月里下雪——怪事一桩
- 六月里蒸年糕——相差半年
- 六月里做棉衣——早做准备
- 楼板上铺席子——高得不多
- 楼上摆盆景——无地自容
- 蝼蛄穿大衫——硬充土绅士
- 搂草打兔子——捎带着
- 漏底砂锅——藏不住水
- 漏盆里洗澡——快活不长久
- 漏夜捉贼漏夜解——马上行事
- 鲈鱼探虾毛——没安好心肠
- 鲈鱼吞金鲇——我死你也活不成
- 鹭鸶穿草鞋——身轻脚重
- 鹭鸶飞过养鱼池——眼饱肚中饥
- 鹭鸶吞鸟——难下喉
- 轮胎里打气——光进不出
- 轮胎上扎窟窿——跑不了多远
- 萝卜敲金锣——越敲越短
- 萝卜上扎刀——不是出血的筒子
- 锣鼓对着门上敲——听人家的

- 锣齐鼓不齐——敲不到点子上
- 箩筐盛石灰——处处留痕迹
- 骡子不下驹——怪骨头
- 骡子吃灰面——白嘴
- 骡子驮重不驮轻——生得贱
- 螺蛳壳里做道场——摆不开排场
- 骆驼吃盐巴——寒苦在心里
- 骆驼打滚——翻不过身来
- 骆驼进鸡窝——无法入门
- 骆驼拉飞机——有劲使不到地方上
- 骆驼跑进羊群里——有意显高
- 骆驼生毛驴——怪种
- 落榜听见喜鹊叫——不忍闻
- 落花满地红——多谢多谢
- 落雨天打土坯——没好的
- 落雨天挑禾草——越挑越重
- 绿绸缎上绣牡丹——锦上添花
- 绿叶着火烤——非黄不可
- 马上耍杂技——艺高
- 马装麒麟——迟早会露脚
- 蚂蟥叮住鹭鸶脚——寸步不离
- 蚂蟥叮住螺蛳脚——两下里着急
- 蚂蟥过水——无痕迹
- 蚂蟥见血——叮住不放
- 蚂蟥听水声——来得快
- 蚂蚁搬家——不是风，便是雨
- 蚂蚁打哈欠——好大的口气
- 蚂蚁戴眼镜——自觉脸面不小
- 蚂蚁扛大树——自不量力
- 蚂蚁啃骨头——慢慢来；白费心思
- 蚂蚁爬上牛角尖——自以为上了高山
- 蚂蚁爬泰山——力小志气大
- 蚂蚁上树——一个跟一个
- 蚂蚁头上戴斗笠——乱扣大帽子
- 蚂蚁掀泰山——自不量力；下了狠心
- 蚂蚁钻磨盘——条条是道
- 蚂蚱上豆架——小东西借大架子吓人
- 买鼻烟不闻——装着玩
- 买豆腐花了个肉价钱——上当不浅
- 买麻花不吃——我看这股劲
- 买帽子当鞋穿——不对头
- 买肉找上卖菜的——弄错了对象
- 买咸鱼放生——不知死活；修来世
- 买眼药进了石灰店——认错了门
- 卖布的不带尺——瞎扯
- 卖菜的上了香樟树——又高又贵
- 卖豆芽子不拿秤——乱抓
- 卖花人说花香，卖菜人说菜芳——各有一套
- 卖花生的不拿秤——抓起来
- 卖鸡蛋的摔跟头——没有一个好的
- 卖了生姜买蒜吃——换换口味
- 卖了鞋子买帽子——顾头不顾脚
- 卖面的不怕吃八碗——越多越好
- 卖肉的切豆腐——不在话下
- 卖肉的杀羊——内行
- 卖瓦盆的取货——一套又一套
- 馒头吃到豆沙边——尝到甜头
- 馒头开花——气大
- 馒头里包豆渣——旁人不夸自己夸
- 满身吊鸡蛋——两头落空

- 满身沾油的老鼠往火里跑——哪还有它的好处
- 满天挂渔网——遮不着太阳
- 满嘴里跑舌头——爱说啥就说啥
- 慢火煮肉——别性急
- 慢橹摇船捉醉鱼——事后下水
- 忙中拾到一包针——谁顾得数你
- 猫吃腌菜——没奈何
- 猫儿扒琵琶——乱弹琴
- 猫儿不吃鱼——假正经
- 猫儿洞口等老鼠——目不转睛
- 猫儿逗老鼠——想抓活的
- 猫儿念经——假充善人
- 猫儿头上系干鱼——靠不住
- 猫儿抓老鼠——祖传手艺
- 猫哭耗子——假慈悲
- 猫舔虎鼻梁——存心不要命
- 猫捉老鼠狗看门——本分事
- 猫嘴里挖泥鳅——夺人所好
- 毛辫上绑辣椒——抡到哪儿红到哪儿
- 毛猴子说话——不知轻重
- 毛猴子捅马蜂窝——找着挨螫
- 毛驴备银鞍——有点不配
- 毛驴拉磨牛耕田——各有各的活儿
- 毛驴碰门——来的不是人
- 毛竹扁担做桅杆——担风险
- 茅草里杀出个李逵——冒里冒失
- 帽檐做鞋帮——一贬到底
- 帽子掉进靛缸里——分外出色
- 帽子烂了边——顶好
- 眉毛胡子一把抓——主次不分
- 眉毛上搭梯子——放不下脸
- 眉毛上吊针——扎眼
- 眉毛上放爆竹——祸在眼前
- 眉毛上挂钥匙——开开眼
- 眉毛上失火——红了眼
- 梅兰芳唱霸王别姬——拿手好戏

- 梅兰芳唱戏——叫座
- 媒婆夸闺女——天花乱坠
- 媒婆肿嘴——有口难言
- 煤灰搽脸——给自己抹黑
- 煤球放在石灰里——黑白分明
- 煤炭里打窟窿——黑洞洞
- 煤炭下水—— 一辈子也洗不清
- 门钉插锁——不想出门了
- 门角里装灯——关照
- 门里头打跟斗——门外出身
- 蒙在鼓里听打雷——弄不清东西南北
- 梦里吃蜜桃——想得真甜
- 梦里娶媳妇——尽想好事；想得倒美
- 梦里拾钱——白高兴一场
- 梦里挖银子——空欢喜
- 梦中结亲——好事不成
- 梦中坠深渊—— 一身冷汗
- 米锅刚开抽柴火——关键时刻不讲合作
- 米满粮仓人饿倒——爱财不爱命
- 米筛子筛胡豆—— 一个都漏不掉
- 米汤淋头——糊涂到顶
- 米汤盆里洗澡——糊里糊涂过日子
- 蜜蜂叮在玻璃上——找不到出路
- 蜜蜂酿蜜——不为自己
- 蜜蜂螫人——逼急了
- 蜜饯黄连——先甜后苦
- 蜜饯石头子——好吃难消化
- 棉袄改被窝——两头够不着

- 棉花包里装石头——心重得很
- 棉花槌打铁——空的
- 棉花条子敲锣——没音
- 棉桃里面找胡桃——专拣硬的敲
- 棉絮里捉虱子——找都找不到
- 面疙瘩补锅——抵挡一阵
- 面筋裹馄饨——一块土上的人
- 面条里拌疙瘩——混着干
- 篾条穿豆腐——不用提
- 摸着石头过河——稳当些
- 磨道驴子断了套——空转一遭
- 木板上钉钉——个个算数
- 木耳烧豆腐——黑白分明
- 木匠戴木枷——自作自受
- 木匠进山林——尽是材料
- 木匠拉大锯——有来有去；你来我往
- 木匠手里借斧头——砸人饭碗
- 木匠忘了墨斗子——没线了
- 木匠摇墨斗——连轴转
- 木匠做家具——心里有数
- 木偶打狗——打你不当人
- 木偶上戏台——幕后有人
- 木偶小旦唱戏——装模作样
- 木偶做戏——受人牵连
- 木勺炒豆子——同归于尽

- 木炭搭桥——难过
- 木头人锯树——忘本
- 木头上生疖子——无关紧要
- 拿豆腐挡刀——招架不住
- 拿个绣针当棒槌——小题大做
- 拿了秤杆忘秤砣——不知轻重
- 拿舌头磨剃刀——吃亏的是自己
- 拿着鞭杆当笛吹——没心眼
- 拿着锄头刨黄连——挖苦
- 拿着擀面杖当箫吹——实心眼
- 拿着焊枪焊玻璃——接不上
- 拿着禾苗当草锄——不像个庄稼人
- 拿着活人当熊耍——愚弄人
- 拿着鸡蛋走滑路——小心翼翼
- 拿着酒壶打架——豁着干
- 拿着铁锅当钟敲——穷得叮当响
- 拿着鞋当帽子——上下不分
- 拿着钥匙满街跑——当家不管事
- 哪壶不开提哪壶——没眼色
- 南瓜花爆鸡蛋——对色
- 南瓜就烙饼——两受屈
- 南瓜长在坛子里——拿不出来
- 南天门搭戏台——唱高调
- 南天门上打伞—— 一路邪气
- 楠木搭桥——走的空路
- 楠木当柴烧——不识货
- 脑后挂镜子——只照别人，不照自己
- 脑壳上顶娃娃——举人；抬举人
- 脑灵盖流脓——坏到了顶
- 脑门上开口——对天说话
- 脑门上长大疮——额外负担
- 嫩牛拖耕犁——不打不跑
- 逆风点火——惹火上身
- 粘糕跌在灰堆里——吹又吹不得，打又打不得
- 年三十晚上翻日历——没时间了
- 年三十晚上剃头——三刀两刮

- 捏紧鼻子过日子——不闻香臭
- 捏着鼻子吃葱菜——忍气吞声
- 捏着眼皮擤鼻涕——劲用得不是地方
- 牛踩黄泥路——越踩越糟糕
- 牛吃稻禾鸡吃壳——各有各的福
- 牛吃破草帽——满肚子的坏圈圈
- 牛犊子叫街——蒙门了
- 牛犊子拉车——乱套
- 牛角安在驴头上——四不像
- 牛魔王请客——都是妖
- 牛奶里渗墨汁——黑白混淆
- 牛棚里不要插进马嘴来——少管闲事
- 牛皮灯笼——肚里明
- 牛身上拔根毛——无伤大体
- 牛头不对马嘴——胡扯；不接准
- 牛尾巴拍苍蝇——碰巧
- 牛眼看人——大个
- 暖壶里装开水——里热外冷
- 糯米面包饺子——一捏就成
- 藕断丝不断——离不开
- 藕丝炒韭菜——清清白白
- 排骨烧豆腐——有硬有软
- 膀子折了往袖里塞——干吃哑巴亏
- 螃蟹吃高粱——顺着秆子往上爬
- 螃蟹断爪——横行不了
- 螃蟹过河——七手八脚
- 螃蟹拉车——不走正路
- 螃蟹爬竹竿——过节见
- 螃蟹上壁——自叹自落
- 螃蟹吐沫——没完没了
- 胖子进冰窖——满凉
- 胖子坐驴车——挤得下不来
- 跑掉一只鞋——举足轻重
- 跑堂的吆嘴——都外卖了
- 炮筒里放炮弹——直来直去
- 炮仗店里着火——自己庆贺自己
- 彭祖遇寿星——各有千秋
- 捧着银碗当叫花——何必求人
- 砒霜拌大蒜——又毒又辣
- 砒霜里浸秦椒——毒辣透了
- 漂白布掉在染缸里——一世洗不清
- 婆媳俩吵架儿子劝——左右为难
- 鄱阳湖里起春水——一浪更比一浪高
- 破被子包珍珠——好的在里头
- 破船沉在死沟里——没出路
- 破房梁做个烧火棍——大材小用
- 破了房梁做板凳——亏了大料
- 破袜子补雨伞——一步登天
- 剖腹献肝胆——死尽忠心
- 剖开墨鱼肚——一副黑心肠
- 剖鱼得珠——喜出望外
- 匍倒是鼓，仰转是锣——能讲能说
- 葡萄调豆腐——一嘟噜一块
- 蒲包上装须头——空讲究
- 蒲鞋穿到袜子里——弄错了
- 七寸长钉钉在柏木棺材上——一辈子休想拔出来
- 七个钱对半分——不三不四
- 七个人睡两头——颠三倒四
- 七个人通阴沟——低三下四
- 七窍通了六窍——一窍不通
- 七石缸里打拳——到处碰壁
- 骑兵队长打冲锋——一马当先
- 骑骆驼甭备鞍——现成的

- 骑驴背磨盘——白搭；白费力
- 骑驴看唱本——走着瞧
- 骑驴扛布袋——枉自好心肠
- 骑驴拿拐杖——多此一举
- 骑驴望着坐轿的——比上不足，比下有余
- 骑马上天山——步步登高
- 骑毛驴不用赶——道熟
- 骑毛驴观山景——走着瞧新鲜的
- 骑牛撵兔子——仗着工夫捱
- 骑牛找牛——老糊涂啦
- 骑在老虎身上玩把戏——错一步也不行
- 骑着骆驼牵着鸡——高的高，低的低
- 骑着毛驴吃豆包——乐颠馅了
- 旗杆尖上拿大鼎——艺高人胆大
- 旗杆上吊灯笼——高明
- 起重机吊鸡毛——不费吹灰之力
- 起重机吊竹篮——大材小用
- 干河滩撒网——瞎张罗
- 牵狗弄猢狲——不走正道
- 牵过猴来打跟斗——当场试验本领
- 牵牛花儿当喇叭吹——闹着玩
- 牵牛上独木桥——难过
- 牵牛下水——自脚先湿
- 牵牛走纸桥——过不去
- 前有狼后有虎——进退两难
- 强盗打官司——场场输
- 强盗发善心——真难得
- 强盗拍照——贼相
- 强盗碰到贼爷爷——黑吃黑
- 强盗敲门——来者不善
- 墙角上开口——邪门歪道
- 墙上挂门帘——没门
- 墙上挂棋盘——一个子儿留不住
- 墙上画大饼——中看不中吃
- 墙上画虎——吃不了人
- 墙上画马——不能骑
- 墙上绣花——截壁脚
- 墙头上种地——有几分
- 墙檐上睡觉——翻不了身
- 敲钉转脚儿——根子牢
- 敲锣捉麻雀——不得法；一个逮不着
- 荞麦皮打糨糊——不粘
- 荞麦皮里挤油——死抠
- 荞麦窝里扎锥子——尖对尖
- 桥孔里插扁担——担当不起
- 俏媚眼做给瞎子看——白搭
- 切菜刀剃头——危险；玩悬的
- 切糕包粽子——折腾枣
- 秦桧要饭吃——全怪乱修庙
- 秦琼卖碗——时运不济
- 清晨吃晚饭——早呢
- 清水烧豆腐——淡而无味
- 清水潭里扔石头—— 一眼看到底
- 清水洗煤砖——没事找事干
- 清水下白菜—— 一清二白
- 清早走进剃头铺——挨刀
- 清蒸鸭子——浑身稀烂嘴巴硬
- 蜻蜓点水鱼打花——没有用
- 蜻蜓落在房梁上——个头不大，架子不小
- 蜻蜓咬尾巴——连串儿
- 蜻蜓撞着蜘蛛网——有翅难飞
- 晴带雨伞，饱带干粮——有备无患

- 晴天里送伞——空头人情
- 秋风扫落叶——一吹一大片
- 秋千打成一字平——大动荡
- 蚯蚓钓鲤鱼——以小引大
- 蛐蛐跳舞——乱七八糟
- 曲蟮翻地——悄无声息
- 曲蟮上墙——有劲无处使
- 泉水坑里看石头——一清二楚
- 拳头捣辣椒——辣手
- 劝告文贴背上——给别人看
- 雀头包饺子——尽嘴
- 染坊里的衣料——由人摆布
- 染缸里落白布——再也洗不清
- 染匠穿白褂——再当心也不行
- 染匠送礼——拿不出手
- 热锅炒辣椒——够呛
- 热锅里爆出冷豆来——真没想到
- 热锅里爆虾米——连蹦带跳
- 热锅里插塞寒暑表——直线上升
- 热锅里倒凉水——呼声高
- 热闹处卖母猪——尽做败兴事
- 热身子滚到雪窝里——凉了半截
- 热水瓶不保温——肚坏了
- 热天吃冰棍——凉在心里
- 人打摆子——乱抖
- 人各吃得半升米——哪个怕哪个
- 人头上长牛角——比别人出格
- 人心隔肚皮——没法猜
- 人在屋檐下——不得不低头
- 日历不叫日历——白扯
- 日头晒冰块——化了
- 绒毛小鸭初下水——一切从头学起
- 绒球打脸——吓唬人
- 绒球打锣——没有回音
- 肉包子打狗——有去无回
- 肉骨头烧豆腐——软硬不均
- 肉烂在锅里——肥水不往外流
- 肉焖在锅里——香气在外
- 如来佛打喷嚏——非同小可
- 三伏天穿棉袄——里外发热
- 三伏天打抖——不寒而栗
- 三伏天刮西北风——莫名其妙
- 三个钱买条毛驴——自骑自夸
- 三个人讲两句话——哪能轮得到你
- 三个铜钱放两处——一是一，二是二
- 三九天吃冰棍——寒透了心
- 三九天穿单褂——抖起来了
- 三九天开桃花——稀奇古怪
- 三年不漱口——一张臭嘴
- 三十晚上逼债——年关难过
- 三十晚上出月亮——头一回
- 三十晚上嫁老女——托福求财
- 三十晚上晒衣裳——今年不干明年干
- 三十晚上失了牛——明年的事
- 三十晚上说大书——讲的讲，听的听
- 三十晚上提竹篮——昼夜忙
- 三岁小孩买棺材——早做准备
- 三岁小孩贴对联——不知上下
- 三下五除二——干脆利落
- 三下子少了一下子——看你那两下子
- 三仙姑打喷嚏——来神了
- 三月里扇扇子——满面春风

- 嗓子里冒烟咽唾沫——干伸脖
- 扫把戴帽子——不算人
- 扫帚颠倒竖——没大没小
- 杀鸡给猴子看——杀一儆百
- 杀鸡给猢狲看——做个榜样
- 杀鸡用牛刀——小题大做
- 砂锅掉井里——越摸越沉
- 鲨鱼吃蚂蚱——不够嚼
- 筛子盖锅——进气眼儿少，出气眼儿多
- 筛子捉黄鳝——溜的溜，跑的跑
- 筛子做门扇——难遮众人眼
- 山顶上打井——枉费劲
- 山谷里敲锣——处处有回音
- 山猴子爬树——拿手好戏
- 山鸡戴帽子——冒充大头鹰
- 山上滚石头——眼看着就下
- 山头上唱歌——调子太高
- 山西骡子学驴叫——南腔北调
- 山崖上滚鸡蛋——没有一个好的
- 山羊吃薄荷——不知其味
- 山羊拴在竹园里——胡缠
- 山腰里遭雨——上下为难
- 山中无老虎——猴子称大王
- 上轿穿耳朵眼——临时忙
- 上街买萝卜——要的心里美
- 上楼梯吃甘蔗——步步高，节节甜
- 上山穿高跟鞋——自己跟自己过不去
- 上山打柴，过河脱鞋——到哪儿说哪儿话
- 上午栽树，下午乘凉——哪有这么快
- 上眼皮长瘤子——碍眼
- 上眼皮只看下眼皮——目光短浅
- 烧掉房子捡钉子——因小失大
- 烧火剥葱——各管一工
- 烧火棍当枪——打不响
- 烧火棍碰灶火门——又得碰，又得躲
- 烧香不磕头——未尽心意
- 烧香望和尚——顺便；一举两得
- 烧窑的盖砖房——方便
- 少吃咸鱼少口干——多一事不如少一事
- 少时衣服老来穿——过时的货
- 舌头没骨头——爱怎么说就怎么说
- 舌头上下滚——含糊过去
- 舌头伸到杯子里——不着底
- 舌头伸到水缸里——沾不着边
- 舌头舔鼻子——差了一段
- 舌头无根——随人转
- 蛇和蝎子交朋友——毒上加毒
- 蛇吞鼠，鹰叼蛇——一物降一物
- 蛇吞象——不自量力
- 蛇遭蝎子蜇——一个更比一个毒
- 深夜里伸五指——黑手
- 神枪手打靶——百发百中
- 神仙打架——凡人遭殃
- 神仙女儿下凡间——天配良缘
- 绳套挂在脖子上——越扯越紧
- 绳子牵羊羔——让它上哪就上哪
- 狮子滚绣球——好的在后头
- 狮子进铁笼——吼也不行了
- 湿柴火烧锅——又冒烟又着火
- 湿柴塞进炭火里——越煨越有气
- 十八岁的姑娘当媒人——人不说你，你还说
- 十二岁进养老院——享早福
- 十二月里吃冰棒——顿时凉了半截；冷

透心肠

- 十二月里说梦话——夜长梦多
- 十二只唢呐齐奏——全吹啦
- 十个手指头按跳蚤—— 一个也捉不住
- 十个小孩摆四处——三三两两
- 十五个人聊天——七嘴八舌
- 十五根秫秸当标杆——七长八短
- 十五块布做衣服——七拼八凑
- 十五盘菜放两处——七荤八素
- 十五只吊桶打水——七上八下
- 十五只小船出海——七颠八倒
- 十一只鞋子打补——分不出五阴六阳
- 十字街头贴告示——众所周知
- 十字路口跌一跤——正南正北
- 拾柴打兔子——两得其便
- 拾着鸡毛当令箭——少见多怪
- 手板脚板都是油——滑手滑脚
- 手里提个秃镐头——没把握
- 手像蒲扇，脚像钉耙——大手大脚
- 手心里搭舞台——捧场
- 手长六指头——节外生枝
- 手掌里搁火炭——受不了
- 守着公鸡下蛋——瞎费心力
- 守着圆环画圈圈——没有出路
- 秫秸秆当门闩——经不住推，也搁不住拉
- 数冬瓜道茄子——唠唠叨叨
- 黍米煮红薯——糊里糊涂

- 树倒猢狲散——各奔前程
- 树林里耍大刀——拉不开场子
- 树上挂油瓶——险得很
- 树上架梯摘月亮——够不着
- 树叶落在河里头——随波逐流
- 耍木偶皮影戏——靠挑人儿
- 耍戏法的敲锣——要变了
- 摔倒五味瓶——甜酸苦辣都尝到
- 双车吃士——硬将军
- 双簧演成独角戏——没了帮腔的
- 双脚踏在门槛上——不进不出
- 双手抓刺猬——扔不了，放不下
- 霜打大葱——心不死
- 霜打瓜秧——垂头丧气
- 霜打茄子——蔫了
- 水底捞月，天上摘星——想到做不到
- 水底下推船——卖力看不到，成功不叫好
- 水豆腐搭桥——枉费心机
- 水豆腐进灰堆——没法收拾
- 水牯牛走进象群里——比比还是小兄弟
- 水晶瓶里装清水——里外全看透
- 水里泡雪花——下去就没影
- 水龙头不关——放任自流
- 水萝卜敲金锣——节节短
- 水牛掉在井里——有力没处使
- 水牛身上拔根毛——毫不在乎
- 水泡豆腐渣——轻松
- 水獭上山——装熊
- 水推龙王走——自己顾不了自己
- 水仙不开花——装蒜
- 水银泻地——无孔不入
- 水中捞月——白费劲；一场空
- 水中投石—— 一试深浅
- 水煮石头——难熬
- 睡觉不枕枕头——空头空脑
- 睡梦打四更—— 一无所知
- 睡梦里打贼——出闲力

- 睡着说话——腰不疼
- 顺风扯帆——正及时
- 顺风扯满蓬——一帆风顺
- 顺风撑船——不费力
- 顺风吹火——用力不多
- 顺梢吃甘蔗——一节比一节甜
- 顺手牵羊——将计就计
- 顺着垄沟找豆包——没出息
- 顺着驴道找蹄印——容易
- 顺着壮竿往上爬——抱的粗腿
- 说书人刹板——且听下回分解
- 说着风便扯蓬——性急
- 说真方卖假药——到底还是假
- 说嘴郎中卖膏药——神吹
- 撕衣衫补裤子——因小失大
- 死胡同里截驴——看你往哪里跑
- 死了老鼠猫来哭——假慈悲
- 四大金刚吃粉条——不经一嚼
- 四大金刚扫地——大材小用；有劳大驾
- 四大金刚腾云——悬空八只脚
- 四大天王流鼻涕——大不醒世；越大越邋遢
- 四个鼻孔烂了仨——留下一个出气
- 四个兽医抬只羊——没治
- 四股叉子扎脚跟——不知哪股出的事
- 四海龙王动刀兵——里里外外都是水
- 《四书》没念完——怎么开讲了
- 四字加马字——随你骂；敢莫要骂
- 送到屋顶抽梯子——断人后路
- 酥油里插刀子——迎刃而解
- 蒜辫子顶门——头头多
- 蒜苔子炒豌豆——光棍遇到滚子客
- 算盘脱了框——无用之物
- 孙猴子穿汗衣——半截不像人
- 孙猴子捧烫瓦罐——团团转
- 孙女穿奶奶鞋——老样子
- 孙子穿爷爷皮袄——充老相
- 笋壳套牛角——再适合没有了
- 笋子脱壳——层层剥
- 榫头上扎钉子——结结实实
- 踏死蛤蟆肚子大——气可不小
- 太公钓鱼断了线——大鱼小鱼都不来了
- 太师椅着火——坐也难来站也难
- 太岁头上动土——惹祸招灾；好大胆子
- 太阳底下点蜡烛——糟蹋火
- 太阳底下喝老酒——内外都热火
- 谈心不点灯——说黑话
- 檀香木当柴烧——大材小用
- 唐三藏读佛经——出口成章
- 唐僧害嘴——没咒念了
- 唐僧念紧箍咒——就此一招
- 塘角鱼上岭——咬尾巴
- 塘里无鱼——虾子贵
- 糖炒栗子——只甜一层皮
- 糖糕沾蒜——不对味
- 躺在《百家姓》上打滚儿——不知姓什么好
- 躺着说话——腰不痛
- 掏干油坛煎豆腐——下尽本钱
- 淘麦筛子顶锅盖——眼儿不少
- 套马杆探月亮——痴心妄想
- 提傀儡上戏场——只少一口气
- 提着扁担串门子——直进直出
- 提着尺子沿街走——不量自己量别人

- 提着鸡蛋走冰路——提心吊胆
- 提着口袋倒核桃—— 一个不剩
- 提着麻杆打狼——两头害怕
- 提着影戏人上场——好歹别戳破这层纸
- 剃头不用水——干刮
- 剃头的罢工——不理他了
- 剃头的拍巴掌——完事
- 剃头的收摊——没头了
- 天高皇帝远——管不着
- 天狗吃了日头——有今个儿没明个儿
- 天狗吃月亮——没处下口；囫吞
- 天花板上挂棋盘—— 一子全无
- 天空里吹唢呐——哪里哪里
- 天冷偏烤湿柴火——对着吹吧
- 天亮下雪——明白
- 天牌压地牌——以上压下
- 天平上称人——把人看轻了
- 天平上乱加砝码——不公平
- 天上掉馅饼——想得美
- 天上裂了缝——日月难过
- 天天当吹鼓手——吃得胀气饭
- 甜瓜地里种甘蔗——从头甜到脚
- 挑开埂子种红豆——入骨相思
- 挑水带洗菜——两得其便
- 挑水的娶个卖茶的——正相配
- 挑雪填井——枉费心机
- 挑着牌楼卖肉——好大架子
- 笤帚疙瘩戴帽子——想充人形
- 跳河闭眼睛——横了心肠
- 铁板上炒豆子——熟了就蹦
- 铁板上钉钢钉——碰到家啦
- 铁杵磨成针——功到自然成
- 铁锤掉到锅里——不敲也响啦
- 铁钉钉黄连——硬往苦里钻
- 铁将军把门——家中无人
- 铜盆碰上个铁扫帚——谁也不让谁
- 铜钱当眼镜——认钱不认人

- 铜钱眼里打秋千——小人
- 铜头戴上铁帽子——双保险
- 筒车打水——团团转
- 偷了银子唱大戏——你庆的什么功啊
- 偷鱼不成——闹了两手腥
- 头割耳朵——硬做
- 徒手打老虎——有勇无谋
- 徒手翻高墙——扒不着
- 土包子进城——不知东南西北
- 土地难比门神——一高一低
- 土地爷吃汤圆——吞不下去
- 土地爷抽风——抖神儿
- 土地爷头上拴绳子——提神
- 土地爷洗澡——全成一堆泥
- 土地爷种地——劳神
- 土地爷坐秤盘——自称
- 土地爷坐海船——神到外国去了
- 土地爷坐软椅——养神
- 土匪骑疯狗——恶人凶马
- 土匪上吊——早该如此
- 土匪照镜子——贼头贼脑
- 土匪坐轮船——江洋大盗
- 推土机掉进山沟里——有劲使不出
- 推小车的爬大坡——越高难度越大
- 腿肚子搽粉——过分讲究
- 腿肚子抽筋——寸步难行

- 腿肚子掳不过大腿——干受压
- 腿上拴绳子——拉倒的货
- 驼子刮痧—— 一截一截来
- 驼子扛弓——弯弯曲曲
- 驼子睡碾槽——以弯就弯
- 驼子作揖——起手不高
- 瓦缸里使锥子——用不上力气
- 瓦罐里倒核桃—— 一个一个地数
- 瓦罐喂鸡——露出脚了
- 瓦匠干活——拖泥带水
- 瓦匠砌墙——两面三刀
- 袜筒改护腕——将就材料
- 袜子当帽子——臭出头
- 玩戏法下跪——没咒念了
- 晚娘打儿子——早晚有一顿
- 晚上逛公园——成双成对
- 碗店里捉老鼠——碰不得
- 王八变黄鳝——解甲归田
- 王八吃秤砣——铁了心
- 王八吃西瓜——连滚带爬
- 王八掉灰堆——憋气又窝火
- 王八看绿豆——对了眼
- 王八拉车——有前劲，没后劲
- 王道士画符——自己明白
- 王母娘娘戴花——老妖艳
- 王婆画眉——东一扫，西一扫
- 王婆卖瓜——自卖自夸
- 王婆卖了磨——没得推了
- 王羲之写字——入木三分；横竖都好
- 望风扑影—— 一场空
- 为人作嫁——徒劳一场
- 为虱子烧了旧棉袄——小题大做
- 温度计掉到冰箱里——直线下降
- 温水泡茶叶——有色无味
- 温水烫鸡毛——难扯
- 文庙里读《四书》——假充圣人
- 瓮里烧木炭——有火没处发
- 瓮中捉鳖——稳拿；手到擒来
- 窝窝头踩一脚——坐地就不是一块好料
- 蜗牛赴宴会——不速之客
- 蜗牛盖房子——自己顾自己
- 蜗牛爬在荆棘上——又慢又费力
- 蜗牛走路——慢腾腾
- 握着蒺藜死不丢——不怕扎手
- 乌龟跌下水——正合意
- 乌龟进砂锅——丢盔卸甲
- 乌龟壳上贴广告——牌子硬
- 乌龟爬到门槛上——进退都要摔一跤
- 乌龟上岸遇雹子——缩头缩脑
- 乌龟笑鳖爬——彼此彼此
- 乌鸦头上插鸡毛——假装凤凰
- 乌鸦钻灶膛——黑上加黑
- 无病服药——自讨苦吃
- 无病呻吟——装模作样
- 无二爷卖布——鬼扯
- 无米之炊——难做
- 无目的放礼炮——乱哄哄
- 蜈蚣吃了萤火虫——心里亮清
- 五个人住两地——三心二意
- 五更天唱曲子——高兴得太早了
- 五更天赶路——越走越亮

- 五句话分两次讲——三言两语
- 五月龙船逆水去——个个都要争上游
- 武大郎放风筝——出手不高
- 武大郎招亲——凶多吉少
- 武大郎坐天下——没人敢保
- 武松看鸭子——英雄无用武之地
- 捂着耳朵听放炮——又想听响，又怕听响
- 捂着耳朵偷铃铛——怕听偏听见
- 雾里看指纹——看不出道道
- 西瓜掉在油缸里——滑头滑脑
- 西瓜里调盐——是图甜还是图咸
- 西瓜抹香油——又圆又滑
- 西湖边搭草棚——煞风景
- 西天出太阳——难得一回
- 惜钱不医病——自己跟自己过不去
- 稀饭锅里下铁球——混蛋到底
- 稀饭里加水——大家喝一碗
- 稀泥巴里打桩——深不得，浅不得
- 溪水遇到了挡路石——绕道走
- 膝盖上穿袜子——不是那一脚
- 蟋蟀斗公鸡——各有一技之长
- 洗脚盆里洗澡——扑腾不开
- 洗衣不用搓板——就凭两手
- 喜鹊飞进洞房里——喜上加喜
- 戏台里喝彩——自吹自擂
- 戏台上拜堂——假夫妻
- 戏台上起年号——称王称霸
- 戏台上着火——热闹加热闹
- 戏台下掉眼泪——替古人担忧
- 戏园子里挑媳妇—— 一厢情愿
- 戏子教徒弟——幕后指点
- 瞎狗看星星——瞧不着
- 瞎猫碰到死老鼠——碰巧；难得一回
- 下巴底下支砖头——张不开口
- 下了地狱才后悔——来不及了
- 下棋丢了帅——输定了
- 下棋斗胜——纸上谈兵
- 下水的船走不动——风头不顺
- 下雨天打麦子——难收场
- 下雨天泼街——假积极
- 夏天穿皮袄——不是时候
- 夏天发抖——不寒而栗
- 夏至插秧——迟了
- 先吃黄连后吃甘草——越来越好
- 先穿鞋子后穿袜——乱套
- 险道神带钥匙——大当家的
- 险道神跑龙套——越大越没出息
- 险道神撞着寿星老儿——你也休说我长，我也休说你短
- 现代人穿古装——不合时宜
- 现钱不抓——不是行家
- 向老虎告狼的状——没有好结果
- 象棋盘上下跳棋——不对路数
- 象牙筷子扳雀丝——有意找毛病
- 小车子不倒——只管推
- 小二姐上楼梯——步步都是坎
- 小沟里刮鱼——段段清
- 小狗爬到墙头上——迟早要掉下来
- 小鬼拜见张天师——自投罗网
- 小鬼唱戏——没人听
- 小鬼看见钟馗像——望而生畏
- 小孩吃甘蔗——尝到甜头
- 小孩放焰火——天花乱坠

- 小孩看杂技——又爱又怕
- 小河里撑船——一竿子到底
- 小河通大江——细水长流
- 小花脸赶考——场场有份，科科不中
- 小鸡踩扁头——没救了
- 小鸡吃黄豆——自己找死；够呛
- 小鸡吃米——老点头
- 小鸡交给黄鼠狼——错托了人
- 小鸡站在门槛上——里外叼食
- 小脚女人走路——东摇西摆；慢吞吞
- 小老鼠跌在铁桶里——无缝可钻
- 小猫吃小鱼——有头有尾
- 小猫打呼噜——与众不同
- 小猫碰到死老鼠——不算本领
- 小米充黄豆——个头就不中
- 小庙着火——慌了神儿
- 小秃跟着月亮走——谁也不沾谁的光
- 小娃儿看见糖罗汉——哭也要吃，笑也要吃
- 小巷里抬竹竿——直来直去
- 小卒儿过河——顶车用；难回头
- 蝎子爬在嘴上——说不得，动不得
- 蝎子驮蜈蚣——上下都是毒
- 蝎子钻进砒霜里——浑身都是毒
- 蝎子钻进墙缝里——暗中也伤人

- 鞋底下抹油——溜之大吉
- 鞋面布做帽子——高升
- 鞋上绣凤凰——能走不能飞
- 心肝掉到肚里头——放下心了
- 心字头上一把刀——忍一点儿吧
- 新兵上阵——头一回
- 新娘子咬生馒头——人生面不熟
- 新女婿吃饺子——不知什么馅
- 新媳妇进门——一分人才带来三分喜气
- 新媳妇坐花——任人摆布
- 行船偏遇顶头风——不巧
- 行夜路吹口哨——自己壮胆
- 胸口摆天平——称心
- 胸口揣棉花——心软
- 胸口上挂烙饼——一片热心肠
- 胸前吊门板——好大的牌子
- 雄鸡下蛋——公子
- 熊瞎子掰苞米——掰一个掉一个
- 熊瞎子拜年——不敢受这个礼
- 袖里藏宝剑——杀人不露锋
- 袖里来袖里去——何凭何据
- 袖筒里放棒槌——直出直入
- 绣花针对铁梁——各有各的用场
- 绣花针落在大海里——一点回响也没有
- 绣花枕头包草——里外不一
- 绣花枕头塞谷糠——顾面不顾里
- 锈铁镀金箔——一擦显本相
- 许不下羊羔许骆驼——巧言哄人
- 雪地里滚球——越滚越大
- 雪地里走路——一步一个脚印
- 雪花飘下河——不声不响
- 雪菩萨见太阳——不经一晒
- 雪人烤火——不顾性命；舒服也不长久
- 雪上加霜——冷过节了
- 雪狮子向火——酥了半截
- 雪中送炭——正及时
- 丫鬟抱孩子——别人的

- 丫鬟掌钥匙——当家不做主
- 牙缝里塞进咸菜根——不自在
- 牙缝里剔肉——解不了馋
- 崖头缝里逮螃蟹——十拿九稳
- 崖头上睡觉——不怕死
- 烟囱背后看人——把人看黑了
- 烟囱里不通气——窝了火
- 烟囱里招手——往黑处引
- 烟囱上散步——无路可走
- 烟袋锅里炒芝麻盐——逗馋不逗嘴
- 烟雾里观花——看不清
- 盐落油锅里——炸开了
- 盐入火炉——火劲儿往上蹿
- 眼睛生在鼻子下——悲观失望
- 眼睛生在眉毛上——自高自大
- 眼睛生在头顶上——目空一切
- 眼睛长在额头上——看不起人
- 眼睛只看见鼻头尖——目光浅近
- 眼镜蛇打喷嚏——满嘴放毒
- 雁过拔根翎——过客也不放松
- 雁过拔毛——忘本
- 燕子衔泥——口紧
- 燕子造窝——凭嘴
- 羊伴虎睡——靠不住；送上门的肉
- 羊羔吃奶——跪下
- 羊角葱儿靠南墙——越老越辣
- 羊圈里牵出牛来——小往大来
- 羊群里跑出骆驼——就显你大
- 羊肉不曾吃——空惹一身膻
- 羊肉只当狗肉卖——贱价抛售
- 羊身上取驼毛——没希望；想得出奇
- 羊头安在马身上——张冠李戴
- 羊嘴里没草——空嚼嚼
- 腰里别镰刀——走到哪，干到哪
- 腰里缚扁担——横行一方
- 腰里挂算盘——光为自己打算
- 腰里长枝条——出了邪岔
- 咬口生姜喝口醋——受尽辛酸
- 咬着铁棍还说牙齿硬——强装有本事
- 药店里招手——把你往苦里引
- 药铺倒灶——尽是方子
- 药王爷摇手——没救了
- 要饭的拿饼子——没有一块好的
- 鹞子充鸡——没个好心肠
- 鹞子断掉线——去而不回
- 鹞子飞上天——骨头轻
- 爷俩看马打架——大惊小怪
- 野蜂飞进渔网里——专找空子钻
- 野鸡戴皮帽子——混充鹰
- 野马上笼头——服服帖帖
- 野马脱缰——横冲直撞
- 野猫偷吃钻鱼狗——容易入身难出头
- 野兔子叼枪口——自找死
- 夜里行船——摸不着边
- 夜猫子进宅——无事不来；来者不善
- 夜猫子抓小鸡——有去无回
- 夜明珠喘气——活宝贝
- 一把火烧了竹林——尽是光棍
- 一把镢头淬了火—— 一心挖老底
- 一把拉住火车头——好大的劲
- 一辈子卖蒸馍——啥气都受过
- 一锤子买卖——做不成
- 一刀切藕——两边有眼

- 一滴水滴在油瓶里——对得准
- 一滴水流进大海——有了归宿
- 一翻身掉下床——多亏有地接着
- 一个人拜把子——你算老几
- 一个人喝酒——自斟自饮
- 一根肠子通到底——直来直去
- 一根笛子八个眼——一气相通
- 一根绳拴俩蚂蚱——跑不了你受过
- 一根头发破八瓣——细得厉害
- 一根头发系石磨——千钧一发
- 一根蚊香两头点——两头成灰
- 一根竹子搭桥——难过
- 一锅粥打翻在地——难收场
- 一家子砌墙——两面好
- 一跤跌在门槛上——两头不着地
- 一脚登上泰山——蹦得高
- 一脚踏上磅秤台——举足轻重
- 一脚踢出个屁来——巧劲；赶上趟了
- 一脚踢翻醋瓶——酸味都上来了
- 一镢头想挖口井——心急办不到
- 一颗心悬在半天云里——上不着天，下不着地
- 一雷天下响——处处皆知
- 一粒米烧焦了——啥味都没有
- 一盘象棋下三天——棋逢对手
- 一钱不落虚空地——全有目的
- 一群老鸦朝南飞——一模一样
- 一群麻雀吃食——叽叽喳喳
- 一碗水端平——没说的了；不偏不倚
- 一朝被蛇咬，十年怕井绳——心有余悸
- 一嘴吞了个鞋帮子——心里有底
- 衣角扫死人——好大威风
- 衣袖里放棒槌——直来直去
- 以卵击石——自不量力
- 阴沟里洗手——假清洁
- 阴沟里栽藕——臭底子
- 阴天吃凉粉——不看天气
- 阴天晒被子——白搭
- 银锤打在金锣上——一声更比一声响
- 银行里发白纸条——空头支票
- 银圆落在石头上——当当响
- 银子拴在肋骨上——一动就心痛
- 寅吃卯粮——预支
- 引风吹火——费力不多
- 引狼入室——自取灭亡
- 鹦鹉唱大曲——巧上加巧
- 萤火虫打架——明对明
- 萤火虫飞眼前——闪闪亮
- 萤火虫落在秤杆上——自以为是颗亮星
- 硬棒槌打铜锣——响当当的
- 硬木棒弹花絮——越弹越乱
- 油灯里洗澡——不知深浅
- 油坊改卖芝麻——不打
- 油锅里添了瓢冷水——炸了
- 油勺子打酒——不是正经东西
- 油条泡在开水里——一下子软了
- 油炸麻花——干脆；扭来扭去
- 有尺水行尺船——量力而行
- 有了五谷想六谷——人心无底
- 有枣无枣捅三杆子——乱打一通
- 鱼大吃虾，虾大吃鱼——弱肉强食
- 鱼骨头卡喉咙——上不得，下不得

- 鱼吞香饵——不知有钩
- 渔夫听到鱼汛，猎手赶上兽群——喜之不尽
- 渔网装豌豆——张口就漏完了
- 榆木疙瘩刻玉玺——不是那块料
- 羽毛缎子盖鸡笼——外面好看里面空
- 雨后送伞——晚了
- 雨伞抽了柄——没了主心骨
- 雨天背稻草——越背越重
- 鸳鸯戏水——两相欢
- 鸳鸯逐野鸭——就怕不成双
- 元帅升帐——威风凛凛
- 月亮当镜子——把自己看得太大了
- 月亮底下点灯笼——多此一举
- 月亮底下看影子——夜郎自大
- 月亮跟着太阳走——借光
- 云头上跑马——脚底空；露出马脚
- 熨斗烫衣服——服服帖帖
- 杂草窝里放黄鳝——溜了
- 杂货铺子贴对子——开市大吉
- 宰相肚里能撑船——大人大量
- 凿磨匠打铁——不会看火色
- 凿子碰榔头——硬对硬
- 枣核搭牌楼——尖对尖
- 铡刀锄地——管得宽
- 铡刀剃秃头——硬拿脑袋瓜子玩
- 蚱蜢打喷嚏——满嘴青草气
- 斋公丢腊肉——不好作声
- 宅院修在城墙上——闹中取静
- 债主找到了负债的——清了吧
- 站得身子正——哪怕影子斜
- 站在高山看斗马——踢不着，咬不着
- 站在桥上钓鱼——差一截子
- 掌秤的报数——句句实话
- 丈二金刚扫地——大材小用
- 丈母娘看女婿——越看越喜欢
- 丈人看女婿——越看越惹气
- 招亲招来了猪八戒——自找难堪
- 照壁后头骂官——人背后厉害
- 照葫芦画瓢——按老样子做
- 照猫画虎——差不离
- 照相师傅修底片——颠倒黑白
- 枕着扁担睡觉——想得宽
- 枕竹筒睡觉——做空梦
- 睁眼瞎考状元——白丢人现眼
- 睁着眼跳黄河——走投无路
- 蒸笼里伸出头来——熟人
- 蒸笼漏了风——好大的气
- 芝麻里加虱子——乱掺
- 芝麻落在针眼里——巧透了
- 芝麻说成绿豆大——谁信
- 掷骰子赢土地——净耍神儿
- 中秋夜里打灯笼——多此一举
- 州里买了州里卖——不图赚钱只图快
- 周仓摆手——老爷不在家

- 诸葛亮丢了荷包——没有计了
- 诸葛亮皱眉头——计上心来
- 猪八戒吃瓜尖儿——骨头还家
- 猪八戒吃西瓜——心里想不着大家
- 猪八戒吃猪肝——自残骨肉
- 猪八戒带腰刀——邋遢兵一个
- 猪八戒进汤锅——活要命
- 猪八戒耍把戏——就是一耙子
- 猪八戒耍钉耙——有两下子
- 猪八戒演讲——大嘴说大话
- 猪八戒照镜子——里外不是人
- 竹竿打月亮——挨不上边
- 竹竿量天——碰不着
- 竹竿伸进鸡窝——捣蛋
- 竹管里看天——所见不广
- 竹篮打水网拦风——全落空
- 竹篮关泥鳅——这边关，那边溜
- 竹篮子打水—— 一场空
- 竹林里试犁——寸步难行
- 竹筛子兜水——漏洞百出
- 竹笋变竹子—— 一节增一节
- 竹筒子倒豆——爽快；干脆；一点不剩
- 竹筒做枕头——两头空
- 竹子冒笋—— 一代胜似一代
- 拄着拐杖走泥路——步步有点儿
- 煮熟的鸭子飞上天——怪事
- 煮熟了又炒着吃——没事找事
- 专往肥肉上贴膘——势利眼
- 庄稼过白露—— 一天不如一天
- 庄稼佬不认得木鱼——挨打的木头
- 庄稼佬不认得水仙——好大的蒜头
- 庄稼佬进皇城——头一遭
- 庄稼佬看告示—— 一篇大道理
- 装病煎药——自讨苦吃
- 装猫吓耗子——假的
- 锥子放在铁盒里——锋芒不露
- 捉不住狐狸——反惹一身臊
- 捉鱼拦上游——先下手为强
- 捉住跳蚤放头里——自作自受
- 啄木鸟死在树窝里——吃了嘴上的亏
- 啄木鸟找吃——全凭一张嘴
- 啄木鸟啄树——入木三分；全凭嘴硬
- 自个儿拜把子——你算老几
- 自行车放炮——气没了
- 自行车走水泥道——没辙
- 自己碰钉子——忍声吞气
- 自己说话听不见——梦话
- 嘴巴搁在锅台上——光等吃
- 嘴巴上抹白糖——说得甜
- 嘴巴上涂糨糊——开不得口；不好开口
- 嘴唇上贴膏药——免开尊口
- 嘴里嚼大葱——说话带辣味
- 嘴甜甜，腰里挂弯镰——心术不正
- 醉汉上街——东倒西歪
- 醉客逃席——不来
- 做梦吃黄连——想得苦
- 做梦吃西瓜——想得甜
- 做梦掉下井——虚惊一场
- 做梦讨媳妇——尽想美事
- 做梦游西湖——好景不长
- 做梦抓大印——官迷心窍
- 做烧饼的卖汤圆——多面手
- 做一天和尚，撞一天钟——得过且过
- 做贼的遇见劫路的——赶巧了

喻物类

- 挨了棒的狗——气急败坏
- 挨了打的鸭子——乱窜
- 爱叫的鸟儿——不做窝
- 八竿子抬不着的亲戚——远着呢
- 八哥的嘴巴——随人说话；会说话
- 八个钱的膏药——黏人
- 八个钱的馄饨——不见面
- 八个油瓶四个盖——缺这少那
- 八斤重的狸猫——斗不过四两的耗子
- 八仙桌旁的老九——找不到应有的位置
- 八仙桌子——有棱有角
- 八月的石榴——满脑袋点子
- 八月的柿子——越老越红
- 八月里的黄瓜棚——空架子
- 八月十五的月饼——一盒来了一盒去
- 八月十五的月亮——正大光明；分外明
- 八只缸七只盖——盖来盖去盖不满
- 巴掌先生——老手
- 霸王的弓——越拉越硬
- 白璧上的微瑕——无伤大雅
- 白纸黑字——黑白分明
- 百货商店的库房——什么都有

- 百年的松树，五月的芭蕉——粗枝大叶
- 百年的歪脖树——定型了
- 百丈的灯台——照见别人照不见自己
- 拜年的话——好听
- 半边铃铛——不响
- 半边猪头——独眼
- 半个铜钱——不成方圆
- 半空中的风筝——有线牵着
- 半空中的火把——高明
- 半山坡上弯腰树——直不得
- 半夜里的被窝——正在热乎劲上
- 包公的公堂——好进难出
- 包公的脸黑——官清
- 包公的铡刀——不认人
- 包子铺的酱油——白给
- 包子铺的笼屉——气往上冲
- 抱在怀里的西瓜——十拿九稳
- 爆竹的脾气——一点就炸
- 北极的冰川——顽固不化
- 被打败的公鸡——垂头丧气
- 被窝里的跳蚤——顶不起
- 笨媳妇纳的袜底——凹凸不平
- 比目鱼——永不分离
- 比赛场上的运动员——争先恐后
- 鞭梢上的蚂蟥——不经摔打
- 扁担钩的眼睛——长长的
- 裱糊匠的铺子——字多画多
- 玻璃棒槌——空图好看
- 玻璃肚皮——看透心肝
- 玻璃耗子琉璃猫，青铜羊羔铁公鸡——一毛不拔
- 补过的碗盏——总有痕
- 不倒翁——坐得稳
- 不喊叫的狗——暗里咬人
- 不结网的蜘蛛——逮不住虫
- 不熟的葡萄——酸味十足
- 不熟的杏子——酸极了

- 才出壳的鸡仔——嫩得很
- 才子佳人——一双两好
- 裁缝的尺子——量人不量己
- 菜碟里的热水——几分钟的热劲
- 残局里的棋盘——明摆着那几个子儿
- 蚕豆花——黑良心
- 操纵台上的电钮——关键之物
- 曹营里的蒋干——坏事
- 曹州兵备——管事宽
- 草尖上的露水——留不住
- 茶壶里的风浪——大不了
- 茶铺里不要的伙计——哪壶不开单提哪壶
- 茶铺里的水——滚开
- 拆了的破庙——没神了
- 唱戏的胡子——活的
- 唱戏的头发——假毛
- 车道沟里的长虫——生装硬骨头
- 车道沟里的泥鳅——兴不起大浪
- 撑歪墙的木柱——死顶
- 成熟的稻穗——垂着头
- 城门口的砖头——踢出来的
- 吃饱就睡的猫——哪能捉住耗子
- 吃河水长大的——管得宽
- 吃奶的孩子——不知忧愁
- 吃人的老虎——坏名在外
- 吃剩饭长大的——尽出馊主意
- 吃竹竿长大的——直性子
- 虫蛀的扁担——经不起两头压
- 臭豆腐——闻着不香吃着香
- 出笼的鹌鹑——惯斗
- 出笼的鸟儿——放得出，收不回
- 出土的木俑——老人
- 出土笋子——先遭难
- 初出锅的糍粑——软作一堆
- 初二三的月亮——不明不白
- 初生的牛犊——不怕虎
- 初一夜里——出处不明

- 厨房里的灯笼——常常受气
- 厨房里的猫——记吃不记打
- 穿山甲过的路——空洞
- 船家鸡——见水不得欢
- 船上的桅杆——直通通的
- 串起来的螃蟹——横行不了啦
- 窗户纸——一戳就穿
- 床底下的竹笋——长不高
- 闯进笼的狗熊——团团转
- 吹火筒——两头受气
- 春茶尖——又细又嫩
- 春天的蜜蜂——闲不住
- 春天的气候——孩儿脸；一天三变
- 春天的竹笋——节节高
- 瓷公鸡——一毛不拔
- 刺猬的脑袋——刺头儿
- 从小娇惯的公主——随心所欲
- 粗瓷碗上——雕不出细花
- 粗石头性子——一碰就起火
- 醋泡蘑菇——坏不了
- 翠屏山里的潘老大——不说还明白，说了更糊涂
- 村庄上的狗——连声咬
- 搭客骡子——上不得车
- 大虫头，长虫尾——虎头蛇尾
- 大锤把儿——尽使的后劲

- 大道边的驴——谁爱骑就骑；你不骑我骑
- 大褂子眼色——认衣不认人
- 大海里的鱼——经过风浪
- 大旱天的甘霖——点点喜心头
- 大合唱——异口同声
- 大花脸的胡子——假的
- 大江河里的水泡——渺小得很
- 大舅母的花鞋——借来的
- 大路旁的青草——死里求生
- 大路上的电杆——靠边站
- 大门上的春联——一对红
- 弹花槌子——两头打
- 当差的放私骆驼——假公济私
- 当铺的柜台——高得很
- 当铺的掌柜——坑人
- 刀子嘴豆腐心——硬的不怕，软的受不了
- 倒挂的狐狸——用不着翘尾巴了
- 稻草肚子棉花心——虚透了
- 灯草灰——轻狂
- 灯草火把——一亮而尽
- 灯笼壳子——外面好看里头空
- 地上的蚰蜒——走投无路
- 地头蛇——毒不过
- 雕塑家手里的泥巴——随心所欲
- 吊在房梁上的鱼——干了
- 掉进灰里的豆腐——吹打不得
- 掉进面缸的老鼠——翻白眼
- 掉了箍的桶——散板了
- 跌到井里的牛——有劲使不上
- 碟子里的豆芽——开不了花，结不了果
- 定型的模子——改不了
- 冻疮——抓不得
- 洞里赤练蛇——毒得很
- 洞里的蛇——不知长短
- 洞庭湖的麻雀——见过几回大风浪
- 洞庭湖里的浪股子——不是好惹的
- 兜里的铜板——一摸就着
- 斗大的铃铛——摇不响
- 斗大的馒头——无处下口
- 斗大的线团子——缠不完
- 豆干饭——闷着
- 毒太阳底下的露水——就要干
- 独臂将军——有一手
- 赌场里的赌徒——孤注一掷
- 端午的粽子——一串
- 断把的茶壶——就剩个嘴
- 断了腿的蛤蟆——跳不了多远
- 断了腿的蚂蚱——跑不了，逃不走
- 断头苍蝇——乱碰乱闯
- 断线的风筝——无影无踪
- 断线的梭子——白钻空隙
- 断线的木偶——拉不动
- 断线的珠子——七零八落
- 多嘴的猫儿——抓不住老鼠
- 多嘴的婆婆——热心肠
- 剁肉的墩子——由刀砍
- 恶水罐子——得罪人
- 饿皮臭虫——死叮
- 鳄鱼的眼泪——假的
- 二八月的天气——冷热无常
- 二八月的庄稼——青黄不接
- 二把刀的大夫——杀人不见血
- 二尺长的吹火筒——就一个心眼

- 二齿钉耙——有两下子
- 二大妈的针线篮——杂七碎八
- 二分钱的买卖——本小利微
- 二分钱的小萝卜——拿一把
- 二郎腿——跷起来了
- 二四六没有——尽单儿
- 二踢脚的爆竹——双响
- 二心的夫妻——早晚散伙
- 二月的韭菜——头一茬
- 发了霉的炒黄豆——不香了
- 发了霉的葡萄—— 一肚子坏水
- 翻过来的仁丹袋——空了
- 方底圆盖——合不到一块儿
- 房顶上的草——刮来的种
- 放了葱的油合子——越嚼越有味
- 放了多年的腊肉——干巴无味
- 放了气的皮球——硬不起来
- 放鸭人的竹竿——摇钱树
- 飞奔的火车—— 一日千里
- 飞机的尾巴——翘得高
- 飞机上的苍蝇——远走高飞
- 肥皂泡——起得快，灭得快
- 风车的脑袋——哪股风硬就顺着哪风转
- 风车耳朵摇杆——转得快
- 风里一盏灯——不知啥时候灭

- 风门上的皮条——来回拽
- 风前蜡烛——说灭就灭
- 风水先生的卜辞——阴阳都沾着
- 风箱板的锅盖——知冷知热
- 风箱里的耗子——两头受气
- 疯狗的脾气——见人就咬
- 伏天的阵雨——来得猛，去得快
- 盖严了的蒸笼——大气不出
- 甘蔗——没有两头甜
- 甘蔗命——吃一节算一节
- 赶脚的骑驴——眼前快活
- 赶考的举子——只图形式
- 干姜——拧不出汁儿来；断不了辣味
- 干水池里的泥鳅——滑不到哪里去
- 干榆木疙瘩——劈不开
- 刚出壳的鸡娃——羽翼不全
- 刚出炉的铁——心地纯正
- 刚出山的猛虎——威风不小
- 刚飞的鸟儿——不知高低
- 刚孵出的小鸡——嘴硬腿软
- 刚开坛的老酒——冲劲很大
- 刚落地的娃娃——从头到脚都是新
- 钢板一块——硬邦邦
- 钢条钉——宁折不弯
- 高楼里的电梯——有升有降
- 高山顶的竹子——条条通天
- 高山毛栗子——带刺
- 高山上的松柏树——四季长春
- 高射炮的眼睛——只往上瞧
- 胳膊肘子——往里弯
- 隔年的春联——没用处
- 隔夜的豆角—— 一肚子气
- 耕田的老牛——被人牵着鼻子走
- 公鸡尾巴——翘得高
- 狗皮帽子——没反正
- 狗尾巴上的露水——经不起摇摆
- 姑娘的心——难捉摸

- 古董店里的老鼠——碰不得
- 古庙里的旗杆——独一无二
- 古庙里的签筒——大家抽
- 鼓楼的灯笼——高明
- 瓜地里的草人——装模作样
- 关门的灯铺——不挂火
- 管家婆的鸡蛋——有数
- 灌油的漏斗——没底
- 光棍槌子——打不响
- 光叫的猫——捉不住老鼠
- 锅盖上的饭粒——熬出来了
- 锅里的鱼——别想跳了
- 锅堂里的老鼠——灰溜溜的
- 过冬的咸菜缸——泡着吧
- 过端午的龙头——只去耍那张嘴
- 过街的老鼠——人人喊打
- 过界的蛮牛——想找顶角来的
- 过了河的小卒子——顶个车；横冲直撞
- 过了劲的发面——软成一摊
- 过年的贮藏室——满了
- 海底坑洼——摸不透
- 海椒命——老来红
- 寒潮消息——冷言冷语
- 寒号鸟——好吃懒做
- 寒露天换毛的鹧鸪——还能跳几跳
- 耗子的家——常搬
- 耗子的眼睛——只看一寸远
- 河面上的油花——水上漂
- 河滩里的鹅卵石——越滚越滑
- 河滩里的沙子——数不清
- 荷叶上的水珠——沾不着边
- 黑老鸦白脖子——新鲜样
- 黑母鸡——一窝儿
- 黑心萝卜——外白里黑
- 黑夜的萤火虫——亮晶晶
- 红烙铁——沾不得
- 红头火柴——一擦就着

- 洪水猛兽——势不可挡
- 猴儿拳——小架势
- 猴子的脸——一会儿一变
- 猴子嘴里的枣儿——难掏
- 后颈窝的头发——摸得着，看不见
- 后脑壳上的头发——一辈子难见面
- 后娘的拳头——好毒啊
- 胡桃里的肉——不敲不出来
- 胡须上的米——吃不饱人
- 胡子上的饭，牙缝里的肉——没有多大点
- 湖底的鱼——不好打
- 滑了牙的螺丝帽——团团转
- 画匠的儿子——又会画龙，又会画虎
- 画匠的妈——会说不会画
- 画上的耕牛——中看不中用
- 桦木扁担——吃不住劲
- 皇帝的女儿——不愁嫁
- 黄瓜蒂头——苦得很
- 黄河里的石头——经过大风浪的
- 黄河里的水——不清
- 黄花鱼——溜边儿
- 黄昏的燕子——不想高飞
- 黄牛肩胛——不负责任
- 黄头火柴——到处碰得着
- 黄羊的尾巴——长不了
- 黄鱼脑袋——一空二白

- 回锅的油条——又老又硬
- 回炉的烧饼——不香甜
- 回头马——跑得快
- 会叼老鼠的猫——不叫喊
- 会生蛋的九斤黄——宝鸡
- 浑水里的泥鳅——反正变不了龙
- 火车轮子——任重道远
- 火车站的铁轨——道道儿多
- 货郎鼓儿——两边摇
- 机车头上的灯——只照别人不照自己
- 家门上的塘——深浅我知道
- 甲鱼的肉——藏在肚子里
- 假道学的面孔——冷冰冰
- 驾辕的牲口——出大力气
- 架子上的葫芦——挂在那里
- 嫁出的女儿泼出的水——难收回
- 尖扁担——两头弯；两头脱
- 尖底瓮儿—— 一推便倒
- 尖头箩筐——站不起来
- 监狱门上的匾——后悔迟
- 煎过三遍的药渣——早该倒了
- 碱地里的菜瓜——又小又尖
- 江边的蚊子——吃客
- 江里的浪花——不是吹的
- 江里的木偶——随大流
- 江滩上的石头——有的是
- 将军的元宝——血汗钱
- 姜太公的坐骑——四不像
- 酱醋厂里的斗篷——遮遮盖盖
- 酱园店里的抹桌布——酸甜苦辣都尝过
- 酱园店里糖生姜——外甜内辣
- 嚼过的甘蔗——不甜
- 嚼过的馍馍——没味道
- 饺子铺——无日不包
- 脚夫的腿——练出来的
- 脚上的泡——自己走出来的
- 脚上的袜子——走哪跟哪
- 叫驴——大嗓门
- 揭阳镇上一霸——没遮拦
- 借来的锣鼓——此时不打何时打
- 金漆马桶——外面光，里面臭
- 紧口坛子——装得多倒得少
- 浸了水的爆竹—— 一声不响
- 浸了水的鼓皮——敲不响了
- 浸透水的黄金瓜——外面好看里面空
- 京戏三岔口——混打内战
- 惊蛰后的青竹蛇——越来越凶
- 惊蛰后的蜈蚣——越来越毒
- 井底的邮包——深信
- 镜中花，水中月——全是空的
- 镜子里的钱——看见拿不到
- 揪下来的花——新鲜不了几天
- 九九艳阳天——好日子
- 九牛一毛——量多数少；微不足道
- 九月里的甘蔗——甜到心上
- 九月里的茭白——灰心
- 旧时的银币——用不得
- 锔了嘴的葫芦——没的说了
- 锔碗儿的挑子——不晃不响
- 卡车的拖斗——老落后
- 卡壳的枪——打不响
- 看羊的狗—— 一个比一个凶
- 糠了的萝卜——没多大辣气
- 扛进弄堂的木头——转不过弯来

- 炕上的狸猫——坐地虎
- 刻在石板上的话——磨不掉
- 客栈的臭虫——逢人就吃
- 空心壳子——头仰得高
- 口外的蘑菇——独根
- 扣在笼里的兔子——挤挤撞撞
- 苦瓜虫——吃内不吃外
- 裤腿上的虱子——跟着撵
- 夸口的大夫——没好药
- 捆绑的夫妻——成不了对
- 拉旱船的瞧活——往后看
- 拉了弦的手榴弹——给谁谁不要
- 喇叭的儿子——小广播
- 腊肉骨头——越啃越有油水
- 腊月二十三的灶神——要上天了
- 腊月里的井水——热乎乎的
- 蜡烛的脾气——不点不亮
- 蜡做的水果——好看不好吃
- 瘌痢头的儿子——自家的好
- 瘌痢头上的虱子——无处藏
- 懒人的铺盖——不理
- 烂脚巴丫子——歇了吧
- 烂木头——做不成大梁
- 烂皮鞋——乱踩
- 烂酸梨——掉了把儿了
- 烂鱼肚子——坏心肠

- 老包的脸虽黑——心里可清着哩
- 老虎的尾巴——横扫
- 老虎儿子——别看他小
- 老虎胡子——谁敢摸
- 老虎金钱豹——各走各的道
- 老虎皮，兔子胆——色厉内荏
- 老虎身上的虱子——谁敢捉
- 老虎嘴里的肉——谁敢要
- 老牛筋——难啃
- 老牛肉——煨不烂
- 老寿星的脑袋——宝贝疙瘩
- 老寿星的坐骑——四不像
- 老鼠鼻子——大不了
- 老鼠尾巴——养不肥
- 老太太的拐杖——扶着走
- 老乌龟——又精又硬
- 老鹰的眼——看抓的
- 老榆木疙瘩——挪不动
- 老主顾——熟客
- 姥姥家的狗——吃完就走
- 理发师的徒弟——从头学起
- 鲤鱼的本领——专往软处钻
- 鲤鱼的胡子——没几根
- 鲤鱼的尾巴——带点红
- 帘子脸儿——撂下来了

- 脸蛋上的痤疮——疙疙瘩瘩
- 脸盆里的泥鳅——看你滑到哪里去
- 梁上君子——上不沾天，下不着地
- 两个十二月——过年又过年
- 两股道上跑的车——走的不是一条路
- 两口子的账——算不清
- 两条腿的凳子——站不住脚
- 燎毛的小冻猫——往热处钻
- 凌晨的星星——寥寥无几
- 淋了雨的稻草——点不着
- 淋了雨的熟石榴——咧开了嘴
- 六点钟——顶天立地
- 六月间的庙堂——鸦雀无声
- 六月里的斑鸠——不知春秋
- 六月里的冬瓜——越大越不值钱
- 六月里的蛤蜊——死不开口
- 六月里的蛤蟆——大嘴张着
- 六月里的荷花——众人看
- 六月里的黄蜂——欲凶无力
- 六月里的芥菜——假有心
- 六月里的梨疙瘩——有点酸
- 六月里的皮芽子——皮干肉烂心不死
- 六月里的日头——毒极了
- 六月里的剩包子——外面光滑里面臭
- 六月天的冷饭——抓不拢
- 六月天——说变就变
- 龙灯的胡须——没人理
- 龙王爷的后代——龙子龙孙
- 龙王爷的军队——虾兵蟹将
- 龙王爷的帽子——尽是道
- 笼里的斑鸠——不知春秋
- 笼里的凤凰——有翅难飞
- 笼里的老虎——难显威风
- 笼里的小鸡——关不住
- 笼里的野鸡——放了难回
- 漏壶中的水——难存一滴
- 炉膛里的铸件—— 一会儿一个颜色
- 路灯——照公道
- 鹭鸶的脖子——空架一张嘴
- 轮胎上的气门芯——里外受气
- 萝卜青菜——各有所爱
- 骆驼的脖子长——吃不了隔山草
- 骆驼的头——昂着脸
- 骆驼的下颚——耷拉嘴
- 落地的牛粪——再提不起来
- 落地的桃子——熟透
- 落地水银——无孔不入
- 落锅的虾子——还想跳几下
- 落水鸡毛——飞不起来
- 落汤鸡——抬不起头来
- 落雨天的芝麻——难开口
- 捋老虎的胡子——冒险
- 绿头苍蝇——到处乱撞
- 麻雀肚子——小心肝
- 麻雀队伍——没有弄齐过
- 麻子的脸——尽是缺点
- 马脖子上的铜铃——叮当响
- 马蜂窝——捅不得
- 马后炮——弄得迟了
- 马奶奶和冯奶奶——差两点
- 马棚里的猢狲——不安静
- 马群的骆驼——大高个

- 马勺里的苍蝇——混饭吃
- 马缨花的别名——合欢
- 麦秆草扎的刀枪——见不得真阵势
- 卖不出的秫秸——家里戳戳吧
- 卖糖人的出身——专门会吹；连吹带捏
- 满口黄连——说不完的苦
- 满口假牙——吃软不吃硬
- 满树青梅——一个也不熟
- 满天乌鸦—— 一片黑
- 猫儿眼睛——时时变化
- 猫尾巴——越摸越翘
- 猫嘴里的泥鳅——挖不出
- 没把的葫芦——抓不住
- 没干的生漆——近不得
- 没骨架的伞——支撑不开
- 没毛的刷子——有板有眼
- 没上套的磨道驴——瞎转转
- 没头的苍蝇——乱钻
- 没砣的秤——分不出轻重；到哪都要翘尾巴
- 没王的蜜蜂——乱了巢
- 没尾巴的风筝——乱飞
- 没星的秤——哪有准头
- 没眼的笛子——吹不响
- 没有边的烂草帽——顶好
- 没有根的浮萍——无依无靠

- 没扎的扁担——两头滑
- 没长羽毛的小鸟——还想飞
- 没嘴的葫芦——倒不出来，盛不进去
- 眉毛上的秤——过目
- 眉毛上的猪胆——苦在眼前
- 媒人的口——无量的斗
- 霉烂的栗子——红皮白肉黑心肝
- 门后面的扫帚——专拣脏事做
- 门槛下的砖头——踢进踢出
- 门里金刚——自高自大
- 门头上的电灯——高明
- 蒙上眼拉磨的老黄牛——瞎转悠
- 孟良的火葫芦——会放不会收
- 米仓里的老鼠——不愁没吃的
- 棉花包里的针——暗中伤人
- 棉花匠的女儿——会弹不会纺
- 面糊糊手——碰到啥都沾一点
- 描金箱子白铜锁——外头好看里头空
- 名牌牙刷—— 一毛不拔
- 磨盘里的蚂蚁——条条是道
- 魔术师的口袋——永远掏不完
- 墨鱼肚肠河豚肝——又黑又毒
- 奶奶的鞋——老样儿
- 南海的鸭子——老等
- 南海燕子——选高门做窝
- 南天门上的灯笼——照得高
- 南天门上的旗杆——光棍
- 南天门上的松柏——四季常青
- 南天门上的土地——管得宽
- 嫩苗苗——根底浅
- 嫩竹扁担——挑不了重担
- 捏好的饺子——照人下
- 捏在手中的棍棒——随耍儿
- 怒目金刚——样子凶
- 糯米嫩芽——憨娃娃
- 女人的小脚——哭出来的
- 盘子里的鱼——休想动弹

- 螃蟹的眼里——一切都是横的
- 跑出去的马——步步有印
- 跑马灯笼——只只见空
- 泡软了的豆子——不干脆
- 碰壁的苍蝇——乱嗡嗡
- 皮场老板——吹牛大王
- 皮灯影——顺着人家线跑
- 皮影戏——一绕就走
- 枇杷叶面孔——一面光，一面毛
- 偏刃斧头——单面砍
- 乒乓球——推来推去
- 瓶子里的花——看的
- 破鼻烟壶——拿不出手来
- 破风筝——放不起
- 破鼓——甭敲打了
- 破饺子——露了馅儿
- 破笼屉——泄气
- 破瓢的嘴——歪咧
- 破蒸笼——撒气
- 菩萨的心肠——软的
- 七八月的葡萄——一串一串的
- 七八月里的南瓜——皮老心不老
- 七寸蛇——缠煞人
- 七斤半的苦瓜——没见过这号种
- 七六、八五、九四——十三点
- 七七生的孩子——巧儿
- 七十度的烧酒——真有劲
- 七十二行——行行出状元
- 七月荷花——一时鲜
- 七字加两点——撅尾巴斗
- 七总管孔爷——六神不安
- 棋盘里的老将——出不了格
- 棋盘里的卒子——只能进，不能退
- 棋盘上的英雄——纸上谈兵
- 旗杆上的灯笼——高明
- 砌墙的砖头——后来居上
- 掐头苍蝇——不知死活

- 掐头蚂蚱——无头蹦了
- 千百年的道行——一棒子就收拾了
- 千年的大树——根深叶茂
- 千年松树，六月芭蕉——粗枝大叶
- 钱串子脑袋——见窟窿就钻
- 枪膛里的子弹——不会拐弯
- 强扭的瓜——不甜
- 墙缝里的蝎子——暗中伤人
- 墙里的石柱——暗中使劲
- 墙头上的草——随风倒
- 墙头上的鸽子——左顾右盼
- 敲坏的铜锣——不中用
- 敲开的木鱼——合不拢嘴
- 敲下去的钉——定了
- 荞麦面饺子——一个硬似一个
- 桥桩上的螺蛳——死不丢
- 青皮橄榄——先苦后甜
- 清晨的云雀——展翅飞翔
- 清明的韭菜——头刀
- 清明后的麦子——一夜一节子
- 秋后的蝉——叫不了几声啦
- 秋后的甘蔗——一节更比一节甜
- 秋后的蝈蝈——没几天吱吱头了
- 秋后的黄蜂——厉害不了几天
- 秋后的黄瓜——蔫了；大肚儿
- 秋后的螃蟹——顶盖儿肥

- 秋后的兔子——又欢起来了
- 秋后的蚊子——没几天可嗡了
- 秋天的大闸蟹——壮得没骨
- 秋天的高粱——上下红
- 秋天的棉桃——合不拢嘴
- 缺角屏风——挡不住门
- 缺口的镊子——一毛不拔
- 缺了鼻的瓦罐——没法提了
- 雀儿的肚子——心眼小
- 染坊里的衣料——由人摆布
- 染坊门上的衬板——老挨棒槌
- 染缸里的珍珠——上不了色
- 热锅里的螃蟹——爪子紧
- 热锅里的汤团——翻翻滚滚
- 热锅上的蚂蚁——坐立不安
- 热水瓶——外头凉里面热；暖心肠热
- 热蹄子马——闲不住
- 肉案上的买卖——斤斤计较
- 软竹扁担——挑不起重担
- 仨鼻眼儿——多出一口气
- 撒了盐的油锅——热闹开了
- 赛马场上的冠军—— 一马当先
- 三朝元老——坐得稳；官运亨通
- 三尺水头——捉不到大鱼
- 三尺竹笋——个头不小肚里空
- 三分面粉七分鬼——十分糊涂

- 三分钱的醋，五分钱的盐——小来小去
- 三伏天的高粱苗——节节往上长
- 三伏天的狗——大喘气
- 三斧头砍不入的脸——面皮厚
- 三个鼻孔眼——出气多；多出一口气
- 三个厨子六个客——大铺摆
- 三个钱的西湖景——慢慢看吧
- 三角锉刀——面面有用
- 三角砖头——摆不平
- 三脚板凳——一碰就倒
- 三脚猫——到处跑
- 三脚灶——就地坐
- 三斤半的鸭子——冒充鹅
- 三斤的鸭子二斤半的头——嘴长得很
- 三斤的野鸭——全靠一张嘴
- 三棱的脑袋——没有合适的帽子
- 三毛钱的豆腐脑——现成
- 三片子嘴——能说会道
- 三人两根须——稀少
- 三人一壶酒——轮流
- 三十六计——走为上策
- 三十晚上的案板——没得空儿
- 三岁的娃娃——靠哄
- 三条腿的桌子——没法垫
- 三头六臂——怪人一个
- 三月的桃花苞—— 一天一个样
- 三月间的樱桃——红不久
- 三月里的桃花——空好看
- 三只脚的板凳——不稳
- 散了棵的白菜——没有心
- 桑树扁担——宁折不弯
- 沙河里的石头——又圆又滑
- 沙漠里的红柳——不怕风雪
- 沙漠里的鸵鸟——顾头不顾尾
- 沙滩上的泥鳅——能滑到哪里去
- 沙土地里的萝卜—— 一带就出来
- 沙土井——掏不深

- 砂锅里的火药——容不得半点火星
- 砂子锅——乱打
- 筛眼里的米——不上不下
- 筛子下的糠皮——没斤两
- 伤风的鼻涕——甩啦
- 上等牙刷—— 一毛不拔
- 上了滩的船——拖着吧
- 上了崖的船——撑不动
- 上娘家的路——熟得很
- 上弦的月亮——两头尖
- 烧饼铺的灶王爷——独坐
- 烧干的锅炉——气炸了
- 烧坏的瓦——不合垛
- 烧火棍子—— 一头热
- 蛇头上的苍蝇——自来的衣食
- 射出的箭，泼出的水——收不回来
- 深山里的石头——有的是
- 神庙里的鸡子——宝贝蛋
- 神枪手——百发百中
- 生成的眉毛长成的痣——改不了
- 生姜——老的辣
- 生就的矮子——高不了
- 生就的骨头，长就的肉——改不了样啦
- 生就的驼子——直不了
- 生铁地雷——一触即发
- 生铁疙瘩——又冷又硬
- 生芽的马铃薯——苦辣
- 失舵的小舟——随波逐流
- 十冬腊月的冻豆包——又黏又硬
- 十二点钟的太阳——到自己头上了
- 十二亩地一根草——独根独苗
- 十二月的蛤蟆——开不得口
- 十二月的石板凳——冷座
- 十二月树上的柚子—— 一碰就落
- 十亩园里一棵树——独树一帜
- 十年的旧棉袄——里外都不好
- 十三点的报时钟——声大又不准
- 十五的月亮——圆圆满满
- 十五面铜锣——七鸣八响
- 十一个指头——多手多脚
- 十月里的鸡冠花——老来红
- 石板上的泥鳅——钻不进；无处藏身
- 石打的眼睛——有眼无光
- 石地堂，铁扫把——硬打硬
- 石缝里的荆疙瘩——根子硬
- 石缝里的山药——两头受夹
- 石灰布袋——到处有迹
- 石灰窑出来的—— 一身洁白
- 石匠的钢钎——尽挨锤子
- 石榴花——老来红
- 石碾子脑袋——不开窍
- 石菩萨的眼睛——有眼无珠
- 石狮子的铃铛——摇不动，敲不响
- 石头人——没心肝；死心眼
- 石头锁子——没心眼；没法开
- 石头心肠——又冷又硬
- 实心饺子——不掺假
- 逝去的光阴灭了的火—— 一去不复返
- 守门的锁子——主人不来不开
- 寿星老儿的脑袋——宝贝疙瘩；头长发落
- 受惊的麻雀——胆子小
- 瘦死的骆驼——比马大
- 熟透的桑葚——红得发紫
- 熟透的莲藕——心眼多

- 属玻璃的——经不住敲打
- 属寒暑表的——变化多端
- 属狐狸的——狡猾透了
- 属花生的——论堆儿
- 属蜡烛的——不点不亮
- 属玫瑰的——刺不少
- 属螃蟹的——到处横行
- 属炮筒子的——直来直去
- 属棋子的——任人摆布
- 属水牛的——离不开家
- 属算盘珠的——不拨不动
- 属兔子的——胆小腿长
- 属喜鹊的——好登高枝
- 属竹子的——心里虚
- 耍皮影的人——离不开线
- 耍戏法的敲锣——要变了
- 摔破的瓷盘子——对不到一块儿
- 摔破的镜子——圆不起来
- 霜打的豆荚——难见天日
- 霜打的荞麦——垂了头
- 霜打的茄子——一阵红，一阵紫
- 霜后的小葱——软不拉耷的
- 顺风耳——听得远
- 顺水人情——不费力气
- 说书的嘴巴唱戏的腿——有伸有缩
- 死胡同——又回来了
- 四川的蚊子——吃客
- 四方木头——踢一踢，动一动
- 四老爷的褂子——有谱
- 四棱子鸡蛋——少找
- 四牌楼的警察——管不着那一段
- 寺里的木鱼——任人敲打
- 苏州大锣——包打不响
- 苏州的麻绳——不打紧
- 酸枣根——青红不分
- 算盘珠子——拨一个动一个
- 孙悟空的猴毛——说变就变
- 孙悟空的脸——说变就变
- 孙悟空的妈——一肚子猴
- 孙悟空的帽子——一道箍
- 孙悟空的尾巴——变不了
- 孙子穿奶奶鞋——老样子
- 塌了架的黄瓜——没长头了
- 太平洋上的警察——管得宽
- 太岁头上的土——动不得
- 太阳底下的洋葱——皮焦肉烂心不死
- 滩头上的白鱼——眼睛不闭
- 滩头石——任踏任撞
- 坛子里豆芽菜——不得伸腰
- 坛子心肠——滚上滚下
- 潭里的螺蛳——只图嘴里含点泥
- 汤罐里的小麦——面熟
- 汤锅里的木柄铁勺——一头冷一头热
- 唐家寺的伞——试一把
- 唐僧的肚皮——慈悲为怀
- 烫手的粥盆——扔了心疼，不扔手疼
- 剃头刀尾——好利
- 剃头的扁担——长不了
- 剃头挑子——一头冷，一头热
- 天桥的把式——光说不练
- 天上的彩云，水中的明月——看得见，摸不着

- 天上的星星——没有确数
- 天生的牛性——古怪
- 天文台上的望远镜——好高骛远
- 天下的乌鸦——一般黑
- 田里的甘蔗——一副甜心肠
- 田里的鸡——不用喂
- 田里的泥鳅——滑头滑脑
- 田里的菩萨鱼——没见大世面
- 挑水的扁担——长不了
- 跳上岸边的蚱公——慌了手脚
- 跳蚤脾气——一碰就跳
- 铁打的钉耙——一把硬手
- 铁打的馒头——啃不动
- 铁打的锁链——一环扣一环
- 铁匠的儿子——就知道打
- 铁匠店的风箱——不拉不开窍
- 铁匠铺里的材料——挨打的货色
- 铁匠铺里的买卖——样样过得硬
- 铁匠铺里的铁锤——硬要敲敲打打
- 铁拉锁，子母扣——一会儿分，一会儿合
- 铁路上的枕木——经得住压力
- 铁水封口——一言不发
- 铁桅杆上的耗子——没得抓拿
- 铁嘴豆腐脚——能说不能行
- 同池塘的水——一样咸淡
- 同窑烧的砖瓦——一路货色
- 同一个马鞍上的人——走的是一个方向
- 铜匠的家当——有一套
- 偷来的锣鼓——敲不得
- 偷嘴的狗——见人就逃
- 偷嘴猫——性难改
- 头发窝里的虱子——乱跑乱跳
- 秃山上的猴子——没耍的
- 秃子头上的毛——你不长，我也不长
- 秃子头上的虱子——明摆着；有吃的没住的
- 土地公和土地婆——一对孤寡

- 兔子的耳朵——南北听
- 兔子尾巴——长不了
- 腿肚子的汗——经不住沾
- 脱把斧头——没得用
- 脱缰的野马——横冲直撞；难以收转
- 脱了鳞的黄鱼——一天比一天难过
- 脱了绳的猴子——无拘无束
- 脱了水的海蜇皮——软了下来
- 脱线鸢子——东飘西荡
- 脱羽的凤凰——不值钱
- 娃娃的皮球——一肚子的气
- 瓦背上的胡椒子——两边滚
- 瓦上霜——见不得阳光
- 歪脖子高粱——另一个种
- 歪脖子树——成不了材
- 外屋里的灶王爷——闹了个独座
- 弯腰树——直不起来
- 豌豆和胡豆——大不大，细不细
- 晚上的月季花——变色
- 碗店里的老鼠——碰不得
- 万年寺的灯杆——照远不照近
- 万丈崖上的鲜桃——摘不到
- 王麻子的剪刀——独一无二
- 王母娘娘的锤棒石——经过大阵势
- 王奶奶和玉奶奶——差一点

- 网包里的田鸡——瞎撞
- 网里的鱼，笼里的鸟——跑不了
- 网中的鱼儿——到手之物
- 桅杆顶上的螺蛳——靠天吃饭
- 桅杆顶上的麻雀——胆子大
- 未来的事——难以预测
- 温室里的花朵——未经风雨
- 温吞水——不冷不热
- 瓮儿里的水——打了一桶没一桶
- 窝里的家雀——跑不了
- 窝里的蛇——不知长短
- 窝里马蜂——不是好惹的
- 窝在坑里的竹笋—— 一点不干脆
- 蜗牛的房子——背在身上
- 乌龟的脖子—— 一伸一缩
- 乌梢蛇的肚腹——黑心黑肝
- 乌眼鸡儿——善斗
- 屋脊上的冬瓜——两边滚
- 屋角里的老鼠——钻墙挖洞
- 屋檐下的麻雀——经不住风吹雨打
- 屋子上的窟窿——漏洞
- 无肠公子——空心大老倌
- 无耳茶壶——缺个把柄
- 无根的浮萍——成不了栋梁之材
- 无花的蔷薇——只有刺
- 无蜜的蜂窝——空洞
- 无眼的苍蝇——瞎碰
- 五个指头—— 一把手
- 五经六经——各熟一经
- 五月的葫芦—— 一点没成
- 五月的豌豆——炸开了
- 午后的太阳——光小了
- 西湖里的鸭子—— 一对儿
- 西皮二黄——固定的调
- 喜鹊尾巴——老翘着
- 喜鹊羽毛——黑白分明
- 戏台上的夫妻——下台就散

- 戏台上的父子——没大小
- 戏台上的皇帝——威风不了几时
- 戏台上的朋友——假仁假义
- 戏台上的小旦——装模作样
- 瞎驴——只认一条道
- 下过雨的花园——万紫千红
- 下了锅的面条——硬不起来了
- 下了河的老牛——过得过，不过也得过
- 下了架的孔雀——不如鸡
- 下楼梯的官儿—— 一步比一步矮
- 下棋的小卒——叫到哪，就到哪
- 夏天的竹笋——节节高
- 香橼的表兄——木瓜
- 向日葵的头——跟着太阳转
- 向阳坡的竹子——横生枝节
- 象棋盘里的卒子——没船也过河
- 橡皮脑袋——不过电
- 橡皮人——能软能硬
- 小孩玩的皮球—— 一肚子气
- 小伙的胡子——稀稀拉拉
- 小喇叭——吹了
- 小猫的胡子——摆设
- 小泥鳅——掀不起大浪
- 小铺儿抽屉——装蒜
- 小铺儿的蒜——零揪了

- 小娃娃的脸——说变就变
- 小砖头——撇了
- 孝悌忠信礼义廉——无耻
- 校场里的土地——管得好宽
- 校场上的麻雀——练大了胆子
- 校场上的旗杆——独苗
- 蝎子的尾巴——没多大的脓水
- 泄了气的皮球——软了
- 泄了气的猪尿泡——瘪了
- 新出笼的馒头——热气腾腾
- 新搭的台子——有戏唱啦
- 新打的剪刀——难开口
- 新箍马桶——三天香
- 新开的杂货铺——要啥有啥
- 新修的马路——没辙
- 新栽的杨柳——光棍一条
- 杏花村的酒——冲劲大
- 雄鹰的翅膀——全靠练
- 绣花枕头——草包
- 玄庙观的当家——头头是道
- 玄奘的脚趾头——只有一个
- 雪地里的青松——巍然挺立
- 雪地里的松毛虫——活不了几天
- 雪地里的乌鸦—— 一点黑
- 雪堆的狮子——见不得阳光
- 鸭背上的水——去了又来
- 鸭子嘴巴——煮不烂
- 牙膏脾气——不挤不出
- 衙门的钱——来得容易
- 衙门口的狮子——明摆着
- 胭脂萝卜——红皮白心
- 烟袋杆子——黑心
- 盐碱地的荒草——奄奄一息
- 颜料店的抹布——不问青红皂白
- 演双簧的—— 一唱一和
- 演员的胡子——假的
- 燕子尾巴——两叉
- 羊群里的骆驼——身高气傲
- 羊群里的驴娃子——与众不同
- 阳春三月的桃花——看得见，数不清
- 杨二郎的兵器——两面三刀
- 洋灰脑袋——死不开窍
- 洋碱泡——起得快，灭得也快
- 咬人的狗——不露齿
- 药材店里的揩桌布——苦得很
- 药铺里的甘草—— 一抓就到；引子
- 要饭的饼子——没一块好的
- 叶子曲——零碎
- 夜里的风雨——下落不明
- 一百七加八十——二百五
- 一背斗木橛橛——找不出个好材料
- 一锛子两斧头——没有分寸
- 一部《二十四史》——从何说起
- 一滴水一个泡—— 一报还一报
- 一斗谷子十升糠——无米
- 一肚子加减乘除——心中有数
- 一二五——丢三落四
- 一分钱的醋——又贱又酸
- 一分钱的煎饼——难摊
- 一个半斤，一个八两——没有两样
- 一个轱辘的车——两头摆
- 一个萝卜一个坑—— 一个顶一个；没有

空地方

- 一个木橛橛——不是好料
- 一锅滚沸的开水——热气腾腾
- 一家三口——小门小户
- 一家十五口——七个当家，八个主事
- 一棵大树枯了心——外强中干
- 一块板子做的门—— 一点缝也没有
- 一块湿柴——再点火也烧不起来
- 一脸驴子毛——还想混着吃马料
- 一面儿官司——不好打
- 一群乌鸦——没两样
- 一人三头六臂——成了妖精
- 一双皮手套——十指尖尖肚里空
- 一条藤上结的瓜——苦都苦，甜都甜
- 一团乱麻——千头万绪
- 一碗酱油一碗醋——斤对斤，两对两
- 一碗面——何止一条
- 一园子萝卜——个个是头
- 一张麦筛子——尽是缺点
- 一张竹席子——全是缺点
- 一张嘴巴两张皮——横说竖说都由你
- 一丈二的扁担——摸不着头尾
- 一只螃蟹八只脚——准没错
- 阴沟里的篦片——总有翻身的一天
- 阴沟里的泥鳅——翻不起大浪
- 阴沟里的水——拎也拎不清
- 阴沟里的鸭子——顾嘴不顾身

- 阴沟里的洋葱——皮焦心不死
- 音响公司—— 一呼百应
- 印板上的话——天天如此
- 鹦哥的嘴巴——会说不会做
- 鹰嘴鸭子爪——能吃不能拿
- 萤火虫——明一下，暗一下
- 硬拧的瓜——不甜
- 油缸里的老鼠——滑透了
- 油篓里的西瓜——又圆又滑
- 鱼嘴里的水——进进出出
- 渔船上的螃蟹——串起来
- 榆木扁担——宁折不弯
- 榆木疙瘩——难劈
- 榆木脑袋——不开窍
- 雨后的青笋—— 一日三蹿
- 玉皇爷的帽子——宝疙瘩；顶板
- 玉泉山的稻田——得天独厚
- 玉石娃娃——宝贝蛋儿
- 芋叶上的水珠——不长久
- 鸳鸯一对儿——两相欢
- 圆顶帐子——没有门道
- 月里娃的头——不经一包
- 月亮里的桂树——高不可攀
- 云朵里的雨——成不了气候
- 云缝里的日头——毒着呢
- 云雾里的爱情——迟早要散
- 杂烩汤里的豆腐——白搭
- 早晨的露水——不长久
- 枣核——两头尖
- 枣木棒槌—— 一对
- 枣木疙瘩——不开窍
- 澡堂里的鞋——没对儿
- 澡堂里的油盏——气昏
- 灶前老虎——屋里凶
- 灶台上的抹布——专门揩油；酸甜苦辣都尝尽了
- 灶王爷的横批—— 一家之主

- 乍出水的芙蓉—— 一尘不染
- 炸弹脾气—— 一摸就爆
- 粘牙的烧饼——面生
- 张飞的胡子——满脸
- 丈八高的灯台——只照别人，不照自己
- 丈二的烟袋锅——够不着
- 丈二高的门槛——难进
- 丈二和尚——摸不着头脑
- 赵钱孙李——依不依随你
- 折了翅膀的小鹰——飞不起来了
- 着了雨的高粱苗——噌噌往上蹿
- 着了雨的劈柴——点不着
- 真假包公—— 一看就清
- 砧板上的蚂蚁——刀下找吃的
- 砧板上的肉——任人宰割
- 阵雨后的彩虹——五光十色
- 蒸锅铺的水—— 一天一换
- 蒸笼盖子——受气的家伙
- 蒸笼里的馒头——自高自大
- 蒸熟的鸭子——飞不了
- 正定府里的大佛——就数他富
- 正骨大夫——拿捏人
- 正月里的龙灯——由人耍
- 正月十五的走马灯——转不赢
- 芝麻里的绿豆——独大
- 蜘蛛网——捉不了大虫
- 纸糊的窗户—— 一点就破
- 纸糊的老虎—— 一戳就穿；不用怕
- 纸糊的人过河——衣烂架子在
- 纸马店的货——等着烧
- 纸上的大炮—— 一辈子打不响
- 纸折的船——下不得水
- 中秋节的月亮——正大光明
- 中药店的甘草——用途广
- 中药店里的抹布——吃苦
- 钟鼓楼上的百灵子——惊不出来
- 种黄连的和尚——苦师傅
- 粥铺里的买卖——热闹一阵
- 轴承里的钢珠——又硬又圆滑
- 诸葛亮的锦囊——用不完的计
- 竹篓里的鱼——逃不脱
- 竹筒枕头——两头空
- 煮烂的鸭子——嘴硬
- 煮熟的鸭子——飞不了
- 桩头上的乌龟—— 一碰就跌
- 装进筐里的螃蟹——横行到头啦
- 装死的狐狸——逃不脱猎人的眼睛
- 桌上高一层纸——差不多
- 啄米的鸡——连连点头
- 自己的小名——自己知道
- 粽包的脑壳——硬是不开窍
- 钻窟窿的蛤蟆——眼光短，办法笨
- 左右的皮鞋——没翻正
- 做砖的坯子，插刀的鞘——框框套套

… 故事类 …

- 阿斗当皇帝——软弱无能
- 阿斗的江山——白送
- 阿斗的江山——不牢靠
- 安禄山起兵——反了
- 八虎闯幽州——死的死，丢的丢
- 八仙过海——各显神通
- 八仙过海——能行风的行风，能下雨的下雨
- 八仙上寿——老排场
- 芭蕉扇用在火焰山——一物降一物
- 霸王请客——去也得去，不去也得去
- 白骨精给唐僧送饭——假心假意
- 白骨精骗孙悟空——哄不住
- 白骨精骗唐僧——一计不成又生一计
- 白骨精演说——妖言惑众
- 白骨精遇上孙悟空——原形毕露
- 白娘娘吃雄黄酒——现了原形
- 白娘娘斗法海——精打光
- 白娘娘迷许仙——娘儿们的心
- 白素贞哭断桥——想起旧情来
- 败军之将——不可言勇
- 半路杀出一个程咬金——突如其来
- 包公断案——公事公办
- 包公断案——铁面无私
- 包公放粮——为穷人着想
- 包公升堂——尽管直说
- 包公铡驸马——公事公办；刚正不阿
- 包公铡皇亲——法不容人
- 包公斩包勉——正人先正己
- 包公斩驸马——公事公办
- 包老爷的衙门——好进难说
- 包老爷审堂——阴阳分明
- 宝玉出家——一去不回
- 宝玉湘云哭贾母——各有各的眼泪
- 杯水车薪——无济于事
- 比干丞相——没心
- 卞和献宝——给错了人
- 曹操败走华容道——不出所料
- 曹操吃鸡肋——食之无味，弃之可惜
- 曹操打徐州——报仇心切
- 曹操派蒋干——用人不当
- 曹操人马——多多为善
- 曹操杀蔡瑁——中了人家的反间计
- 曹操杀华佗——以怨报德
- 曹操杀杨修——忌妒之心
- 曹操下宛城——大败而逃
- 曹操用人——唯才是举
- 曹操遇蒋干——倒了大霉
- 曹操遇马超——割须弃袍
- 曹操诸葛亮——心思不一样
- 曹刿论战——一鼓作气
- 曹司番归案——休想
- 曹植作诗——七步成章
- 草船借箭——多多益善
- 草船借箭——满载而归
- 陈宫捉放曹——忠义感人心
- 城门失火——殃及池鱼
- 程咬金拜大旗——运气发旺
- 程咬金的斧头——头三下子厉害
- 程咬金上殿——来不参，去不辞

- 程咬金做皇帝——当不得真
- 吃曹操的饭，干刘备的事——人在心不在
- 吃曹操的饭干刘备的事——吃里爬外
- 楚霸王举鼎——力大无穷
- 楚霸王自刎乌江——没脸回江东
- 楚汉相争——胜者为王
- 楚河汉界—— 一清二楚
- 楚庄王猜谜—— 一鸣惊人
- 崔莺莺患病——心病还得心药医
- 崔莺莺送郎——伤心
- 崔莺莺送情郎——依依不舍
- 妲己的子孙赴宴——醉得露了尾巴
- 大观园里哭贾母——各有各的伤心处
- 得陇望蜀——贪心不足
- 东郭先生救狼——好心得不到好报
- 东吴杀人——嫁祸于曹
- 董卓进京——不怀好意
- 窦娥喊冤——怨天怨地
- 杜十娘的百宝箱——全部家当都在里头
- 对着张飞骂刘备——找气惹
- 二郎神出战——尽是天兵天将
- 二郎神的兵器——两面三刀
- 二郎神的狗——不认识好坏人
- 二郎神的慧眼——有远见
- 樊梨花救援北平关——不计前怨
- 范进中举——喜疯了
- 苻坚逃到八公山——草木皆兵
- 垓下困霸王——四面楚歌
- 甘露寺招亲——弄假成真
- 隔门缝瞧诸葛亮——瞧扁了英雄
- 公子重耳拾破烂——饱不忘饥
- 狗咬吕洞宾——不识好人心
- 关帝庙里求子——跨错了门
- 关帝庙里找美髯公——保险你不扑空
- 关公斗李逵——大刀阔斧
- 关公放曹操——念旧情
- 关公降曹操——身在曹营心在汉
- 关公进曹营——单刀直入

- 关公面前耍大刀——自不量力
- 关公舞大刀——拿手好戏
- 关公走麦城——骄必败
- 关公走麦城——最后一着
- 关老爷赴会——单刀直入
- 关羽开刀铺——货真价实
- 关羽失荆州——骄兵必败
- 关云长败走麦城——吃亏全在大意
- 关云长不杀张文远——念起旧情
- 关云长刮骨疗毒——全无痛苦之色
- 关云长守嫂嫂——情意为重
- 管鲍之交——各为其主
- 韩湘子出家—— 一去不回头
- 韩湘子吹笛——不同凡响
- 韩湘子的花篮——要啥有啥
- 韩湘子拉着铁拐李—— 一个会吹，一个会捧
- 韩信打赵国——背水一战
- 韩信点兵——多多益善
- 何仙姑转娘家——云里来，雾里去
- 黑旋风扯诏——李斯
- 黑旋风李逵——有勇无谋
- 红娘行好反遭打——错在糊涂的老夫人
- 后主降魏——不知羞耻
- 囫囵吞枣——不辨滋味；消化不了
- 花果山的美猴王——个小本领强
- 华佗行医——手到病除
- 画饼充饥——自己哄自己

- 画蛇添足——多此一举
- 皇甫讷扮伍子胥——蒙混过关
- 黄汉升的箭——百发百中
- 黄忠出阵——不服老
- 黄忠交朋友——人老心不老
- 黄忠叫阵——不服老
- 黄忠抡大锤——老当益壮
- 黄忠射箭——百发百中
- 击鼓骂曹——现开销
- 姜太公钓鱼——愿者上钩
- 姜太公封神——自己没有份
- 姜太公在此——诸神退位；百无禁忌
- 姜子牙的坐骑——四不像
- 姜子牙钓鱼——稳坐钓鱼台
- 姜子牙火烧琵琶精——现了原形
- 姜子牙卖面——折了本
- 姜子牙算卦——好准
- 蒋干盗书——聪明反被聪明误
- 蒋干盗书——只顾欢喜，忘了中计
- 蒋干访周瑜——窥察动静
- 蒋干过江——上不完的当
- 蒋干过江——成事不足败事有余
- 蒋世隆过山——腰无半文
- 焦赞与杨排风比武——处处挨打
- 惊弓之鸟——心有余悸
- 井底之蛙——没见过大世面

- 景阳冈武松遇大虫——不是虎死，就是人伤
- 看三国掉泪——替古人担忧
- 康茂才不打陈友谅——友情为重
- 孔夫子出门——三思而后行
- 孔明草船借箭——有借无还
- 孔明大摆空城计——化险为夷
- 孔明弹琴退仲达——好沉着
- 孔明弹琴退仲达——临危不乱
- 孔明的锦囊——用不完的计
- 孔明给周瑜看病——自有妙方
- 孔明挥泪斩马谡——明正军纪
- 孔明挥泪斩马谡——执法如山
- 孔明会李逵——有敢想的，有敢干的
- 孔明借东风——巧用天时
- 孔明哭周瑜——假动情
- 孔明练琴——老生常谈
- 孔明七擒孟获——要他心服
- 孔明用空城计——迫不得已
- 孔明斩魏延——借刀杀人
- 孔明皱眉头——计上心来
- 来俊臣审酷吏——请君入瓮
- 老包断案——脸黑心不黑
- 老虎追得猫上树——多亏留了一手
- 老寇准背靴子——明察暗访
- 狸猫换太子——以假充真
- 李逵骂宋江——过后赔不是
- 李逵遇虎——斩尽杀绝
- 李逵捉鱼———条不得
- 李林甫为人——口蜜腹剑
- 梁红玉击鼓——贤内助
- 梁山泊的吴用——足智多谋
- 梁山上的弟兄——不打不相识
- 林冲棒打洪教头——专看你的破绽下手
- 林冲进入白虎堂——上当受骗
- 林冲看守草料场——英雄无用武之地
- 林冲买宝刀——中了奸计
- 林冲上梁山——官逼民反

- 林黛玉的身子——弱不禁风
- 林黛玉进贾府——谨小慎微
- 林黛玉看《西厢》——《入神》
- 林黛玉葬花——自叹命薄
- 临渴掘井——来不及了
- 临时抱佛脚——不顶用
- 刘阿斗——扶不起
- 刘备编草鞋——本行
- 刘备的江山——哭出来的
- 刘备的兄弟——红黑都是对的
- 刘备对孔明——言听计从
- 刘备借荆州——只借不还
- 刘备请诸葛亮——思贤心切
- 刘备取成都——不得已
- 刘备三上卧龙岗——就请你这个诸葛亮
- 刘备上黄鹤楼——吓得瑟瑟抖
- 刘备摔孩子——收买人心
- 刘备遇孔明——如鱼得水
- 刘备招亲——弄假成真
- 刘禅乐不思蜀——忘了本
- 刘海拉着孟姜女——有哭有笑
- 刘皇叔哭荆州——拿眼泪吓人
- 刘姥姥进大观园——眼花缭乱
- 刘姥姥进了大观园——什么都有趣
- 刘姥姥坐席——尽出洋相
- 六耳猕猴充大圣——冒牌货
- 龙王跳海——回老家
- 卢沟桥的狮子——数不清
- 卢俊义上梁山——不请自来
- 鲁班门前抡大斧——不知天高地厚
- 鲁班门前耍大斧——不识高低
- 鲁班门前耍大斧——献丑
- 鲁达拳打镇关西——打他个鼻塌嘴歪
- 鲁肃服孔明——五体投地
- 鲁肃上了孔明船——稀里糊涂
- 鲁肃上了孔明的船——任人摆布
- 鲁智深出家——无牵挂
- 鲁智深倒拔杨柳——好大的力气
- 罗成的回马枪——往后看
- 罗汉菩萨——个个都是笑脸
- 吕布对马超——不相上下
- 吕布戏貂蝉——上了别人的当
- 吕布戏貂蝉——英雄难过美人关
- 吕蒙正打斋——饭后鸣钟
- 吕太后的筵席——福祸不测；好吃难消化
- 吕太后的筵席——凶多吉少
- 马谡用兵——言过其实
- 马陷小商河——有去无回
- 盲人摸象——各执一端
- 盲人骑瞎马——乱闯
- 毛遂讥众——碌碌无奇
- 毛遂自荐——人里有人
- 猛张飞舞刀——杀气腾腾
- 猛张飞智取瓦口隘——粗中有细
- 孟获归降——口服心服

- 孟姜女寻夫——不远千里
- 孟良杀焦赞——自家人害自家人
- 明拜北斗——自知要死
- 穆桂英大破天门阵——阵阵出马
- 南郭先生吹竽——滥竽充数
- 南辕北辙——越走越远
- 牛皋问路——少礼
- 牛郎配织女——天生的一对
- 牛郎约织女——后会有期
- 牛魔王的扇子——越扇火越大
- 牛魔王请客——尽是妖精
- 女儿国国王招婿——八戒自告奋勇
- 潘金莲熬药——暗地里放毒
- 潘金莲的竹竿子——惹祸的根苗
- 庞统当知县——大材小用
- 琵琶精进了姜子牙的算命馆——一眼就看穿
- 齐桓公进迷谷——靠老马识途
- 齐威王猜谜语——一鸣惊人
- 祁黄羊举贤——不避亲仇；大公无私
- 气死周瑜去吊孝——虚情假意
- 千里送鹅毛——礼轻情意重
- 乔太守乱点鸳鸯谱——弄假成真
- 秦桧杀岳飞——罪名莫须有
- 秦琼的黄膘马——来头不小
- 秦琼的杀手锏——家传
- 秦琼的瘦马——膘在内
- 秦始皇灭六国——一统天下
- 秦叔宝卖马——一文钱逼死英雄汉
- 如来佛捉孙猴子——易如反掌
- 塞翁失马——因祸得福
- 三顾茅庐——好难请
- 三顾茅庐——求贤；思贤心切
- 佘太君挂帅——马到成功
- 申公豹的脸——人前一面，人后一面
- 申公豹的脑袋——反着看
- 申公豹的嘴——搬弄是非
- 十八罗汉打转转——反正都是他们
- 十八罗汉斗悟空——大打出手
- 石秀进祝家庄——走了不少盘陀路
- 史进认师父——甘拜下风
- 水泊梁山的兄弟——越打越亲热；不打不相识
- 顺手牵羊——将计就计
- 司马夸诸葛——甘拜下风
- 司马相如遇卓文君——一见钟情
- 司马炎废魏主——袭用老谱
- 司马懿父子行军——你要进，我要退
- 司马懿破八卦阵——不懂装懂
- 司马昭之心——路人皆知
- 死诸葛吓退活仲达——生不如死
- 苏三上公堂——句句是实话
- 孙大圣听了紧箍咒——头疼
- 孙二娘开店——进不得
- 孙猴子变小庙——一眼就被看穿了
- 孙猴子吃仙桃——美极了
- 孙猴子穿汗衫——半截不像人
- 孙猴子大闹水晶宫——逼龙王献宝
- 孙猴子的脸——说变就变
- 孙猴子的尾巴——变不了
- 孙猴子七十二变——神通广大
- 孙猴子坐天下——毛手毛脚
- 孙庞斗智——你死我活
- 孙权杀关公——嫁祸于人

- 孙武教女兵——十拿九稳
- 孙武用兵——以一当十
- 孙悟空闯进老君炉——三魂冒火，七窍生烟
- 孙悟空打筋斗——十万八千里
- 孙悟空大闹天宫——慌了神
- 孙悟空戴上紧箍——有法无用
- 孙悟空的毫毛——个个是猴
- 孙悟空的金箍棒——能大能小
- 孙悟空的金箍棒——随心如意
- 孙悟空的帽子——没有宽松的一天
- 孙悟空翻跟斗——出不了如来佛的手心
- 孙悟空翻筋斗——相差十万八千里
- 孙悟空封弼马温——不知官大官小
- 孙悟空赴蟠桃会——不请自到
- 孙悟空借芭蕉扇—— 一物降一物
- 孙悟空进了八卦炉——炼结实了
- 孙悟空闹地府——勾他的生死簿
- 孙悟空闹天宫——慌了神
- 孙悟空碰见如来佛——有法难使
- 孙悟空七十二变——神通广大
- 孙悟空守桃园——自食其果
- 孙悟空跳出老君炉——捂不住了
- 孙悟空跳出水帘洞——好戏还在后头
- 孙悟空听见紧箍咒——头痛
- 孙悟空头上的金箍——戴上去容易取下来难
- 孙悟空遇到如来佛——翻不出手掌心
- 孙悟空遇唐僧——有理说不清
- 孙悟空制服铁扇公主——钻心术
- 孙悟空钻进铁扇公主的肚里——心腹之患
- 唐僧念紧箍咒——就会这一招
- 唐僧上西天——取经去了
- 唐僧西天取经——多灾多难
- 天门阵前的穆桂英——二十四五正当年
- 铁拐李葫芦里的药——医不好自己的病
- 亡羊补牢——为期不晚
- 王铎写字—— 一个一般
- 王恺斗石崇——甘拜下风
- 王伦当寨主——容不得人
- 王莽使令—— 一天三改
- 王母娘娘的锤布石——见过大阵势
- 王母娘娘的玉簪—— 一划一条银河
- 王母娘娘开蟠桃会——聚精会神
- 王婆照应武大郎——不是好事
- 王强挨砖——自己寻来的苦
- 王羲之写字——横竖都好
- 王羲之写的字——入木三分
- 王佐断臂——留一手
- 卫懿公养仙鹤——忘了国家大事
- 温酒斩华雄——又快又好
- 闻太师回朝——大金脸（风云人）；脸上贴金
- 吴刚砍桂树——没完没了
- 五张羊皮买百里奚——为了麻痹楚成王
- 伍子胥的白头发——全是愁的
- 伍子胥过昭关—— 一夜愁白了头
- 武大郎放风筝——出手不高
- 武大郎开店——比他高的不要
- 武松打虎——艺高胆大
- 项羽攻秦——破釜沉舟
- 项羽过江东——败了
- 项庄舞剑——意在沛公
- 萧何月下追韩信——爱才心切
- 徐庶进曹营—— 一言不发
- 掩耳盗铃——自欺欺人
- 杨志卖刀——无人识货
- 叶公好龙——口是心非
- 一叶障目——不见泰山
- 赵子龙出兵——回回胜
- 周瑜打黄盖—— 一个愿打，一个愿挨
- 周瑜谋荆州——赔了夫人又折兵
- 诸葛亮大摆空城计——化险为夷
- 诸葛亮借东风——神机妙算
- 猪八戒败阵——倒打一耙
- 猪八戒照镜子——里外不是人

图书在版编目(CIP)数据

名人名言 俗语谚语 歇后语大全 / 邢卓主编．—
成都：天地出版社，2017.4（2024.8重印）
（悦读库）
ISBN 978-7-5455-2502-1

Ⅰ．①名… Ⅱ．①邢… Ⅲ．①格言—世界—青少年读物 ②汉语—俗语—青少年读物 ③汉语—谚语—青少年读物 ④汉语—歇后语—青少年读物 Ⅳ．①H033.3-49 ②H136-49

中国版本图书馆CIP数据核字（2017）第026437号

MINGREN MINGYAN SUYU YANYU XIEHOUYU DAQUAN

名人名言 俗语谚语 歇后语大全

出品人 杨　政
主　编 邢　卓
责任编辑 陈文龙　周小彦
责任印制 刘　元

出版发行 天地出版社
（成都市锦江区三色路238号　邮政编码：610023）
（北京市方庄芳群园3区3号　邮政编码：100078）
网　址 http://www.tiandiph.com
电子邮箱 tianditg@163.com
经　销 新华文轩出版传媒股份有限公司

印　刷 水印书香（唐山）印刷有限公司
版　次 2017年4月第1版
印　次 2024年8月第8次印刷
开　本 720mm×1020mm　1/16
印　张 15.75
字　数 252千字
定　价 25.00元
书　号 ISBN 978-7-5455-2502-1

咨询电话：（028）86361282（总编室）
购书热线：（010）67693207（营销中心）

如有印装错误，请与本社联系调换。